TRAITÉ PRATIQUE

SUR LES MALADIES

DES ORGANES GÉNITO-URINAIRES

TOME DEUXIÈME.

Paris. — Imprimerie de L. MARTINET, rue Mignon, 2.

TRAITÉ PRATIQUE

SUR LES MALADIES

DES

ORGANES GÉNITO-URINAIRES

PAR

LE DOCTEUR CIVIALE.

Troisième édition, considérablement augmentée.

TOME DEUXIÈME.

MALADIES DU COL DE LA VESSIE, DE LA PROSTATE ET DES ORGANES GÉNITAUX

Avec Figures intercalées dans le texte.

PARIS

J.-B. BAILLIÈRE ET FILS

LIBRAIRES DE L'ACADÉMIE IMPÉRIALE DE MÉDECINE,

Rue Hautefeuille, 19.

Londres, H. BAILLIÈRE, 219, REGENT-STREET. | **New-York,** H. BAILLIÈRE, 290, BROADWAY.

MADRID. — C. BAILLY-BAILLIÈRE, CALLE DEL PRINCIPE, 11.

1858

TRAITÉ PRATIQUE

DES MALADIES

DES ORGANES GÉNITO-URINAIRES

MALADIES

DU COL DE LA VESSIE, DE LA PROSTATE

ET DES ORGANES GÉNITAUX.

SECTION PREMIÈRE.

MALADIES DU COL DE LA VESSIE.

CHAPITRE PREMIER.

DES AFFECTIONS NERVEUSES DU COL DE LA VESSIE.

ARTICLE Ier. — CONSIDÉRATIONS GÉNÉRALES.

Les observations et les remarques que j'ai présentées dans le volume précédent, au sujet de l'urèthre, s'appliquent avec une égale exactitude au col de la vessie. Il s'agit ici, comme pour le canal, d'états morbides douloureux, à marche irrégulière, à phénomènes variables, difficiles à distinguer d'autres lésions qui produisent des effets analogues; provoquant, lorsqu'elles existent seules, des altérations secondaires, ou compliquant ces altérations et imprimant à leurs symptômes des caractères particuliers, et méritant au plus haut degré, à tous ces titres, de fixer l'attention du praticien.

Les considérations dans lesquelles je vais entrer me paraissent d'autant plus essentielles qu'elles contribueront, j'espère, à élucider plusieurs questions à peine abordées jusqu'à présent, et que l'on apprécie mieux maintenant qu'autrefois les influences exercées par les lésions nerveuses du col de la vessie sur les fonctions du réservoir de l'urine, tant chez les personnes en possession d'ailleurs d'une bonne santé que chez celles qui sont atteintes de maladies diverses.

Sensibilité et contractilité du col de la vessie.

La sensibilité et la contractilité du col vésical étant liées entre elles par d'étroites connexions, l'augmentation de l'une doit nécessairement modifier l'autre, et par suite porter le trouble dans les fonctions de la vessie. Nous verrons, en traitant des maladies de ce viscère, que les divers modes de constriction de son col jouent un grand rôle dans la plupart des affections dont il peut être atteint.

Jusque dans ces derniers temps, on n'a eu, sur la sensibilité et la contractilité du col et du corps de la vessie, que des notions assez confuses, déduites de quelques phénomènes morbides, de diverses analogies, et d'un très petit nombre d'expériences directes. On conçoit combien tous ces moyens étaient insuffisants, à l'égard d'un organe profondément situé, sur lequel d'ailleurs la chirurgie n'agissait qu'avec la plus grande appréhension, car je me rappelle, pour ce qui concerne la sensibilité vésicale, qu'en 1824 on m'objecta, comme un obstacle grave à l'application de la lithotritie, la nécessité d'injecter de l'eau tiède, et que, pour atténuer les prétendus effets de ces injections sur la membrane interne du viscère on s'occupa avec un grand sérieux, de chercher un liquide qui fût moins irritant que l'eau. Aujourd'hui les opinions sont bien changées, et ce n'est pas là une des moindres influences que l'art de broyer la pierre ait exercées. Rien n'était plus propre, en effet, que les procédés de la lithotritie à démontrer combien les opinions accréditées sur la sensibilité vésicale manquaient d'exactitude. Cette démonstration devait, à son tour, apporter une réforme dans le diagnostic et le traitement de la plupart des maladies du réservoir de l'urine.

La théorie de l'excrétion de l'urine que j'ai exposée dans le premier volume met en formelle évidence, d'un côté la puissance de contraction que le corps de la vessie a besoin de posséder pour chasser l'urine à travers l'urèthre, de l'autre les rapports qui doivent exister entre cette puissance et la résistance du col, pour que les fonctions de l'organe s'accomplissent avec régularité. Mais ce qui n'est pas moins incontestable, c'est que cette contractilité et ce rapport de deux pouvoirs antagonistes varient à l'infini, suivant les individus. Quoique le fait soit patent, on n'en a pas tiré toutes les inductions pratiques qu'il comporte ; bien plus, même, on ne l'a point étudié suffisamment pour voir que c'est là une des principales sources des troubles fonctionnels de la vessie. Par une singularité digne de remarque, on ne s'est occupé de ces troubles que quand ils étaient arrivés au plus haut degré, et l'on a négligé les nuances moins saillantes, bien qu'elles fussent les plus communes, et presque les seules contre lesquelles l'art pût déployer des ressources efficaces. J'aurai plus d'une fois occasion de ramener l'attention sur ces considérations.

Quant à l'appréciation rigoureuse de la puissance des contractions vésicales et du degré de constriction que le col de la vessie leur oppose, elle n'a pas encore été faite de manière à satisfaire le praticien. C'est donc une lacune que je signale aux physiologistes et aux expérimentateurs, et qui vaut bien, à coup sûr, qu'on prenne la peine de chercher à la combler, car il n'y a aucun fond à faire sur les calculs des anciens iatromathématiciens, entre lesquels règne une si grande dissidence, que la force de la vessie, évaluée par les uns à trois cent soixante livres, l'est par les autres à cinq cents, à huit cents et même à treize cents. Quoi qu'il en soit, en se bornant au peu que nous savions, et à ce qu'y ont ajouté quelques faits récents, on est fondé à affirmer que la vessie, dans certains cas, développe une grande puissance par ses contractions expulsives ; nous en avons la preuve dans la hauteur et la longueur du jet de l'urine chez certains sujets, et la force avec laquelle il vient frapper la main lorsqu'il est lancé à travers une sonde. Je ne parle pas de cette puissance dans l'état morbide ; car l'émission de l'urine, dans le cas de rétrécissement uréthral, constate une énergie considérable, qu'il ne nous est pas encore donné de déterminer, mais qu'on parviendrait sans doute à calculer d'après une suite d'expériences faites avec soin.

Une connaissance exacte de la sensibilité de la vessie, et une détermination rigoureuse du point de départ de cette sensibilité, ont beaucoup de portée pour le praticien. J'ai été en position de l'apprécier dans plusieurs circonstances, dont il me suffira d'indiquer les principales. Mais je dois d'abord noter une particularité à laquelle les expérimentateurs n'ont eu aucun égard, ce qui leur a fait commettre de graves méprises.

Dans le plus grand nombre des explorations qui ont pour but de déterminer jusqu'à quel degré est portée la sensibilité du réservoir de l'urine, on a procédé sans précaution, et sans songer que le passage par l'urèthre, d'une sonde ou de tout autre instrument, est accompagné de sensations plus ou moins vives, soit dans le canal, soit au col de la vessie. Or, ces sensations ont presque toujours été confondues avec celles qu'excite l'action de l'instrument explorateur sur les parois vésicales elles-mêmes. Il y a cependant un moyen d'éviter cette confusion : c'est de diminuer la sensibilité de l'urèthre par le traitement dont j'ai tracé les règles, et de ne procéder à l'exploration de la vessie que quand le passage de l'instrument ne détermine plus aucune sensation pénible dans le canal. J'ai procédé de cette manière dans les diverses explorations dont je vais faire connaître le résultat.

Une sonde ordinaire, introduite avec précaution dans un urèthre convenablement préparé, ne détermine que peu ou point de douleurs ; mais, au moment où l'extrémité oculaire franchit l'orifice interne du canal, quelques malades éprouvent, au col vésical, une sensation désagréable, et comme de brûlure, accompagnée de besoin d'uriner, alors même que la vessie n'est pas remplie. Il se passe alors quelque chose d'analogue à ce qui arrive toutes les fois que l'organe est distendu ; car, bien que son corps entier ait à supporter l'effort distensif, ce n'est cependant qu'au col seul et dans l'urèthre que se rapporte la sensation pénible ou douloureuse. Quand on pousse la sonde plus avant, son extrémité se trouve en contact avec la surface interne de la vessie, et l'on peut la promener sur cette surface sans occasionner de véritables douleurs, pourvu qu'il n'y ait ni pression, ni secousses, ni brusquerie dans les mouvements imprimés à l'instrument. Je noterai que le contact de celui-ci avec la surface interne de la vessie est d'autant plus étendu, qu'on se sert d'une sonde à courbure plus courte, mais brusque. On peut promener une telle sonde sur la plus grande partie de la face interne du viscère. Si, au contraire, on se sert d'une sonde presque droite, ou à courbure faible et longue, l'extrémité seule de l'instrument appuie sur la membrane interne, et y exerce une pression qu'une main peu expérimentée a de la peine à préciser d'une manière rigoureuse, quoiqu'elle suffise souvent pour provoquer des douleurs, dans lesquelles on a cru voir la preuve d'une grande sensibilité de la muqueuse. Or, jusqu'à l'époque de la lithotritie, on s'est généralement servi, pour explorer la vessie, de ces moyens défectueux.

Le trilabe, dont l'usage s'est répandu depuis 1823, a permis de donner une rigoureuse précision aux recherches ; car cet instrument procure la facilité d'explorer en même temps plusieurs points, et successivement toute la face interne de la vessie, et de distinguer sûrement ce qui pourrait tenir au frottement de l'appareil sur le col vésical, et ce qui résulte du contact des branches avec la membrane muqueuse elle-même : il suffit, pour cela, de faire tourner la pince seule, et de tenir la gaîne immobile. De plus, en faisant passer le viscère de l'état de plénitude à celui de vacuité, et *vice versâ*, on peut, non-seulement déterminer quel est le point le plus sensible, mais encore apprécier la différence qui existe, lorsqu'on se borne à faire glisser très doucement le dos des branches de la pince sur la surface tendue de l'organe, et quand les parois de ce dernier s'appliquent, par leur force de contraction, sur l'instrument, qu'elles coiffent pour ainsi dire, de manière qu'un véritable frottement a lieu entre lui et la surface plissée et ratatinée de la vessie. Dans cette dernière circonstance, la douleur est beaucoup plus considérable, quelquefois très vive, et toujours proportionnée au degré de la contraction, de telle sorte que l'expérience fait alors plutôt connaître l'effet de la pression que celui de la sensibilité.

C'est surtout chez les calculeux qu'on a souvent occasion de se convaincre du peu de sensibilité de la surface interne de la vessie. La pratique nous amène à chaque instant des malades supportant depuis longues années, et presque sans souffrir, la présence de pierres anguleuses, hérissées d'aspérités, qui ne manqueraient pas de produire d'effroyables douleurs, si la surface interne de la vessie était aussi sensible qu'on l'avait pensé. Effectivement, la plupart des calculeux, aussi longtemps que leur vessie reste à l'état sain, et quels que soient d'ailleurs les caractères physiques du corps étranger, ne souffrent que quand ils finissent d'uriner, c'est-à-dire au moment où les parois vésicales, en se contractant, s'appliquent avec force sur la pierre, et la poussent contre l'orifice interne de l'urèthre, tandis que, quand l'organe est rempli d'urine, le calcul a beau rouler à l'intérieur de la vessie par le fait de la marche ou de tout autre exercice du corps, il n'y a pas de douleurs, ou du moins elles sont très légères. Qu'une petite pierre s'engage dans le col et y séjourne, le malade éprouve des souffrances continues, souvent très vives; mais celles-ci cessent aussitôt qu'on a refoulé le corps étranger dans la vessie au moyen d'une sonde ou d'une bougie. Ce dernier cas est assez commun, et explique comment beaucoup de calculeux ont pu se croire guéris après avoir subi le cathétérisme. Il y a cependant quelques exceptions.

La cystotomie, surtout par le haut appareil, permet de porter le doigt dans l'intérieur de la vessie. Mais le malade qui vient de supporter une des plus graves opérations de la chirurgie, est peu favorablement disposé pour percevoir la différence des sensations que ce doigt lui fait éprouver, suivant qu'il se promène sur tel ou tel point. D'ailleurs, ici comme dans l'urèthre, on est exposé à confondre une douleur provenant de la plaie avec celle qui partirait de la vessie. C'est pour cette raison que je ne tiendrai pas compte de ce qu'on observe pendant les manœuvres avec les tenettes. Mais, en se bornant au doigt, et se plaçant dans les conditions les plus favorables, voici ce que j'ai maintes fois observé : si l'on introduit le doigt par la plaie, en le faisant pénétrer jusqu'à ce qu'il arrive au bas-fond de la vessie, et qu'après quelques moments de repos, on le promène sur les divers points de la face interne du viscère; si l'on procède avec ménagement, on n'excite pas de véritables douleurs, ou, s'il s'en produit, c'est qu'on a porté le doigt sur l'orifice interne de l'urèthre, au voisinage de la prostate. Je me suis assuré de l'exactitude du fait dans plusieurs cas de taille hypogastrique, où le brisement de la pierre rendait une exploration minutieuse de la vessie nécessaire.

Certaines fistules vésico ou uréthro-vaginales, et divers cas d'ampliation excessive de l'urèthre, chez les femmes, m'ont permis aussi de porter dans la vessie un instrument explorateur. Là encore, et constamment, j'ai trouvé que la face interne de cet organe, excepté vers le col, où la sensibilité est assez développée, peut supporter le contact d'un corps étranger sans que la malade ressente une véritable douleur. Chez quelques sujets, qui étaient atteints d'une tumeur fongueuse au col vésical, ou d'un engorgement prostatique, il m'a paru que la sensibilité, dans le voisinage du col, était beaucoup plus développée qu'ailleurs; mais on doit tenir compte ici d'une circonstance capable d'induire en erreur, c'est que les instruments explorateurs, quels qu'ils soient, appuient avec plus de force sur les points qui sont en relief dans la vessie que sur les autres, et qu'ils exercent là une pression, suffisante pour expliquer la différence de sensation, sans qu'on soit obligé de recourir à un changement notable de la sensibilité. J'ai fait voir que, dans beaucoup de cas, le simple contact n'était point douloureux, tandis que la pression le devenait. Il faut aussi se rappeler qu'on n'explore jamais la vessie qu'autant qu'elle est plus ou moins malade, ce qui ne peut manquer d'exercer une certaine influence sur le degré de sensibilité qu'elle manifeste pendant les manœuvres.

En effet, si, dans l'état physiologique, le corps et la face interne de la vessie ne possèdent qu'une sensibilité peu prononcée, si les impressions que ce viscère reçoit sont alors, pour ainsi dire, sans retentissement, sans influence sur le reste de l'économie, il n'en est pas de même dans l'état pathologique. Mais le mode, le degré et les effets de cette sensibilité anormale varient à l'infini, comme nous aurons souvent occasion de le constater, en étudiant les divers états morbides qui la mettent en jeu. La sensibilité ainsi accrue ou pervertie ne se borne pas à provoquer des symptômes locaux que la pratique permet chaque jour d'observer; elle en détermine encore de généraux, qui doivent d'autant plus être pris en considération, que leur manifestation est plus patente et plus régulière. Du reste, sous ce rapport, il en est de l'état maladif comme de l'état sain : c'est au col vésical, dans le voisinage de l'orifice interne de l'urèthre, que réside surtout la sensibilité anormale, et que se trouve le point de départ des phénomènes morbides qui mettent à même de saisir les rapports existants soit entre les diverses parties de l'appareil génito-urinaire, soit entre ces organes et le reste de l'économie. Cette dernière proposition exige quelques développements.

Sympathies du col de la vessie.

Une étude attentive des maladies de l'appareil urinaire fait ressortir les influences spéciales que la sensibilité exaltée ou modifiée de la vessie et de ses dépendances exerce sur différentes parties du corps. J'ai signalé quelques effets très remarquables de ces relations, en traitant de l'affection calculeuse, et notamment au chapitre des symptômes. Ces faits étaient ceux qu'il fallait d'abord choisir de préférence, parce que, la cause étant matérielle, exposait moins aux fausses interprétations, et aussi parce que les phénomènes étaient plus saillants, mieux caractérisés. D'autres ont été décrits dans le volume consacré aux maladies de l'urèthre. Je dois en mentionner encore quelques-uns, dont plusieurs offrent d'importantes particularités.

En rapprochant et groupant tous ces faits, on parviendra à bien se convaincre, non-seulement que la sensibilité vésicale est susceptible de s'exaspérer ou de se modifier par l'effet de la maladie, mais encore qu'entre l'appareil génito-urinaire et les autres départements de l'économie, il existe des connexions dont la connaissance eût épargné bien des erreurs, surtout dans les cas d'affections vagues et mal déterminées du corps et du col de la vessie. Car ce n'est pas seulement lorsqu'il existe un calcul vésical ou une lésion organique profonde, soit de la prostate, soit de la vessie, que les relations intimes de cet appareil avec le cœur, l'estomac, le cerveau, les téguments, etc., deviennent évidentes; elles se dessinent aussi chez les sujets atteints de cette simple exaspération de la sensibilité du col vésical qui constitue ce qu'on nomme l'état névralgique. Ainsi, on retrouve ici la pâleur de la langue, les troubles de la digestion, l'irrégularité et l'intermittence du pouls, les douleurs dans les membres, etc. A la vérité, ces phénomènes ne surviennent ordinairement que quand l'état morbide du col vésical a acquis beaucoup d'intensité. Mais on les voit aussi se produire durant l'emploi de certains moyens curatifs. Je les ai observés après l'application du nitrate d'argent à la région prostatique de l'urèthre et au col vésical, faite dans la vue de combattre une irritation névralgique, qui avait résisté à toutes les autres médications, et qui ne s'amenda que faiblement sous l'empire de cette dernière. Remarquons bien qu'il ne s'agit pas ici de simples coïncidences; car, la plupart du temps, j'ai vu les troubles généraux se reproduire, chez le même individu, toutes les fois qu'on remettait la cause en action; toutes les fois, par exemple, que l'on cautérisait le col vésical, en un mot aussi souvent que la forte excitation qui les avait provoqués une première fois venait exercer de nouveau son influence.

J'ai rencontré des hommes atteints de névralgie du col vésical, qui se plaignaient de douleurs, ou au moins d'un sentiment d'ardeur, à la plante des pieds; d'autres qui accusaient des douleurs à la nuque ou ailleurs. Des phénomènes analogues ont lieu dans quelques phlegmasies, soit du col de la vessie, soit de l'urèthre. Ainsi, un homme, cité par Blandin, avait eu quatre gonorrhées, chacune avec un gonflement inflammatoire au genou, qui se dissipait en même temps que la maladie principale. A cette occasion, l'auteur rapporte d'autres faits analogues, qui avaient été observés par Dupuytren, et les innombrables écrivains sur la syphilis auraient pu lui en fournir des milliers. Si on les rapproche de ceux que j'ai cités dans le premier volume de ce Traité, et de quelques autres qui ont été publiés récemment en Angleterre, on ne pourra s'empêcher de reconnaître une corrélation fort intime entre des parties qui, d'après leur situation, leur structure et leurs fonctions, sembleraient n'avoir pas de rapports spéciaux les unes avec les autres.

De toutes ces sympathies, il n'y en a pas de plus remarquable que celle qui existe entre les organes génito-urinaires d'une part, le cerveau et ses dépendances de l'autre. A chaque instant nous la verrons surgir de la manière la moins contestable; et c'est même cette fréquence qui me détermine à placer ici quelques réflexions à son sujet. Que les lésions du col vésical soient ou non accompagnées d'altérations organiques appréciables, il n'y a qu'un très petit nombre de malades qui n'en ressentent pas une impression profonde; presque tous sont enclins à la tristesse, à la mélancolie, au désespoir : quelques-uns, quoique faiblement atteints, s'imaginent être frappés à mort, et n'espèrent qu'à peine la guérison qu'on leur promet. Il en est chez lesquels cette défiance extrême devient une source d'incessantes tribulations, et met obstacle à leur rétablissement. On sait que, même en santé, il suffit de penser à uriner pour en éprouver presque aussitôt le besoin ; dans l'état de maladie, ces besoins factices sont encore plus prompts à se manifester, et impérieux à tel point que les malades ne sauraient y résister. Or, on urine toujours mal quand la vessie n'est pas suffisamment remplie ; par conséquent, cet effet ne manque pas d'avoir lieu lorsqu'on cherche à satisfaire des besoins factices. Mais alors, tantôt le sujet redoute une rétention d'urine, et cette crainte le rend anxieux, tantôt la vessie s'accoutume à se vider avant d'être pleine, et, une fois l'habitude établie, il est très difficile de la rompre; la présence de l'urine dans la vessie devient même insupportable. Il serait impossible de peindre toutes les nuances que présente cette influence du col vésical sur le système nerveux, spécialement sur le cerveau, car elles varient à l'infini, comme tout ce qui se rapporte à la sensibilité, et n'ont par conséquent que peu de valeur, comme signes diagnostiques. On doit seulement savoir qu'elles existent, et qu'elles peuvent présenter des caractères très diversifiés.

Quant à l'influence que l'exaltation de la sensibilité du col vésical peut avoir sur la santé générale, sur l'ensemble des fonctions organiques, elle s'accroît généralement à mesure que l'état morbide augmente, et qu'il se complique de quelque autre maladie. Toutefois il y a des exceptions. J'ai vu des hommes conserver tous les attributs d'une bonne santé, quoique les désordres locaux eussent acquis une grande intensité ; d'autres, au contraire, avaient une santé délabrée, bien que l'état local ne fût pas fort grave, et n'existât pas depuis longtemps. Les cas de cette nature m'ont paru se rapprocher de quelques autres dont j'ai déjà parlé, et dans lesquels la présence d'un très petit calcul au col de la vessie donnait lieu aux symptômes généraux les plus alarmants. Or, dans ces circonstances, il n'y a pas de lésion organique, et le point de départ des accidents est une simple exaltation de la sensibilité, accompagnée ou non d'un travail inflammatoire qui en est la conséquence. Je citerai un nouveau fait de ce genre que j'ai rencontré au moment même où je rédigeais ce travail.

M. B..., vétérinaire à Bondi, d'une faible constitution, éprouvait depuis quelques années les accidents de la gravelle, dont il rendait de temps en temps des parties avec difficulté et douleur. En mai 1839, un gravier se présenta plusieurs fois au col de la vessie, sans pouvoir être expulsé. Pendant quelques jours, le malade souffrit beaucoup pour uriner. Il se déclara successivement un catarrhe vésical, de la fièvre, et un notable dérangement dans toutes les fonctions. Tel était l'état de M. B... lorsqu'il vint me consulter le 22 juin, un mois après le début des accidents. Sa santé me parut tellement altérée que, malgré des instances réitérées, j'ajournai toute exploration. La diète, le repos absolu, les boissons adoucissantes, les bains répétés, les lavements, quelques injections d'eau tiède dans la vessie furent les premiers moyens mis en usage ; mais au bout de quelques jours, survint une éruption générale, ayant l'apparence de l'érysipèle, que j'ai observée chez plusieurs autres calculeux, et qui se termina ici du septième au neuvième jour. Elle fut accompagnée, suivant l'usage, d'une exaspération des phénomènes généraux, qui toutefois n'exigea pas de traitement spécial. Aussitôt que cette éruption eut cessé, on recommença les injections dans la vessie; sous leur influence, l'affection catarrhale diminua d'une manière sensible. Une exploration avec la sonde n'apprit rien, quant à la présence d'un calcul. Une autre avec le lithoclaste fit découvrir un gros gravier, qui fut immédiatement écrasé ; la cuvette en ramena des débris, les autres sortirent avec l'urine. A dater de ce moment, le catarrhe vésical diminua progressivement, l'émission de l'urine devint de plus en plus facile, et la santé s'améliora avec rapidité.

On ne peut douter que les symptômes locaux et les phénomènes généraux ne fussent, dans ce cas, le résultat de l'irritation produite au col vésical par le petit calcul : car ils cessèrent dès que le corps étranger fut détruit. Rapprochée de quelques autres faits dont on peut lire les détails dans mes publications précédentes, spécialement dans les *Traités de la lithotritie* et *de l'affection calculeuse*, cette observation donne une juste idée de l'influence qu'une simple irritation du col vésical, quelle qu'en soit la cause, peut exercer sur le reste de l'économie.

Je n'étendrai pas davantage ces remarques sur les sympathies que fait entrer en jeu l'exaltation de la sensibilité du col de la vessie. On comprend assez combien doivent être nombreuses les différences que la pratique offre chez chaque sujet, pour ainsi dire. Je n'entreprendrai donc pas d'en faire un exposé, même sommaire, qui nécessiterait d'interminables détails, et qui m'entraînerait d'ailleurs dans des répétitions inutiles, puisque à chaque état morbide j'ai eu soin de noter les effets qu'il peut produire sur d'autres organes.

Art. II. — DES DISTINCTIONS A ÉTABLIR ENTRE LES DIVERS ÉTATS NERVEUX DU COL VÉSICAL.

Ainsi que je l'ai dit précédemment, les affections nerveuses du col de la vessie se présentent avec des caractères variés, qu'il importe au chirurgien de distinguer avec le plus grand soin.

Il est des sujets chez lesquels on n'aperçoit qu'une simple exaltation ou perversion de la sensibilité et de la contractilité de cette partie, produite par des causes le plus souvent insaisissables, mais passagères, sans lésion organique apparente, sans nulle altération visible de tissu : il ne s'agit là que d'un simple trouble fonctionnel, déterminé par une répartition irrégulière de l'action vitale.

Dans cette première catégorie, les phénomènes morbides sont quelquefois purement locaux ; mais parfois aussi ils retentissent dans d'autres parties de l'organisme, ce qui annonce ordinairement que la maladie a fait des progrès, et qu'elle commence à être plus sérieuse. De là deux classes de cas, que je désignerai sous les noms de *simples* et de *graves*.

La troisième classe renferme ceux que j'appellerai *compliqués*, et dans lesquels les mêmes troubles fonctionnels sont provoqués et entretenus par une cause permanente, plus ou moins saillante et active ; soit que cette cause ait précédé l'apparition des symptômes névralgiques, comme on le voit dans les engorgements de la prostate, les fongosités du col vésical, certains rétrécissements organiques de l'urèthre, etc. ; soit qu'elle se développe pour ainsi dire au moment où apparaissent les accidents dits nerveux. Je citerai particulièrement, sous ce dernier rapport, l'atonie de la vessie, qui devient souvent une complication fort grave des névralgies du col vésical, mais qu'on peut cependant considérer, dans certains cas, comme une simple coïncidence, puisqu'elle paraît se développer, ou du moins s'accroître d'une manière notable, en même temps que les accidents nerveux.

§ 1er. Cas simples.

J'appelle cas simples, ceux dans lesquels la névralgie est encore purement locale, et où l'on n'observe que sensation douloureuse, fréquence des besoins d'uriner, lenteur, gêne et même une sorte de douleur pour les satisfaire. On peut aussi rapporter à cette classe ceux dans lesquels il y a quelques indices de catarrhe vésical et de trouble consécutif dans les fonctions des autres appareils, pourvu que les phénomènes morbides aient peu de gravité, et ne soient pas permanents. Je citerai comme exemple le fait suivant.

M. G..., ancien militaire, livré actuellement aux travaux de cabinet, se plaignait depuis quelque temps de troubles dans les fonctions de la vessie. Comme j'avais traité un calculeux de sa famille, il vint me consulter ; mais déjà il avait employé inutilement un grand nombre de moyens adoucissants. Il éprouvait de fréquents besoins d'uriner, avec une douleur vague, sourde, profonde au pubis, à l'hypogastre, au périnée, au sacrum. Quoique cet état de souffrance ne fût pas constant, il en était fort tourmenté. A certaines heures de la journée, il avait la plus grande peine à satisfaire les besoins d'uriner, qui revenaient alors coup sur coup. Il se crut un instant attaqué de la pierre ; mais, d'après les réponses qu'il fit à mes questions, je reconnus qu'il n'était atteint que d'une névralgie du col vésical. Je le soumis au traitement ordinaire. A la cinquième introduction d'une bougie, il s'aperçut d'une amélioration notable, mais qui resta stationnaire, ce qui me détermina, après la douzième introduction, à faire quelques injections d'eau fraîche dans la vessie. Je prescrivis en même temps des douches froides sur l'hypogastre, le périnée et la partie interne des cuisses. A dater de ce moment, le malade cessa entièrement de souffrir, et depuis vingt ans son état n'a pas changé.

Ce qui a eu lieu chez ce malade n'est pas rare. Tous les jours on voit les premières bougies rendre l'état du sujet plus supportable, mais l'amélioration ne plus faire de progrès. On est alors obligé de redoubler les précautions pour introduire les bougies, de ne les passer que tous les deux jours, d'insister longtemps sur leur emploi, de surveiller l'état des autres fonctions, et surtout le régime; de recourir finalement aux douches simples et froides, ou sulfureuses et chaudes, aux injections d'eau tiède dans la vessie si l'on reconnaît une hypertrophie des parois de cet organe, ou d'eau froide s'il y a atrophie ou atonie, ce qui est le plus ordinaire.

M. G... présentait une particularité qui, comme je l'ai dit, se rencontre fort souvent dans toutes les maladies de l'appareil génito-urinaire: il éprouvait une tristesse, des inquiétudes, un découragement, hors de toute proportion avec la gravité réelle de son état.

Entre autres malades offrant ce même phénomène, je citerai M. C..., capitaine au 20e régiment, homme de trente-six ans et fortement constitué, qui, depuis quelque temps, souffrait au point de ne plus pouvoir faire son service. Vingt-six jours d'emploi successif des bougies, des injections et des douches, sans nul traitement interne, avec la seule attention d'observer un régime doux, suffirent pour éteindre tous les accidents. La vessie n'avait rien perdu de sa contractilité. La plupart des désordres cessèrent, après huit jours d'introduction des bougies: je ne fis trois injections d'eau froide qu'afin de provoquer une perturbation qui modifiât la sensibilité de l'organe.

La plupart des malades qui se trouvent dans les conditions favorables dont je viens de parler ne comprennent pas qu'un traitement si simple puisse amener d'aussi notables changements. Beaucoup de praticiens partageront sans doute la même manière de voir, jusqu'à ce que l'expérience les ait convaincus, comme je l'ai été moi-même; car il s'agit ici d'une de ces vérités qu'on ne saurait établir *à priori;* des faits évidents, incontestables, peuvent seuls imposer silence au scepticisme.

Dans les cas simples, lorsque la maladie est vierge encore de tout traitement, et qu'elle n'a point été influencée par des complications, les symptômes se dessinent assez bien. Ce sont des besoins fréquents d'uriner, et une sensation de malaise, d'inquiétude, plutôt que de véritables douleurs, quand le malade veut les satisfaire. Cette sensation d'embarras, de gêne, de fatigue, a son siége spécial au pubis, au périnée, au sacrum. Quelquefois un peu de démangeaison se fait sentir dans l'urèthre. En général, cet état dure peu, soit qu'on l'abandonne à lui-même, soit qu'on prescrive quelques adoucissants. Mais les mêmes symptômes reparaissent à une époque plus ou moins éloignée; car c'est un caractère commun à plusieurs maladies de l'appareil urinaire, que d'affecter au début une intermittence très prononcée, on dirait même quelquefois une sorte de périodicité, dans la manifestation de leurs symptômes. Après un certain nombre de ces réapparitions des phénomènes morbides, le malade s'aperçoit que son état s'aggrave, que les crises deviennent plus longues et plus rapprochées, que les sensations prennent une nuance plus douloureuse, qu'elles s'étendent vers l'hypogastre, l'ombilic, les reins, la partie interne des cuisses, et même jusqu'à la plante des pieds; mais leur principal siége est toujours au pubis et au sacrum. Quant à la fréquence des besoins d'uriner et à la difficulté de les satisfaire, il y a presque autant de variétés que d'individus.

A ces caractères, un praticien exercé reconnaît une névralgie simple du col de la vessie. S'il conserve des doutes, il a recours au procédé d'exclusion, qui est trop négligé en chirurgie, surtout pour ce qui concerne les maladies des voies urinaires. Cette méthode lui permet de constater que les souffrances dont le malade se plaint, n'ont pour cause, ni un rétrécissement organique ou toute autre lésion de l'urèthre, puisque ce canal est libre, souple et élastique comme dans l'état normal; ni une altération quelconque de la prostate, les explorations par le rectum, et surtout par l'urèthre, démontrant que cette glande ne s'écarte pas de ses dispositions ordinaires; ni une maladie de la vessie, puisque ce viscère ne renferme pas de corps étranger, que sa capacité n'est pas trop grande ou trop petite, et que ses parois possèdent la force et l'élasticité dont elles sont généralement douées; ni, enfin, un travail inflammatoire quelconque, soit de l'appareil urinaire, soit des organes voisins. En un mot, toutes ses recherches aboutissent à le convaincre qu'il n'y a rien de matériellement anormal, quoique le malade souffre, et quelquefois même beaucoup.

Dès que, par cette série de raisonnements et par des explorations directes, faites avec toutes les précautions propres à en assurer le succès, il a fixé ses idées sur la nature de la maladie, il essaye les moyens qui ont pour objet de modifier la sensibilité de l'urèthre, du col et de la surface interne du corps de la vessie. S'il obtient d'eux ce qu'il désire, en même temps qu'il guérit le malade, il acquiert la certitude que son diagnostic a été juste.

§ 2. Cas graves.

Il n'est pas rare de trouver des cas dans lesquels les accidents sont plus graves, et où les moyens dont j'ai donné l'indication ne produisent pas une amélioration si prompte et si complète. Le malade éprouve du mieux, mais il n'est pas guéri, quoique le passage de la bougie n'excite point de douleur; il continue d'uriner souvent, toujours avec un peu de lenteur et de difficulté; il conserve encore, bien qu'à un moindre degré, une sensation vague, mais pénible, au pubis, à l'hypogastre, au sacrum; il a un sentiment de malaise et d'inquiétude; son moral ne cesse pas d'être affecté.

Ici, le praticien doit mettre ses soins à rechercher tout ce qui peut éclairer et assurer le diagnostic. Une ou plusieurs explorations de la vessie, soit avec le cathéter, soit surtout avec le lithoclaste ou le trilabe, lui apprennent qu'il n'existe, ni au col ni au corps de la vessie, aucune lésion de tissu propre à expliquer les désordres; il cherche aussi à reconnaître si le reste de l'appareil génito-urinaire et les autres organes de l'économie n'exercent pas sur le col vésical une action capable d'exaspérer la maladie et de paralyser le traitement.

Je suppose qu'en déployant toutes les ressources de l'art, on est parvenu à se convaincre que, ni dans les organes urinaires, ni dans les produits de leur sécrétion, il n'y a rien qui puisse entretenir l'irritation, l'agacement du col de la vessie, le cas se rapproche beaucoup alors, quant aux symptômes, de ceux dont j'aurai à parler plus loin, et dans lesquels l'irritation est entretenue par une lésion organique, dont la seule absence établit la différence entre eux et lui. Il devient quelquefois fort embarrassant pour les praticiens, et désespérant pour les malades. Les uns et les autres n'ont que trop souvent des mécomptes à enregistrer. Il faut les attribuer tantôt à la maladie elle-même, dont les caractères et la marche présentent d'inexplicables bizarreries, tantôt à l'insuffisance de nos moyens d'exploration, tantôt au sujet, qui manque de confiance, ou dont la versatilité est si grande, qu'il ne suit pas le traitement avec régularité et persévérance, tantôt, enfin, au praticien, que des souvenirs d'école ou des théories spéculatives placent souvent en dehors des voies de la véritable observation.

J'ai parlé, en décrivant les maladies de l'urèthre, des spasmes et des névralgies de ce canal, dont les caractères les plus saillants sont l'incohérence des symptômes, jointe à l'irrégularité de leurs manifestations, et j'ai insisté sur les troubles que ces affections provoquent dans l'organisation tout entière. Les désordres sont plus marqués encore lorsque l'état nerveux siége au col de la vessie, et ils le deviennent d'autant plus que la maladie est plus ancienne, qu'elle a été plus fortement modifiée, soit par ses progrès spontanés, soit par les traitements mis en usage. C'est surtout ici qu'on est en droit de dire que les traitements hasardés, les manœuvres violentes, et les expérimentations dont quelques hommes de l'art se montrent si prodigues, suscitent trop souvent des lésions bien autrement graves que celles qu'on cherchait à combattre, ou du moins font prendre à ces dernières une physionomie nouvelle. Les malades eux-mêmes, fatigués de traitements inutiles, ont recours à toutes sortes de moyens, dans l'espoir de hâter le moment si désiré de leur guérison; et comme ils sont naturellement nerveux, irritables, exaltés, ils observent rarement une juste mesure à l'égard de ce qu'on leur prescrit. Croyant arriver plus vite au but, ils vont presque toujours au delà de ce qui est réellement utile. Mais autant ils montrent d'ardeur dans le premier moment, autant ils sont faciles à se décourager. Comme le traitement sera nécessairement long, et d'autant plus que l'état morbide est plus ancien, plus avancé, plus général, et qu'il a été plus tourmenté par de prétendus moyens curatifs, on ne saurait trop s'attacher à réprimer leurs écarts, à contenir leur impatience.

Voici ce qui a lieu assez souvent dans ces sortes de cas. Un malade éprouve quelques dérangements dans les fonctions de la vessie; les besoins d'uriner reviennent fréquemment et sans régularité : il ne peut les satisfaire qu'avec peine. Il consulte un praticien, qui, jugeant l'état peu grave, prescrit seulement des moyens simples, tendant à calmer l'irritation; un léger soulagement survient, mais ne dure pas, et les accidents reparaissent. Alors on a recours à des moyens plus actifs, du ressort tantôt de la médecine et tantôt de la chirurgie. Mais comme on a toujours de la tendance à faire ce qu'on nomme la médecine symptomatique, les traitements qu'on applique sont calqués sur le symptôme dominant, outre que, fréquemment, ils portent encore le cachet de la théorie du jour. C'est alors qu'on voit apparaître le baume de Copahu, la térébenthine, la créosote, etc., s'il y a écoulement uréthral ou catarrhe de vessie, et la longue série des procédés de dilatation, de cautérisation ou de scarification de l'urèthre, si l'on soupçonne un rétrécissement. Car, en général, on ne cherche pas à s'éclairer par des explorations directes, et alors même que celles-ci sont mises en usage, j'ai démontré combien il était facile aux personnes peu exercées dans la pratique du cathétérisme de se méprendre à cet égard, et de trouver des rétrécissements là où il n'y en a point. Ce n'est que par un hasard heureux, mais fort rare, que le résultat des moyens prescrits répond à l'attente : presque toujours, au contraire, les accidents augmentent; ils ont seulement perdu, en partie ou en totalité, leurs caractères primitifs, et se présentent sous d'autres formes. On croit alors qu'il s'agit d'une maladie nouvelle, parce que l'on voit éclater de nouveaux désordres, qui résultent presque toujours des traitements mis en usage; mais, en réalité l'état primitif ne continue pas moins d'exister, masqué ou entièrement défiguré. Si le praticien qui est appelé alors n'a pas une grande habitude de voir ces sortes de malades, s'il ne s'attache point à démêler, dans l'ensemble des phénomènes morbides, ce qui appartient à la maladie primitive et ce qui tient aux médications employées, il ne sait réellement plus quelle conduite tenir. Sa position est d'autant plus difficile que, dans un certain nombre de cas, la maladie, même à l'état vierge, présente des symptômes insolites, puisque, comme je l'ai dit, et comme on ne saurait trop le répéter, il n'y a pas de formes qu'elle ne puisse revêtir.

Ce qui contribue encore à accroître la confusion, c'est que les effets des névralgies du col vésical ne se manifestent pas toujours dans les organes génito-urinaires. Il y a même des cas où ces derniers sont très faiblement atteints, tandis que des désordres considérables surviennent en d'autres points, sur lesquels toute l'attention se concentre. J'ai eu, presque simultanément, des exemples de ce fait chez deux de nos hommes les plus remarquables, l'un dans les sciences exactes, l'autre dans l'art de la guerre; tous deux étaient affectés de névralgie du col vésical, mais les douleurs siégeaient à la région ombilicale, et il me fut assez difficile de leur persuader que ce n'était là qu'un symptôme secondaire, dont il fallait chercher ailleurs le véritable point de départ. Les fonctions de la vessie étaient dérangées, les besoins d'uriner rapprochés, les émissions du liquide lentes et difficiles; pour peu que les malades résistassent aux sollicitations de la vessie, ils éprouvaient, tantôt à la région hypogastrique, tantôt vers le rebord des fausses côtes, mais plus ordinairement entre l'estomac et l'ombilic, une sensation pénible, ou même une douleur vive, laquelle s'accrut par degrés, et finit par être considérée comme l'affection principale. Les divers traitements qu'on appliqua n'ayant point eu de résultat, on pensa qu'il pouvait exister un corps étranger dans la vessie, et l'on m'appela. Des explorations réitérées me prouvèrent qu'il n'y avait ni pierre ni aucune lésion organique. En analysant les symptômes avec soin, et procédant par voie d'exclusion, je parvins à reconnaître qu'il s'agissait uniquement d'une névralgie du col vésical, avec quelques irradiations sympathiques spéciales, avec des troubles fonctionnels consécutifs, pas assez avancés toutefois pour constituer des complications graves. La suite prouva que j'avais porté un diagnostic exact.

De nombreux faits analogues se sont offerts à moi depuis. En 1832, j'ai vu, entre autres, un malade qui, à la suite du choléra, dont il fut fortement atteint, éprouvait un trouble remarquable dans les fonctions de la vessie. A la vérité, il y avait chez lui un léger rétrécissement de l'urèthre, qui a même récidivé; mais on ne pouvait rapporter à cette lésion les phénomènes qui le produisaient, puisque l'urèthre fut ramené facilement à ses conditions normales et que les accidents n'en persistèrent pas moins. Ainsi, chez ce malade, qui est plus que sexagénaire et d'une forte constitution, il n'y a ni engorgement de la prostate, ni lésion de l'urèthre, ni altération appréciable des parois vésicales; le passage d'une sonde ou d'une bougie et le cathétérisme explorateur ne provoquent pas de sensation extraordinaire; mais le col de la vessie, dont la sensibilité est viciée, ne peut supporter le contact de l'urine que pendant quelques instants, et le malade est tourmenté par de fréquents besoins, surtout après le dîner, époque de la journée à laquelle ces besoins se renouvellent souvent plusieurs fois par heure. Ils s'annoncent par une douleur au pubis et à la région hypogastrique, qui s'étend quelquefois jusqu'à l'épigastre. A cette douleur se joignent un sentiment progressif de malaise, des chaleurs fatigantes et de la rougeur à la face, surtout aux pommettes : le malade rend quelques gouttes d'urine, et les accidents cessent, pour recommencer bientôt après. Je n'ai vu que rarement, chez lui, la douleur suivre le trajet des uretères et se propager aux reins. Comme la vessie n'est point assez distendue pour pouvoir se contracter avec force, l'expulsion de l'urine s'accomplit avec une difficulté extrême, par des contractions brusques et saccadées de la paroi abdominale, et à la suite d'efforts répétés, mais peu prolongés. L'écoulement du liquide est fort lent, et souvent interrompu, ce qui fait craindre au malade, tantôt la présence d'une pierre, tantôt la déclaration d'une rétention d'urine, craintes au sujet desquelles j'eus d'abord beaucoup à lutter avec lui. Pendant plus de deux ans, il a rendu, pour ainsi dire chaque jour, et de deux à quatre heures après le dîner, des urines troubles et un peu laiteuses, ou qui du moins prenaient ces caractères en se refroidissant. Le verre dans lequel on les laissait séjourner était terni par un dépôt adhérent. L'urine rendue pendant le reste de la journée avait les conditions normales. En 1838 le malade a cessé de rendre des urines troubles, sans qu'on ait pu rattacher cette circonstance à aucune cause. Les désordres que j'ai observés ici, et qui ont résisté à tout traitement, me paraissent dépendre uniquement de ce que la vessie ne peut pas supporter longtemps la présence de l'urine, qui n'offre plus cependant aucun caractère morbide. Ce qu'il y a de plus extraordinaire, c'est que la vessie ne manque pas de capacité, car on peut y introduire trois cents à trois cent soixante grammes d'eau tiède, qu'elle retient aisément. Je dois toutefois ajouter qu'il y a deux circonstances qui m'ont paru influer puissamment sur la production des phénomènes dont je viens de tracer le tableau, savoir, le trouble des fonctions digestives, dont je m'occuperai plus loin, et la crainte d'une rétention d'urine, sur laquelle je crois devoir m'arrêter quelques instants.

Toutes les fois qu'il existe un peu d'irritation dans l'urèthre, et surtout au col de la vessie, le malade éprouve plus souvent que dans l'état normal, le besoin d'évacuer l'urine. En exposant la théorie de l'excrétion de ce liquide, j'ai expliqué pourquoi la fonction s'exécute mal alors. Beaucoup de malades ne tiennent aucun compte de cette particularité. Si l'on combat l'irritation, la fonction revient à l'état normal. Mais, dans d'autres circonstances, surtout lorsque l'irritation uréthrale persiste ou se reproduit, malgré les moyens employés contre elle, l'anxiété s'empare du sujet, et la crainte de ne pouvoir uriner le porte à essayer de le faire, avant que le besoin soit réel ou bien prononcé. La vessie, n'étant pas suffisamment pleine, chasse difficilement ce qu'elle contient. Le même besoin factice, toujours provoqué par la peur de ne pouvoir le satisfaire, ne tarde pas à se manifester de nouveau ; mêmes obstacles, mêmes phénomènes. En agissant de la sorte, le malade contracte l'habitude d'uriner de plus en plus fréquemment. J'ai vu une foule d'hommes chez lesquels cette mauvaise habitude avait fini par amener une espèce de racornissement de la vessie et un agacement extrême du col vésical, d'où provenaient ensuite des troubles fonctionnels fort opiniâtres.

Chez le malade dont je viens de tracer l'histoire, ces deux causes existent au plus haut degré, et leur action, longtemps continuée, a rendu la maladie rebelle : aussi, le sujet est-il obligé d'uriner à des intervalles très rapprochés ; ses meilleures nuits sont celles durant lesquelles il ne se lève que trois ou quatre fois ; quand il veut résister, il éprouve un malaise général, des maux de tête, des serrements de poitrine et d'estomac, de la chaleur, des sueurs, et même un sentiment de défaillance, symptômes qui tous disparaissent dès qu'il a uriné, pour renaître aussitôt qu'un nouveau besoin se manifeste. Or, je le répète, il n'y a chez lui aucune espèce de lésion organique ; une simple perversion de la sensibilité du col vésical me paraît être la cause des désordres auxquels il est en proie depuis plusieurs années, mais beaucoup moins graves aujourd'hui que par le passé. Du reste, de longs voyages, le séjour à la campagne pendant la belle saison, l'usage des eaux minérales, les bains, les douches, ont exercé une influence favorable sur l'état de sa vessie. Lorsque les accidents prennent un peu plus d'intensité, l'introduction de quelques bougies et les injections font cesser l'exaspération; depuis longtemps on ne cherche pas à obtenir autre chose. C'est ici un de ces cas où il faut savoir s'abstenir, malgré les instances des malades, qui ne pensant qu'à leurs maux, soupirent après la guérison, sans calculer les conséquences des moyens à l'aide desquels on pourrait la tenter (1). Le praticien qui connaît l'incertitude de ces moyens et les désordres qu'ils sont susceptibles d'occasionner, doit se tenir dans les bornes d'une réserve prudente, et ne pas s'exposer à encourir des reproches qu'on ne manquerait pas de lui adresser, s'il avait la faiblesse de céder. Voilà comment il me paraît prudent et rationnel d'agir lorsqu'il y a gêne et incommodité, plutôt que souffrance réelle; lorsque le mal est stationnaire, quand l'avenir ne se montre pas menaçant. Que peut-on craindre, en effet? une paresse, une paralysie, un catarrhe de la vessie : il sera toujours temps d'intervenir activement si ces accidents éclatent.

Chez beaucoup de sujets affectés de névralgies simples, mais opiniâtres, du col vésical, sans catarrhe ni altération organique, les troubles fonctionnels de la vessie ne sont que temporaires, tantôt quotidiens, tantôt séparés par plusieurs jours d'intervalle. J'ai dit que la même chose arrive dans les névralgies uréthrales, avec lesquelles on confond souvent celles du col de la vessie; car, c'est la même maladie, sauf la différence du siége, qui ne saurait toujours être circonscrit avec précision. Les mêmes observations s'appliquent donc à l'un et l'autre cas, de sorte qu'il

(1) Depuis 1840, l'état du malade a changé notablement; par intervalle il conserve son urine plusieurs heures sans la moindre gêne; les autres symptômes ont diminué. Ainsi, depuis 1842 jusqu'en 1851, époque à laquelle il a succombé de vieillesse et peut-être aussi sous l'influence des commotions de la politique dans laquelle il jouait un rôle important, le malade a vécu non sans douleur ni sans préoccupations, mais avec assez de liberté d'esprit et de corps pour remplir dignement les devoirs de ses hautes fonctions.

ne me reste plus qu'à ajouter quelques faits, spécialement destinés à mettre certaines particularités en évidence.

Un des malades qui, sous ce rapport, m'ont paru le plus dignes de remarque, est le malheureux Severini, directeur du Théâtre-Italien à Paris, qui fut victime de l'incendie de cet établissement.

Il avait depuis longtemps une névralgie simple du col de la vessie, qui ne le faisait souffrir que depuis deux heures du matin jusqu'à six, mais tous les jours, en hiver principalement. Alors il éprouvait des besoins fréquents d'uriner, des difficultés et des douleurs pour les satisfaire, d'autant plus grandes que la présence de l'urine dans la vessie déterminait une érection incomplète. A toute autre époque de la journée, à la ville comme à la campagne, en voyage, et partout ailleurs qu'au lit, il urinait de même qu'en pleine santé, quelquefois un peu plus souvent. Ici se trouvait l'influence du sommeil, qui faisait résister au premier besoin d'uriner, de sorte que, quand la sensation était assez vive pour amener le réveil, la vessie avait eu le temps de passer à l'état morbide. Il y avait aussi celle de la chaleur du lit, qui n'est pas sans importance.

Nous voyons, en effet, beaucoup de névralgies de l'urèthre et du col vésical se manifester dans le lit, d'une manière assez constante pour qu'il ne soit pas permis de conserver le moindre doute à cet égard. Lorsqu'il sera question de la paresse de la vessie, je montrerai que, là aussi, cette cause agit avec une puissance incontestable. Toutefois je dois faire observer que le concours de ces deux circonstances ne suffit pas pour provoquer les désordres dont il s'agit, même avec la condition de la prédisposition individuelle, puisqu'il y a des malades qui n'en ressentent pas l'influence tous les jours, que les mêmes causes ne donnent pas lieu aux mêmes effets, à d'autres heures de la journée, et qu'enfin on peut les écarter temporairement sans que les accidents cessent pour cela de se reproduire; de sorte qu'on ne saurait généralement être trop circonspect dans l'appréciation de circonstances qui n'ont pas toujours la puissance qu'on leur attribue.

Severini présentait, en outre, une particularité qu'il n'est malheureusement pas rare de rencontrer dans les cas pareils : comme il souffrait peu, et d'une manière non continue, il ne voulait pas se soumettre avec assiduité, et pendant le temps nécessaire, à un traitement approprié; dès qu'il avait obtenu un peu d'amélioration, il se croyait guéri, et s'il n'éprouvait pas un mieux notable au bout de quelques jours, il se décourageait. Il ne fallait donc pas songer, pour lui, à un retour complet à la santé, et tout ce qu'on pouvait faire était de recourir à des palliatifs. Telle est la seule manière de procéder alors, car on ne doit heurter les faiblesses des malades que quand il y aurait danger pour eux d'en agir autrement.

Ces détails pourront paraître minutieux aux théoriciens, et même aux praticiens qui n'ont pas été en position de suivre attentivement des malades semblables à ceux dont je viens de parler; mais ils ne porteront pas ce caractère aux yeux des médecins qui auront eu à traiter des cas analogues, malheureusement assez communs.

§ 3. Cas compliqués.

Il n'est pas difficile de comprendre qu'un nombre infini de complications peuvent naître, soit des lésions de l'appareil urinaire, soit d'affections antécédentes, simultanées ou consécutives des organes voisins, spécialement de l'utérus, du rectum ou des reins. La manière dont les organes, notamment le corps de la vessie, sont attaqués, exerce une grande influence. D'un autre côté, les traitements, préalablement mis en usage, ne jouent pas un moindre rôle, soit comme causes, soit comme modificateurs des symptômes. Rarement on trouve la maladie vierge; le plus souvent elle a été modifiée ou dénaturée par une foule de moyens empiriques, dont l'application a suffi fort souvent pour la faire naître. Dans tous les cas de ce genre, la gravité tient spécialement à la complication, et les phénomènes névralgiques ne paraissent que des accessoires, mais des accessoires qui ont une très grande influence sur la marche et les symptômes de la maladie principale. Non-seulement les caractères de la névralgie sont essentiellement modifiés par l'affection coexistante, mais encore le traitement même est subordonné aux indications que fournit cette dernière. Examinons donc, chacun en particulier, les divers cas qui peuvent se présenter.

1° *Rétrécissements organiques de l'urèthre.*

En traitant des rétrécissements organiques de l'urèthre, j'ai noté l'influence qu'ils exercent sur le développement anormal de la sensibilité et de la contractilité des parois du canal, et surtout du col de la vessie, qui constitue l'état névralgique dont je m'occupe ici. Dans une multitude de ces circonstances, il suffit de traiter le rétrécissement pour que les symptômes de la névralgie cessent d'eux-mêmes, et sans qu'on soit obligé de s'en occuper d'une manière spéciale, sans même, assez souvent, qu'on ait constaté son existence; car il faut une grande habitude d'observer ces sortes d'affections pour distinguer nettement, dans l'ensemble des accidents, ce qui appartient à la névralgie et ce qui ne doit être attribué qu'à la coarctation organique.

Les symptômes névralgiques se manifestent particulièrement par des troubles subits, accidentellement survenus dans l'émission de l'urine, troubles qui sont hors de toute proportion avec le développement régulier de la coarctation. Au moment même où j'écris, se présente à moi un cas dont je vais donner les principaux détails, qui seront propres à faire ressortir cette nuance.

M. V..., adulte, d'une constitution sèche, eut quelques gonorrhées peu graves, d'où résulta un rétrécissement à la courbure de l'urèthre. Cependant, le canal peut encore admettre une sonde de 4 millimètres, et, dans l'état ordinaire, le malade urine avec assez de facilité. Mais il éprouve de temps à autre un peu de malaise à la région pubienne, au périnée et à l'hypogastre. Du reste, il s'occupe peu de sa personne, et ne tient presque aucun compte de ses sensations. A deux reprises différentes, par suite d'excitations morales et de fatigues corporelles, il a vu la difficulté d'uriner augmenter, et même une rétention complète survenir. A la première attaque, un de mes confrères prescrivit des calmants et des antiphlogistiques, qui n'eurent aucun succès. J'eus recours à la sonde, et, les jours suivants, j'introduisis quelques bougies dans l'urèthre. Tous les accidents cessèrent à l'instant; le malade n'eut pas le temps alors de suivre un traitement propre à le débarrasser de la coarctation, et les choses en restèrent là. Pendant plus de deux années, il continua d'uriner comme par le passé, c'est-à-dire assez bien, à l'exception des sensations pénibles dont j'ai parlé. Vers la fin de 1839, après un petit voyage et une partie de chasse, l'émission de l'urine se suspendit de nouveau d'une manière presque subite. Cette fois, le malade n'eut pas le temps de prendre des bains et des lavements, et de mettre des sangsues; on introduisit une sonde, la vessie fut vidée, et les accidents disparurent. Le rétrécissement est toujours le même, car on n'a rien fait pour l'attaquer. Mais, depuis lors, par suite de l'état névralgique qui existe au col vésical, il survient, à la moindre excitation, un surcroît de contractilité, qui empêche l'urine de couler, et reproduit immédiatement les accidents. Je répète que la coarctation organique est peu considérable, puisqu'elle laisse passer une bougie n° 8; s'il ne survenait pas d'exaltation de l'action vitale, il n'y aurait jamais de trouble notable dans les fonctions de la vessie, ni, à plus forte raison, de rétention d'urine.

Dans les circonstances ordinaires, ainsi que je l'ai dit, l'état névralgique du col vésical, compliqué de coarctation organique, cesse en même temps que cette dernière sous l'influence du même traitement. Il suffit, pour obtenir la guérison, de la détruire par un des moyens connus, auquel on associe quelques calmants; mais il faut se rappeler que la sensibilité du canal et du col de la vessie est fortement accrue, ce qui, surtout au début, exige qu'on redouble de précautions dans l'emploi des dilatants. Toutefois, il y a des exceptions. J'ai vu un certain nombre de malades dont le col vésical conservait une excessive sensibilité, quoique la dilatation du rétrécissement s'opérât avec beaucoup de régularité. J'ai soigné, entre autres, un savant hollandais, chez lequel les deux affections existaient à la fois : la coarctation uréthrale fut détruite par la dilatation temporaire, mais le malade continua d'éprouver des besoins fréquents d'uriner, avec de la difficulté pour les satisfaire, à quoi se joignaient une sensation de gêne, de fatigue ou d'embarras au pubis, au périnée, vers le sacrum, et une véritable douleur, quelquefois assez vive, à l'hypogastre, se dirigeant le long du trajet des uretères. Lorsque les bougies franchissaient le col de la vessie, elles déterminaient un peu plus de douleur qu'on n'en observe ordinairement. Cette particularité, rapprochée des symptômes qui viennent d'être énumérés, me détermina à explorer la vessie ; je la trouvai seulement un peu paresseuse, se contractant avec lenteur et faiblesse ; du reste, je ne découvris aucune lésion organique, soit à son col, soit à son corps : l'urine était parfois un peu trouble et souvent fétide. Ces phénomènes, aussi bien que les sensations désagréables du malade, persistèrent longtemps. J'eus recours aux injections froides, aux douches, aux frictions dérivatives, qui diminuèrent les symptômes et la fréquence des besoins d'uriner. Comme la saison des eaux arrivait, et que le malade avait la facilité de voyager, je lui conseillai d'aller aux Pyrénées. Depuis, je n'ai plus entendu parler de lui, si ce n'est indirectement par un de ses amis, atteint de la même maladie, qu'il m'a adressé, mais sans me rien faire connaître de sa propre situation.

Toutes les fois que le rétrécissement est prononcé et facile à reconnaître, la conduite à tenir ne présente aucune difficulté. Elle consiste à rétablir l'urèthre dans son état normal, et si l'affection névralgique persiste, à employer, au bout de quelques jours, les divers moyens de dérivation que j'indiquerai. Mais, indépendamment du fait qui vient d'être rapporté, j'ai observé une série nombreuse de cas dans lesquels les rétrécissements étaient si peu avancés, qu'on ne les avait même pas reconnus en introduisant tout d'abord une sonde ordinaire. Je rappellerai, à cette occasion, la nécessité d'explorer le canal et le col de la vessie autrement qu'on ne le fait en général. On se borne à introduire une algalie de 3 à 4 millimètres de diamètre, et quand elle pénètre, on déclare le canal exempt de tout rétrécissement, sans même s'occuper de ce qui peut exister à son orifice interne. Il y a là une erreur qui frappe tout esprit attentif, et qui peut entraîner les plus graves conséquences ; cependant elle se commet journellement.

M. Bertri, adulte, bien constitué, souffrait, depuis environ deux années, d'un trouble des fonctions de la vessie, qui revenait de loin en loin, par crises assez courtes, mais fort incommodes. Pendant ce temps, l'urine était souvent épaisse, chargée, bourbeuse. Le malade se condamnait au repos, à la diète, à l'eau, et les accidents cessaient. Vers la fin de 1835, les symptômes prirent de l'accroissement et se prolongèrent. Plus tard, la marche et toute espèce d'exercice devinrent pénibles. On employa successivement les applications émollientes, les saugsues, les dérivatifs, les narcotiques, etc., mais sans obtenir d'amélioration. Il survint même des cuissons très vives dans le rectum, attribuées par le malade aux frictions qu'on lui avait prescrites à l'anus. N'éprouvant aucun soulagement des traitements auxquels il se soumettait, et voyant même son état empirer, sa santé devenir plus chancelante, il réclama mes soins. En remontant à l'origine de la maladie, dont je suivis pas à pas la marche et le développement, je soupçonnai une névralgie compliquée du col vésical. Les explorations vinrent confirmer cette prévision. L'urèthre, et surtout le col de la vessie, étaient fort irritables : il y avait en même temps induration des parois uréthrales; le pénis présentait une roideur qui n'est pas habituelle, et, de plus, la vessie était frappée d'atonie. Les moyens que j'employai contre ces affections eurent un plein succès; mais il fallut un temps double de celui qui est exigé ordinairement, ce que j'attribuai à l'induration de l'urèthre, à l'atonie de la vessie et à l'influence des méthodes curatives antérieurement mises en usage. J'ai revu depuis le malade, il n'avait pas éprouvé le moindre retour des phénomènes morbides.

J'ai indiqué, dans le premier volume de ce Traité, un état de roideur des parois de l'urèthre qu'il n'est pas rare d'observer chez les personnes atteintes de rétrécissement organique, ou de lésion du col vésical, surtout lorsque la maladie est avancée, ce qui constitue souvent un état fort grave. Il est constaté que cette roideur ou induration du canal peut exister dès le début des coarctations, et qu'elle peut aussi former à elle seule la maladie principale. Pour la reconnaître, il suffit d'introduire une grosse sonde ou une bougie; s'il y a rétrécissement, l'instrument ne passera pas; s'il y a seulement induration, il parviendra dans la vessie, mais, sans compter la douleur que l'opération produit alors, l'instrument sera serré, comprimé par l'urèthre, et ne pourra pas y glisser avec autant de facilité que dans l'état ordinaire. Or, l'expérience de tous les jours nous apprend que la névralgie du col vésical existe fréquemment avec cet état de rigidité, soit comme cause, soit comme complication, et que toujours elle rend le traitement beaucoup plus long. Ce qui a le plus contribué à me mettre sur la voie pour reconnaître cette particularité, c'est la coexistence de très faibles rétrécissements du méat urinaire, avec la névralgie du col vésical; celle-ci disparaît immédiatement après que l'orifice de l'urèthre a été débridé. J'ai rencontré beaucoup de faits de ce genre, et j'avoue que je n'ai pas admis, sans quelque hésitation, l'influence d'une cause qui me paraissait d'abord d'un ordre entièrement étranger à l'effet produit; mais je n'avais fait qu'inciser le méat urinaire, et introduire quelques bougies, afin d'empêcher la petite plaie de se réunir immédiatement, et néanmoins je voyais tous les accidents disparaître. En se multipliant, ces faits dissipèrent mes doutes, et le résultat s'offre assez constamment aujourd'hui pour qu'il me soit permis de l'annoncer comme certain. La seule précaution à prendre est de bien s'assurer qu'il n'existe pas d'autres états morbides capables d'entretenir les accidents névralgiques.

Qu'il y ait une simple bride du méat urinaire, ou un rétrécissement linéaire sur un autre point du canal, constaté par les explorations, le résultat est le même.

Dans certains cas plus compliqués, on trouve réunis plusieurs états maladifs qui rendent le diagnostic plus difficile. Ce n'est même qu'en procédant par voie d'exclusion, comme aussi en suivant pas à pas l'effet de quelques moyens curatifs, qu'on parvient à distinguer les uns des autres les phénomènes déterminés par chacun des éléments morbides qu'il s'agit de combattre.

Un cas remarquable de ces combinaisons embarrassantes s'est présenté naguère. Le malade avait la gravelle, pour laquelle il venait me consulter; mais les troubles des fonctions de la vessie étaient plus marqués et plus continus qu'on n'a coutume de l'observer pendant cette affection. Ce malade était courageux, et il ne se plaignait pas sans motifs; les symptômes névralgiques l'emportaient sur tous les autres en intensité. J'eus recours aux bougies, et au bout de quelques jours, il survint une amélioration sensible; cependant la bougie n° 10 rapporta une empreinte qui annonçait la présence d'un rétrécissement situé au-dessous de l'arcade pubienne, et que je n'avais pas reconnu au moyen de la sonde ordinaire, lors de la première exploration. Dès que le rétrécissement fut dilaté, je m'occupai de la gravelle, et de l'atonie de la vessie qui exerçait une grande influence. En attaquant ainsi successivement un à un les états morbides, la guérison fut obtenue.

2° *Maladies de la prostate, fongosités au col de la vessie, lésions profondes des parois vésicales.*

En traitant de ces différentes maladies, dans des chapitres spéciaux, j'aurai occasion de faire remarquer l'influence qu'elles exercent sur le développement des phénomènes névralgiques, et celle non moins grande qu'elles éprouvent de la part des états nerveux du col vésical. Mais je dois noter ici que, quand la névralgie coïncide avec des lésions organiques du col de la vessie, il faut rarement compter sur une action efficace et durable du traitement. Bientôt, en effet, l'amélioration que les premières bougies avaient procurée cesse, et les phénomènes morbides reparaissent, sinon avec la même intensité et les mêmes caractères, du moins avec des nuances indécises qui tiennent le praticien en suspens par rapport à la nature de la maladie, et répandent de l'incertitude sur la conduite qu'il doit ultérieurement adopter.

Je fais connaître plus loin les moyens de reconnaître les lésions organiques du col et du corps de la vessie, toutes les fois qu'elles sont appréciables. C'est contre elles que doit être dirigé le traitement principal. Ici, l'état névralgique n'est qu'une conséquence, un accident, une complication, dont il faut tenir compte sans doute, et qui exige même certaines modifications dans l'emploi des moyens curatifs, mais sur lequel néanmoins l'attention ne doit se porter que d'une manière secondaire, et dont surtout il importe de ne pas séparer l'étude de celle des lésions matérielles.

Il ne faut pas perdre de vue que la lésion organique n'est pas toujours appréciable au début du traitement, soit qu'elle ne présente pas des caractères assez tranchés, soit qu'on ne puisse recourir, tout d'abord, aux moyens d'exploration capables de la faire reconnaître. On a vu effectivement que, pour pratiquer les explorations avec facilité, utilité et en n'occasionnant que peu de douleur, il faut que l'urèthre se trouve dans une disposition favorable, qu'on ne peut obtenir qu'à l'aide d'un traitement spécial préalable. Or, ce traitement ne diffère pas de celui par lequel on procède à la cure des névralgies. Dans un grand nombre de cas douteux, j'y ai eu recours, à titre d'essai, et après avoir écarté les premières complications, après avoir ramené l'urèthre à des conditions plus favorables au passage des instruments, j'ai employé les moyens d'exploration qui m'ont permis d'établir enfin le diagnostic.

J'ai cité, en parlant des névralgies de l'urèthre, des cas remarquables par leur opiniâtreté et par l'inutilité de tous les moyens curatifs. Le praticien se trouve alors dans un embarras d'autant plus grand qu'il ne peut s'en prendre à aucune infraction, soit au régime, soit au traitement, que le moral du malade ne tarde pas à s'affecter, et que l'influence, toujours fâcheuse, de la crainte et de la mélancolie, vient se joindre à celle des souffrances physiques. Quelques-uns de ces cas m'ont paru se rapprocher de ce qu'on observe dans certains accidents syphiliques rebelles qui, après avoir été traités longtemps sans succès, finissent par disparaître d'eux-mêmes, lorsque la médecine renonce à s'en occuper. Plus d'une fois, en effet, les accidents névralgiques de l'urèthre ou du col vésical se sont comportés de la même manière : les malades, se croyant incurables, avaient mis tout traitement de côté, et, au moment où ils s'y attendaient le moins, les phénomènes morbides ont graduellement disparu, ou notablement diminué.

Aux faits que j'ai déjà cités comme exemples d'opiniâtreté et même d'incurabilité des états nerveux du col vésical, j'ajouterai le suivant, dans lequel on sera frappé d'un contraste bien remarquable entre les phénomènes morbides et la prédisposition naturelle du sujet.

Un homme de vingt-cinq ans, d'une constitution très robuste, adonné aux travaux mécaniques les plus fatigants, n'ayant jamais commis aucun excès, et jouissant d'ailleurs de facultés intellectuelles peu développées, vint me consulter, en 1838, pour des douleurs profondes et vagues qu'il éprouvait presque constamment aux régions pubienne et hypogastrique, avec trouble notable des fonctions de la vessie. Il n'y avait d'ailleurs ni catarrhe vésical, ni aucune lésion appréciable à l'urèthre, à la prostate ou à la poche urinaire. Le malade ressentait tout ce qui constitue une névralgie très développée du col vésical, mais sans réaction sur les autres fonctions. Le traitement par les bougies ne produisit qu'une amélioration passagère; les injections, les douches, les frictions dérivatives n'eurent également qu'un effet limité et peu durable. J'essayai la cautérisation transcurrente au col de la vessie, à l'aide du porte-caustique dont je fais habituellement usage : les symptômes s'exaspérèrent pendant quelques jours, il y eut de la fièvre, et la digestion se dérangea. Tout rentra néanmoins dans l'ordre, si ce n'est que les phénomènes locaux persistèrent. Une seconde et une troisième cautérisation n'eurent pas plus de résultats quant à la maladie principale; seulement elles n'entraînèrent pas les désordres généraux qui avaient suivi la première. Finalement, le malade retourna chez lui sans être guéri; il y continua les injections froides et les frictions avec la pommade d'Autenrieth; six mois après, il souffrait encore. Cependant, son état s'est amélioré depuis d'une manière sensible. Avant de recourir à la cautérisation, j'avais exploré la vessie avec le trilabe, et reconnu un boursouflement de la membrane muqueuse du col, ainsi que de petites excroissances fongueuses.

Dans ce cas, de même que dans plusieurs autres encore, j'ai observé un phénomène qu'on peut regarder comme à peu près constant chez les sujets atteints de maladies nerveuses du col vésical, alors même qu'on ne parvient pas à les guérir. Les bougies, les injections, les douches, la cautérisation, et la plupart des moyens auxquels on a recours procurent un véritable soulagement pendant quelques jours, mais l'amélioration ne se soutient pas. On dirait que la perturbation occasionnée par les premières applications de ces moyens, dérange ou même suspend la marche des phénomènes morbides, mais que ceux-ci reprennent leur cours à mesure qu'elle perd de son intensité. C'est sans doute là ce qui a conduit à l'emploi de quelques méthodes empiriques violentes, dont j'aurai occasion de parler.

Outre ces affections, qui ont leur siége spécial au voisinage du col de la vessie, il en est d'autres, non moins graves, qui occupent l'épaisseur des parois vésicales. Je me contente de les indiquer, puisque je serai obligé d'en faire plus tard un examen tout spécial. La seule chose qu'il importe de consigner ici à leur égard, c'est qu'elles exercent de l'influence sur les névralgies du col. La maladie est alors presque toujours très développée et accompagnée de désordres considérables. Mais, comme elle tient à un état morbide généralement incurable, il ne faut pas se flatter de pouvoir la faire disparaître : la plupart du temps, l'art est impuissant contre elle, et le praticien réduit à l'usage des simples palliatifs. On ne doit recourir qu'avec beaucoup de réserve, et pour ainsi dire en tâtonnant, à la méthode curative directe ; quelquefois même les malades ne peuvent supporter ni les bougies, ni les injections, ni aucun des moyens dont l'expérience a constaté les bons effets dans d'autres circonstances.

Ceci s'applique également aux cas de lésions des reins, des uretères, de la matrice, du rectum surtout, sous l'influence desquelles la sensibilité du col vésical acquiert un développement inaccoutumé. La plupart des traitements demeurent alors inutiles, ou du moins ne produisent que des effets fort restreints. Ils peuvent même déterminer des réactions capables d'exaspérer la maladie. On doit donc se borner à l'emploi des adoucissants et des calmants.

3° *Affection calculeuse.*

Il n'est pas rare assurément d'observer des phénomènes névralgiques chez les calculeux. C'est même leur fréquence en pareil cas qui m'a conduit à envisager leur étude sous un point de vue plus large qu'on ne l'avait fait avant moi. On se rend aisément raison de l'état d'agacement du col de la vessie, lorsqu'un corps étranger vient à chaque instant l'irriter par les frottements et les pressions qui résultent, soit de ses mouvements, soit des contractions vésicales. Mais ce que l'on comprend moins bien, c'est que les symptômes névralgiques ne soient pas plus constants et plus opiniâtres qu'on ne l'observe dans la généralité des cas. On ne s'explique pas non plus que l'influence des moyens dont je donnerai l'indication, les fasse très souvent cesser pour un laps de temps plus ou moins long, malgré la persistance et la continuité d'action de la cause provocatrice. Quoi qu'il en soit, le fait est établi par l'observation journalière, et l'on ne saurait élever le moindre doute à son égard.

Les névralgies du col vésical font prendre à l'affection calculeuse une foule de caractères bizarres, que j'ai exposés dans un autre ouvrage, et qu'il serait par conséquent oiseux de reproduire ici. J'ai également démontré, dans mon ouvrage : *Du Traitement médical de la gravelle*, que ces névralgies ont beaucoup d'influence sur la production des dépôts de l'urine. Ainsi, voilà deux maladies qui existent fréquemment ensemble, qui s'influencent réciproquement, et entre lesquelles même règne une certaine ressemblance sous le point de vue des symptômes. En effet, on a souvent beaucoup de peine à les distinguer l'une de l'autre ; on n'y parvient que par des explorations répétées et spécialement dirigées vers ce but, en observant des précautions particulières, qui ne suffisent cependant pas toujours pour éviter les méprises. Je citerai, à ce sujet, un cas qui s'est présenté récemment dans le service des calculeux.

Un adulte, d'une complexion sèche, vint à la consultation avec tout l'appareil des phénomènes morbides propres aux névralgies du col vésical, mais au milieu desquels on entrevoyait quelques indices de calcul. Il fut admis dans l'établissement. L'irritabilité de l'urèthre et du col de la vessie était si grande, et l'agacement général si prononcé, que je crus devoir ajourner l'exploration définitive, et recourir tout d'abord à l'emploi des moyens usités contre les névralgies. Ces moyens échouèrent : j'en cherchai la cause, et sondai le malade. Je ne trouvai pas de pierre. A la vérité, l'examen fut superficiel, et je n'eus recours qu'à la sonde, à cause de la grande susceptibilité du sujet. Je me proposais d'ailleurs de faire plus tard une exploration complète. En attendant, j'injectai de l'eau dans la vessie. Au moment où je m'y attendais le moins, la pierre décela sa présence. Elle était petite, et rien n'était plus facile que de la détruire par la lithotritie. Aussitôt après sa destruction, les accidents nerveux cédèrent en quelques jours au traitement qui avait eu si peu de succès auparavant.

Je pourrais rapporter une multitude de cas analogues, dans lesquels la pierre et la névralgie ont été confondues par des praticiens fort habiles. J'ai vu, entre autres, un Russe, qui souffrait beaucoup depuis plusieurs années, et qui avait consulté un grand nombre de médecins, tant dans sa patrie qu'en Allemagne. Tous les traitements étaient restés sans résultat. L'opiniâtreté des accidents fit penser à quelques hommes de l'art qu'il y avait une pierre, que plusieurs même crurent sentir avec la sonde. Le malade vint à Paris, en 1836. Je m'assurai qu'il n'était pas calculeux. Les accidents dont il se plaignait étaient le résultat d'une névralgie du col vésical. Toutefois, son caractère irritable faisait qu'il s'en exagérait singulièrement la gravité. Un traitement simple par les bougies molles, les injections d'eau froide dans la vessie, les purgatifs à faible dose, mais répétés, les douches d'eau de Baréges sur l'hypogastre, le périnée et la partie interne des cuisses, suffit pour produire une amélioration notable. Le malade se rendit ensuite aux eaux de Bade. Je lui prescrivis une série d'autres moyens, dans le cas où la guérison ne se consoliderait pas : je n'ai plus entendu parler de lui.

Ce qui a conduit auprès de moi le plus de malades atteints d'affection du col vésical, et spécialement de névralgie, c'est la pensée qu'ils pouvaient porter des calculs dans leur vessie. On ne saurait trop répéter que beaucoup de maladies variées de l'appareil urinaire donnent lieu à des symptômes analogues à ceux de la pierre, surtout lorsqu'elles se compliquent, et qu'on a administré pendant longtemps, sans succès, tous les moyens accrédités contre les douleurs et les irritations; car, en général, c'est alors seulement que, perdant courage, on songe à établir un diagnostic plus exact que celui d'après lequel on avait procédé jusqu'à ce moment. Chez quelques-uns de ces malades les symptômes étaient vraiment propres à induire en erreur. Je me rappelle, par exemple, le cas d'un bottier allemand, qui, chaque fois qu'il finissait d'uriner, croyait sentir un corps s'engager dans l'urèthre, et qui exprimait cette sensation avec tant d'énergie, qu'un instant je le crus calculeux, et attribuai à la présence d'un corps étranger la douleur qui se faisait sentir au pubis, à l'hypogastre et au sacrum. Cependant une exploration de la vessie dissipa cette illusion. Il ne s'agissait que d'une névralgie simple, qui fut même guérie en peu de jours. D'un autre côté, on envisage comme névralgiques des phénomènes qui appartiennent à la pierre. D'après un de mes confrères, j'aurais moi-même commis cette méprise chez le malade Martinet. Ce confrère s'est trompé lui-même en donnant un exposé inexact du fait, ainsi que je l'ai démontré ailleurs.

En dernière analyse, ce sont toujours les explorations qui sont appelées à faire disparaître les incertitudes que les symptômes et tous les troubles fonctionnels, soit de la vessie, soit des autres organes de l'économie, laissent dans l'esprit de l'observateur. Cela tient, comme je l'ai dit tant de fois, à ce que la plupart des maladies de la vessie déterminent, à de très faibles nuances près, un seul et même phénomène capital, la difficulté d'uriner, d'où naissent les autres troubles fonctionnels. Mais les explorations, telles qu'on les a faites jusqu'à présent, sont fort incomplètes ; on n'a suivi d'autre guide que la routine. Aussi voyons-nous tous les jours des praticiens tomber dans des erreurs que les progrès de l'art leur ont cependant donné les moyens d'éviter. En rapportant le cas suivant, je tairai le nom de deux confrères que cette révélation pourrait affliger.

Un malade de soixante-dix ans, d'une forte constitution, éprouve une irritation de la vessie et des parties voisines qui le force d'uriner fréquemment, et lui fait rendre du sang après une longue course, ou après l'exercice en voiture. On le sonde, sans découvrir de pierre, et l'on affirme qu'il n'y en a pas. On attribue le mal à un état pléthorique, qui se manifeste, disait-on, par l'injection des conjonctives, la chaleur de la peau, la rougeur du visage, et l'élévation du pouls. Saignées, purgatifs, diminution des aliments, boissons aqueuses abondantes. Ces moyens n'ayant rien produit, on consulte, au bout de deux mois, un autre praticien, qui partage l'opinion de son prédécesseur, et insiste sur le même traitement. Le malade se décourage, et conçoit des inquiétudes en voyant ses souffrances s'accroître, au lieu de diminuer. Il s'adresse à moi, me fait connaître ce qu'il éprouve, et m'apprend ce qu'on a essayé. Je réponds que je crois à l'existence d'une pierre, je conseille de répéter le cathétérisme, et j'indique les précautions à prendre pour en assurer le succès. Cette fois encore on ne trouve pas de calcul, on est plus convaincu que jamais qu'il n'y en a point, et l'on continue les mêmes moyens, dont on varie seulement la forme. Plus tard on a recours au poivre cubèbe et au baume de copahu. Enfin on songe à injecter dans la vessie du calomélas préparé à la vapeur. Rien ne fit ;

les médecins se découragèrent, et le malade vint à Paris, où je le débarrassai par la lithotritie d'une pierre qui était assez volumineuse.

Si l'on considère que les symptômes de l'affection calculeuse étaient fort saillants, et que les praticiens auxquels le malade avait confié sa santé sont doués de talents remarquables, on a peine à concevoir qu'une si grave erreur de diagnostic ait pu être commise. Cependant elle se reproduit tous les jours, et par le temps qu'elle fait perdre aux malheureux malades, rend trop souvent leur état inaccessible aux véritables et efficaces ressources de l'art.

En traitant des diverses maladies auxquelles il convient d'appliquer les explorations, j'ai fait connaître les modifications que chaque cas oblige d'y apporter. Je n'ai donc ici qu'une seule remarque à faire : c'est que, dans les névralgies, leur portée directe se borne à constater un degré anormal de sensibilité au col de la vessie. Mais elles ont un autre résultat, qui, pour être négatif, n'en est pas moins de la plus haute importance, à savoir qu'elles apprennent que d'autres maladies, et particulièrement l'affection calculeuse, n'existent pas.

Un problème se présente, c'est de rechercher si les calculeux qui ont subi une opération pour guérir de la pierre, sont plus exposés que les autres aux affections névralgiques du col vésical. L'expérience est restée muette à cet égard. J'ai vu des malades qui, après avoir été lithotritiés, ont été atteints ensuite de névralgie simple du col de la vessie ; la récidive de la pierre fut d'abord soupçonnée, mais les explorations vésicales et l'analyse des phénomènes morbides prouvèrent que cette crainte manquait de fondement. L'application du traitement ordinaire des névralgies fit disparaître tous les symptômes. Je n'ai pas remarqué que ces névralgies consécutives à l'application de la lithotritie eussent des caractères spéciaux, ni qu'elles obligeassent d'apporter des modifications à la méthode curative. La guérison ne s'est pas fait attendre plus longtemps que chez les sujets qui n'avaient point eu la pierre ; généralement même elle a été plus prompte, ce que je crois devoir attribuer à ce que les malades, dont l'attention avait été éveillée, attendaient moins pour réclamer les secours de l'art, de sorte qu'il ne se présentait pas autant de complications et que l'état morbide était plus circonscrit.

4° *Quelques dispositions morbides de la vessie.*

J'ai démontré, surtout en traitant de l'affection calculeuse, que, par suite des difficultés qu'elle éprouve à se débarrasser de son contenu, la vessie peut passer à deux états morbides diamétralement opposés, l'hypertrophie de ses parois, avec diminution de la capacité intérieure, et une sorte d'atrophie avec amincissement de ces mêmes parois et augmentation de capacité. Ces deux états sont susceptibles d'exister en même temps que la névralgie du col vésical, tant à titre de cause qu'à celui de complication. Comme la distinction à établir entre eux est de la plus haute importance dans l'étude et le traitement de la maladie, il ne sera pas inutile de rappeler un instant l'attention sur ce sujet, en me bornant d'ailleurs à des observations très sommaires, puisque j'aurai à m'occuper de ces deux états de la vessie considérés comme affections spéciales.

C'est principalement dans les cas de névralgie du col vésical, avec hypertrophie de la vessie, occasionnant des contractions fortes et souvent répétées de ce viscère, qu'on est exposé à commettre des erreurs de diagnostic, et que le traitement présente des difficultés. Les symptômes qui accompagnent alors l'excrétion de l'urine, se rapprochent beaucoup de ceux des calculs, à tel point même que des praticiens, d'ailleurs fort exercés, ont cru sentir dans la vessie un corps étranger qui ne s'y trouvait pas. J'ai cité plusieurs exemples qui prouvent qu'on ne saurait trop s'attacher à élucider la question. Les symptômes sont insidieux : au moment où l'urine cesse de couler, les parois de la vessie, se contractant avec force, viennent s'appliquer contre l'orifice interne de l'urèthre, siége de la névralgie, et déterminent une sensation douloureuse, absolument semblable à celle que produirait le contact d'une pierre ; les contractions sont même quelquefois assez fortes pour qu'il se fasse une légère exhalation de sang. Si l'on sonde le malade, on trouve les parois vésicales revenues sur elles-mêmes et dures ; si l'organe est parsemé de colonnes charnues, le frottement de l'instrument contre ces colonnes, au moment des contractions, peut induire en erreur, surtout une main peu exercée, et faire croire à la présence d'une pierre. D'un autre côté, la sensibilité du sujet ne permet pas d'explorer l'organe aussi longtemps et aussi complétement qu'on le désirerait. J'ajouterai que l'état de contraction de ses parois s'oppose souvent à ce qu'on puisse injecter assez d'eau pour manœuvrer en toute liberté.

Bien que j'aie indiqué ailleurs les explorations spéciales auxquelles il convient d'avoir recours dans ces cas douteux, je crois utile d'y revenir ici très sommairement.

La première précaution à prendre, est de diminuer, au moyen des bougies, la sensibilité exaltée de l'urèthre et du col vésical. Après quelques introductions de ces bougies et quelques lavements opiacés, la sonde cause moins de douleur, et ne provoque pas autant les contractions de la vessie. Ce résultat préliminaire étant obtenu, on procède à l'exploration ; s'il n'y a pas d'urine dans son réservoir, on y injecte de l'eau tiède, en s'arrêtant dès que le malade manifeste le besoin d'uriner.

Souvent la vessie ne peut recevoir que deux ou trois cuillerées de liquide ; mais c'en est assez pour écarter un peu ses parois, et permettre que la sonde à petite courbure en atteigne tous les points ; si l'on conserve des doutes, on fait une seconde, une troisième injection ; enfin, si les incertitudes persistent, on remet à un autre jour pour de nouvelles recherches.

Il est bien entendu qu'on peut explorer aussi quand la vessie est vide, et surtout à mesure que le liquide s'écoule et que les parois du viscère viennent s'appliquer sur la sonde : mais il faut alors procéder avec plus de précautions, à raison des douleurs que l'on cause nécessairement.

Une ou deux explorations, faites avec soin par une main exercée, suffisent presque toujours pour éclairer complétement, à moins qu'il n'existe quelque lésion organique aux parois vésicales. Il ne m'en a pas fallu davantage dans deux cas récents, où l'on croyait avoir trouvé une pierre, où l'on avait même déterminé les dimensions de ce prétendu corps étranger ; je ne tardai pas à être bien convaincu qu'il ne s'agissait que d'une névralgie du col vésical, avec hypertrophie de la vessie.

Comme, en pareils cas, les phénomènes morbides sont très

variables, on ne parvient fréquemment à établir le diagnostic que par voie d'exclusion : c'est ce qui fait qu'il importe tant de donner beaucoup de précision aux explorations, afin de déterminer d'une manière rigoureuse la cause et la complication de l'état névralgique ; une fois qu'on est fixé sur la nature du mal, on procède au traitement proprement dit. Je dois dire toutefois que, dans ces circonstances, heureusement peu fréquentes, on obtient rarement l'effet qu'on attendait. La violence des contractions vésicales me paraît être la cause principale des désordres, et il n'est pas toujours donné de l'atténuer. Je reviendrai sur ce point dans un autre chapitre.

Il n'est pas rare, ai-je dit plus haut, d'observer, chez les sujets atteints de névralgie du col de la vessie, une sorte d'appauvrissement, ou d'atrophie des parois de cet organe, à laquelle se rattachent la faiblesse de ses contractions et la lenteur du cours de l'urine. Je m'occuperai longuement de cet état dans le troisième volume, parce qu'il a une grande importance pratique. Si je le mentionne ici, c'est uniquement parce qu'il apporte des modifications aux symptômes, et oblige d'en faire subir aussi au traitement.

Quoi qu'on en ait dit dans ces derniers temps, je maintiens que l'atonie de la vessie coexiste souvent avec la névralgie du col, qui, à son tour, peut exercer une grande action sur la lésion vésicale. Ce sont là, je le répète, deux états qui coexistent chez beaucoup de malades, et qui s'influencent réciproquement. L'exaltation de la sensibilité du col vésical entraîne celle de sa contractilité, d'où il suit que l'excrétion de l'urine s'accomplit avec lenteur et difficulté : cet effet, de la part du col, est d'autant plus prononcé que le corps du viscère se contracte avec moins d'énergie. De ces deux circonstances réunies naissent une foule de désordres fonctionnels, à l'égard desquels je ne craindrai pas d'entrer, plus loin, dans de fort longs détails. Ici je ferai remarquer, en ce qui concerne le succès du traitement de la névralgie, qu'il faut chercher à ranimer la contractilité vésicale, en même temps qu'on diminue la sensibilité du col, et ne pas oublier que la maladie est susceptible d'acquérir beaucoup de gravité, par la raison seule qu'on lui laisse en général le temps de modifier profondément les tissus, et de se compliquer d'autres états morbides plus ou moins sérieux. Mais, une fois qu'on est parvenu à la bien reconnaître, le traitement devient simple, à la condition toutefois de bien distinguer les cas.

Lorsque la maladie est peu avancée, et que la santé générale n'a point reçu de fortes atteintes, le traitement n'exige pas de précautions spéciales, et amène une rapide amélioration. La guérison complète est souvent l'affaire de quelques jours, et les moyens les plus simples suffisent pour l'obtenir. Mais la pratique offre parfois des malades qui ont souffert beaucoup, et pendant longues années, tant des troubles fonctionnels occasionnés par l'état névralgique, que de la lenteur et de la difficulté avec lesquelles s'accomplit l'excrétion de l'urine. On trouve alors réunis, et les symptômes de la névralgie, et ceux de l'atonie ou paresse de la vessie, souvent même avec les conséquences que celle-là peut entraîner.

M. L..., âgé de cinquante-cinq ans, d'une constitution molle, flasque et sans énergie, souffrait depuis longtemps des organes urinaires. L'émission de quelques graviers porta à attribuer ces accidents à une affection calculeuse, et divers moyens furent employés sans résultat. Appelé à donner mon avis, je m'assurai que la vessie ne contenait pas de pierre. Mais le malade refusa de se soumettre au traitement que je lui indiquai, et se contenta d'avoir recours à des calmants, à des rafraîchissants, etc. Trois années s'écoulèrent ainsi, dans des alternatives de crises et de calme, sans accident grave. Enfin, en 1836, le malade se décida à suivre le traitement que je lui avais prescrit. Après avoir fait usage des bougies pendant dix jours, d'injections froides, de quelques douches, d'abord chaudes, puis froides, de boissons abondantes, de lavements laxatifs, et de deux purgatifs légers, il vit tous les accidents disparaître. L'urine, qui était un peu trouble et fétide, s'éclaircit et perdit son odeur ; au lieu de quatre à cinq émissions chaque nuit, il n'y en eut plus qu'une seule ; les besoins s'éloignèrent proportionnellement pendant la journée, et l'embarras douloureux à l'hypogastre cessa de se faire sentir ; l'appétit, les forces et l'aptitude au travail revinrent bientôt. Cette amélioration presque subite et inattendue se maintint pendant deux années, au bout desquelles le malade périt d'une affection accidentelle des organes respiratoires. Cet homme était singulièrement préoccupé de sa santé, et cependant la crainte l'empêcha pendant longtemps d'entreprendre un traitement aussi simple qu'efficace. Les heureux effets que produisirent les premiers soins ramenèrent le calme et la sérénité dans son esprit, et il s'opéra en lui un changement total, pour lequel sa famille et ses amis m'adressèrent de grands remercîments.

5° *Détérioration générale de la santé.*

Il n'est pas rare qu'on soit appelé par des personnes qui souffrent réellement peu des organes urinaires, bien que leur santé dépérisse d'une manière rapide. On ne trouve chez elles ni rétrécissement uréthral, ni lésion de la vessie ou de la prostate, ni pierre. On découvre seulement quelques indices d'un catarrhe vésical, qui presque toujours est consécutif ; l'urine est un peu louche, souvent fétide ; si l'on introduit une sonde ou une bougie, on s'aperçoit que l'urèthre est un peu plus sensible, notamment au milieu de sa partie spongieuse, sous l'arcade pubienne et au col vésical, particularités communes à tous les états dans lesquels la sensibilité des organes urinaires est accrue. Alors même que le sujet vient d'uriner, il n'est pas rare que la sonde fasse sortir encore un peu de liquide de la vessie, qui, généralement, est frappée d'atonie. On ne découvre aucun état morbide dans les autres parties de l'appareil urinaire, ni dans le reste de l'économie ; seulement, les fonctions s'exécutent mal, et cela depuis longtemps ; la constitution dépérit d'une manière progressive.

Ces cas paraissent, au premier abord, inexplicables. Mais, en remontant à l'origine de la maladie, on ne tarde pas à se convaincre que les organes urinaires ont été le point de départ des désordres, et que cette maladie, d'apparence générale, consiste en une perversion ou un mode particulier de la sensibilité de l'urèthre et du col de la vessie, bien qu'aucun symptôme spécial et saillant ne la caractérise. Ce qu'il y a de plus constant et de plus facile à apprécier, c'est un peu d'atonie de la vessie, qui chasse lentement et péniblement le liquide contenu dans son intérieur. Je suppose la maladie vers le milieu de sa période ascendante ; car, au début, et avant que la constitution commence à dépérir, l'état morbide n'est point appréciable, du moins pour celui qui manque d'une grande et longue habitude. Mais, à l'époque à laquelle je fais allusion, c'est-à-dire lorsqu'il existe quelques sensations pénibles vagues vers la partie inférieure du tronc, besoins fréquents d'uriner, difficulté et douleur pour les satisfaire; lorsque l'urine rendue est louche, un peu fétide, quelquefois d'une couleur plus foncée que dans l'état normal; lorsque surtout la santé générale se détériore avec rapidité, que les forces baissent, que le malade maigrit, la sollicitude du praticien doit être en éveil. Souvent on accuse un catarrhe de vessie, moins parce qu'il y a des symptômes propres à cette maladie, que parce qu'on ne découvre pas d'autre lésion.

On doit savoir que, dans ces cas toujours graves, le traitement sera long, qu'il faudra le diriger avec les plus grands ménagements, surtout au début. L'introduction d'une simple bougie suffit parfois pour amener alors une perturbation dont les conséquences sont incalculables, à raison du retentissement qui peut en résulter dans l'économie tout entière, déjà ébranlée par la maladie et devenue d'une excessive susceptibilité. La prudence veut que l'on procède avec une réserve extrême aux explorations dont le but est de déterminer la nature et les progrès du mal; souvent même il faut commencer par diminuer la sensibilité de l'urèthre. On n'introduit la première bougie que jusque vers le milieu du canal, et on la retire aussitôt, pour recommencer le lendemain ou le surlendemain, suivant l'effet produit. Parfois même il convient de ne recourir aux bougies qu'après avoir employé d'autres moyens, tels que lavements, diète, repos absolu, boissons acidulées, bains de siége, cataplasmes à l'hypogastre et au périnée. C'est sur les lavements qu'il faut le plus insister : on en administre plusieurs chaque jour, tantôt entiers, pour faciliter l'évacuation des matières, tantôt partiels, afin que le malade puisse les garder. S'il existe des complications appréciables, on les combat par les moyens spéciaux qu'elles réclament, et dès que l'état général s'est amélioré, on commence le traitement local. On n'a à redouter que l'effet des premières bougies. Dès qu'on est parvenu à diminuer la sensibilité de l'urèthre et du col vésical au point que les bougies n°s 10 et 11 passent sans difficulté, sans occasionner de vives douleurs, sans provoquer de réaction, on s'assure de l'état de la prostate et de la vessie, et ensuite on fait des injections d'eau simple, mais tiède, en ayant soin de ne pas pousser avec assez de force pour distendre la vessie, car il pourrait en résulter une perturbation qui aurait au moins l'inconvénient de forcer à interrompre le traitement, si elle n'entraînait pas des suites plus sérieuses. En général, on répète ces injections tous les deux ou trois jours, et l'on abaisse la température de l'eau à mesure que la vessie se familiarise avec le contact du liquide. En un mot, on se comporte de la même manière que dans le traitement de la paralysie de vessie, avec ou sans catarrhe. Il y a, en effet, dans l'affection dont je m'occupe ici, trois états morbides que j'ai examinés séparément ailleurs, mais qui se trouvent alors réunis, savoir : état névralgique du col vésical, atonie ou paresse du corps de la vessie, et délabrement de la santé générale, le tout malgré l'absence presque absolue de symptômes locaux. Et la preuve qu'il en est ainsi, c'est que, dans la grande majorité des cas, la santé générale se rétablit à mesure qu'on détruit l'état morbide du col de la vessie. A moins qu'il n'existe des causes particulières que je parvienne à découvrir, et desquelles ressortent des indications spéciales bien nettement tracées, je ne soumets ces malades qu'à un traitement fort simple. Ma médication se réduit à faire prendre un bain de siége ou entier tous les trois ou quatre jours, des lavements simples tous les jours, et quelquefois matin et soir, enfin de l'eau de chiendent, de l'eau sucrée, ou une limonade légère, bues en abondance : je fais en même temps suivre un régime doux, éviter le froid et l'humidité, et porter un suspensoir. A mesure que l'amélioration se dessine, et que la guérison commence à marcher régulièrement, il devient nécessaire de prescrire des réconfortants, mais toujours avec beaucoup de circonspection et d'une manière progressive. Le temps est ici un grand élément de succès, car il faut souvent plusieurs mois pour obtenir un amendement notable.

Pendant le cours de ces longs traitements, on est fort exposé à voir paraître des accidents, qui deviennent d'autant plus redoutables que le sujet offre moins de ressources. C'est surtout au début, et quand on agit sans ménagement, qu'ils éclatent, au moment où l'on s'y attend le moins. Avant que l'expérience m'eût fait connaître la gravité de ces cas, j'ai vu des malades succomber à un ou deux accès de fièvre, que l'introduction d'une sonde ou d'une simple bougie molle avait provoquée. Ces phénomènes m'ont d'autant plus frappé qu'on ne pouvait établir aucun rapport rationnel entre la cause et l'effet. En y réfléchissant, j'ai fini par demeurer convaincu que presque toujours alors les malades qui réclament nos soins, touchant au dernier terme de l'épuisement, la moindre secousse suffit pour compromettre leur existence. Il est quelquefois prudent de ne rien tenter ; mais lorsqu'on laisse entrevoir des inquiétudes, soit aux malades, soit à ceux qui les entourent, les uns et les autres témoignent d'autant plus de surprise qu'ils ne se doutaient même pas que le cas eût de la gravité, parce qu'il n'y a pas de douleurs proprement dites, et que la cause de l'anéantissement n'apparaît pas avec évidence.

ART. III. — CAUSES DES AFFECTIONS NERVEUSES DU COL VÉSICAL.

Quelques auteurs anglais, spécialement Hunter et M. Macilwain, indiquent l'action du froid comme étant propre à déterminer le spasme du col vésical. Peut-être s'est-on exagéré la portée de cette cause, du moins quand le froid est appliqué immédiatement, au moyen d'injections dans la vessie ou de lavements. J'ai très souvent eu recours aux injections d'eau froide dans la vessie ; il en résulte quelquefois des contractions vives soit de cet organe, soit du rectum ; mais je n'ai pas remarqué que le col vésical conservât ensuite aucune disposition à être atteint de spasme. J'en puis dire autant des douches froides sur le périnée et l'hypogastre, dont je fais également un fréquent emploi. En traitant de la paralysie de la vessie et des moyens de la distinguer des difficultés d'uriner qui dépendent de la présence d'un obstacle au col vésical, je reviendrai sur l'action du froid, et je ferai connaître des particularités remarquables que présentent les effets des contractions provoquées par lui.

D'autres praticiens ont accusé les affections vives et subites de l'âme. J'ai vu aussi quelques cas dans lesquels l'influence de cette action était incontestable. Ce qu'elle offre de particulier, c'est qu'elle n'exerce pas une action aussi circonscrite que celle des causes de nature purement physique, car le col de la vessie ne se contracte pas seul, et tous les muscles du périnée participent aussi à l'état de spasme. On remarque quelque chose d'analogue, dans certains cas où la sensibilité se trouve fortement exaltée, par suite de maladies graves et prolongées. Plus d'une fois alors j'ai vu des difficultés considérables d'uriner être la conséquence d'une contraction en quelque sorte tétanique, non-seulement de l'urèthre et du col vésical, mais encore des muscles du périnée, et cette contraction s'étendait parfois à tout l'appareil musculaire de l'économie.

Indépendamment des chutes sur le périnée, des excès dans le coït, des compressions exercées sur la partie profonde de l'urèthre par la tête de l'enfant ou par un corps étranger engagé dans le rectum, des frottements directs produits par les sondes ou autres instruments, de l'usage de certains médicaments et de certaines boissons, en un mot de toutes les causes que j'ai indiquées en parlant des spasmes de l'urèthre, et qui ne sont pas non plus sans influence sur les contractions subites du col de la vessie, je dois signaler encore l'effet spécial de la résistance aux premiers besoins d'uriner. Je ne connais pas de cause plus puissante et plus répandue. Les deux tiers des malades que j'ai vus lui étaient redevables de leur affection. La résistance au besoin d'uriner devient surtout funeste en voyage : c'est alors, effectivement, que les personnes prédisposées aux spasmes sont attaquées de rétention d'urine.

J'ai vu survenir des contractions spasmodiques du col vésical après un lavement purgatif. Le malade faisait usage de quinquina, qui détermina une constipation opiniâtre. On lui donna deux lavements, dont chacun contenait une cuillerée de sel de cuisine ; immédiatement après, survint une rétention d'urine, qui céda aux antiphlogistiques, sans que j'eusse besoin de recourir à la sonde : mais le malade souffrit longtemps. Deux mois plus tard, à la suite d'une promenade à cheval, la rétention d'urine se reproduisit, moins grave cependant. Un chirurgien fut appelé pour reconnaître s'il n'existait pas de rétrécissement ; la sonde se trouva arrêtée par une première bride à 5 et par une seconde à 8 millimètres ; finalement elle ne put franchir le col de la vessie. Les tentatives d'introduction amenèrent de la fièvre et des douleurs vives en urinant. On les réitéra quelques jours après, sans plus de succès. Un autre chirurgien eut alors recours aux bougies molles, qui pénétrèrent aisément jusqu'à la vessie ; mais lorsqu'on en vint aux grosses bougies, il s'opéra, au col vésical, un mouvement de rétraction qui les arrêta, comme il avait déjà arrêté les sondes. Je m'assurai qu'il n'y avait pas de rétrécissement organique, et qu'on avait pris pour tel les contractions spasmodiques qu'il n'est pas rare d'observer dans les névralgies de l'urèthre et du col vésical. Ce fait vient à l'appui de ce que j'ai dit, et de ce qu'avait déjà observé Hunter, que les bougies sont préférables aux sondes. Il fait voir aussi qu'en introduisant une sonde et une bougie dans un urèthre irritable, on ne doit pas provoquer de surdistension, sans quoi le spasme se reproduit, et met dans la nécessité de suspendre le traitement.

Quant aux boissons spiritueuses, il n'est pas douteux que l'abus de ces liqueurs puisse produire le spasme du col de la vessie. Les praticiens anglais, M. Brodie, par exemple, ont remarqué que le mélange des acides avec les spiritueux, tel qu'il a lieu dans certains punchs, était surtout propre à déterminer cet effet.

On sait que les affections graves des reins, du rectum, de la matrice, etc., exercent parfois une action puissante sur le col de la vessie. Cette influence est presque toujours fâcheuse. On a pensé qu'il pouvait en résulter une contraction spasmodique, soit de l'urèthre, soit du col vésical, telle que l'émission de l'urine et le passage des instruments dans le canal présentassent des difficultés. Ces cas se rapprochent beaucoup de ceux dont j'ai parlé plus haut, au sujet de certaines maladies graves et prolongées qui amènent une espèce de raideur tétanique de l'urèthre ou du col de la vessie et des muscles du périnée. Je n'ai pas observé alors de véritable rétention d'urine ; mais les difficultés d'uriner peuvent être fort grandes, et l'introduction des sondes rencontrer des obstacles, en raison de l'excessive irritabilité du canal. La plupart de ces causes n'agissent que d'une manière temporaire ; les effets qu'elles entraînent sont également momentanés, et souvent ils ne se manifestent qu'une seule fois. Il y a néanmoins des circonstances dans lesquelles les accidents se reproduisent, même en s'aggravant : ceci a lieu surtout pour les causes d'un ordre moral, et pour les spasmes produits par des lésions organiques profondes. On rencontre effectivement des malades chez lesquels une influence morale suffit pour faire contracter le col vésical au point de rendre l'émission de l'urine difficile ou impossible. Parmi les cas de ce genre qui se sont présentés dans ma pratique, je citerai le suivant :

Un menuisier, âgé de trente ans, éprouva, à la suite de travaux pénibles, un dérangement dans l'excrétion de l'urine, auquel il ne fit pas attention d'abord ; mais bientôt aux sensations premières se joignit l'impossibilité d'uriner lorsque le malade remarquait qu'il pouvait être aperçu par quelqu'un. Inquiet sur sa position, il consulta plusieurs praticiens, qui lui conseillèrent des adoucissants. Ces moyens ne l'ayant pas soulagé, il conçut des craintes vives, se représenta son état beaucoup plus grave qu'il ne l'était réellement, et s'adressa à moi. La santé générale était bonne ; toutes les fonctions s'exécutaient régulièrement, excepté celles de la vessie ; il n'y avait pas de rétrécissement organique ; le malade n'avait jamais eu de rapports avec aucune femme. De temps en temps l'urine sortait par un jet gros, arrondi et arqué, et parfois le liquide était nuageux ou légèrement muqueux. Du reste, tous les symptômes caractérisés se réduisaient à une impossibilité subite d'uriner par moment, et surtout chaque fois que le sujet se trouvait à portée d'être vu. Il y avait donc chez lui une affection nerveuse, qui le rendait très malheureux, et qui le forçait à vivre dans un isolement presque complet. En étudiant les phénomènes d'après l'ordre de leur apparition, et procédant par voie d'exclusion, je reconnus qu'il existait une névralgie accompagnée de contractions spasmodiques de l'urèthre et du col vésical. Les effets sur l'excrétion de l'urine étaient les plus saillants pour le malade. Venaient ensuite quelques symptômes de catarrhe vésical, qui le préoccupaient aussi beaucoup, mais auxquels je ne crus pas devoir m'arrêter, parce qu'ils étaient évidemment secondaires. Tout ce que je pus lui dire pour calmer ses inquiétudes fut inutile : il était tellement convaincu de son incurabilité qu'il eut de la peine à se décider à suivre le traitement ordinaire des spasmes et des névralgies. Cependant il consentit à l'essayer, uniquement, disait-il, pour ne pas me désobliger. Douze introductions de la bougie molle dans l'urèthre, des lavements, des bains et des boissons abondantes suffirent pour faire cesser les difficultés d'uriner et rétablir la santé. Au quinzième jour du traitement, mon homme vint en toute hâte m'annoncer qu'il était guéri, parce qu'il avait pu uriner dans le jardin des Tuileries un jour où il y avait beaucoup de monde, et il était tellement satisfait de ce résultat qu'il descendait dans la rue pour avoir, ce sont ses expressions, le plaisir d'uriner en public, ce qu'il n'avait pu faire depuis nombre d'années.

Ainsi, chez quelques malades, on trouve réunis, même à un très haut degré, les accidents de la névralgie, et les effets du spasme du col vésical. Dans la plupart de ces cas, la sensibilité de l'urèthre est tellement vive que le passage des premières sondes peut entraîner des accidents, surtout lorsqu'on ne procède pas avec réserve, et avec toutes les précautions que j'ai indiquées. C'est alors, principalement, qu'aux douleurs atroces du cathétérisme on voit succéder des accès de fièvre, et une perturbation générale capable de donner des inquiétudes.

Chez un de ces malades, qui conserva longtemps les difficultés d'uriner, le liquide, pendant douze à quatorze heures après l'introduction de la bougie, coulait à plein canal et sans la moindre peine, mais les difficultés recommençaient alors jusqu'au lendemain ; durant cette dernière période, la vessie se vidait incomplétement, malgré les efforts considérables auxquels le sujet se livrait. Au début du traitement, la contraction était si forte que la bougie cheminait par saccades et avec une lenteur extrême : si on la lâchait, elle était repoussée à l'instant, et sortait d'elle-même, plus vite qu'elle n'était entrée. Le traitement n'eut poin ici tout le succès désiré ; le malade continua d'uriner fréquemment et avec un peu de peine, et sa santé ne se rétablit pas. Au reste, ce sont là des cas exceptionnels. En général, on parvient à diminuer la sensibilité de l'urèthre, de manière que l'introduction des premières bougies est seule douloureuse. Mais il ne faut pas se dissimuler que ces douleurs sont vives, soit au moment du passage, soit après ; quelquefois même elles persistent pendant quelques heures, et obligent de recourir aux calmants, aux lavements opiacés surtout, qui réussissent presque toujours.

Dans un cas que j'ai actuellement sous les yeux, la névralgie, accompagnée de contractions spasmodiques, était fort ancienne, et le spasme de l'urèthre si considérable, par moments, que le malade éprouvait les plus vives douleurs; depuis son enfance, il n'avait jamais bien uriné. On employa les divers moyens que la médecine possède contre les irritations; ils furent inutiles. Plus tard, le malade commença à rendre du sable rouge avec l'urine: on crut à l'existence d'un calcul ou de gros graviers dans la vessie, auxquels on attribua les désordres, et je fus consulté. Une exploration me fit connaître que la vessie ne contenait pas de corps étranger; mais l'urèthre, et surtout le col, étaient si irritables et si resserrés, quoiqu'il n'y eût point de rétrécissement organique, que je ne me souviens pas d'avoir jamais vu personne souffrir autant pour être sondé. Il survint, peu de jours après, un état nerveux général, avec phlegmasie de la membrane muqueuse des organes digestifs et respiratoires; j'eus des inquiétudes sérieuses pendant quelques jours. Cependant ces désordres accidentels finirent par se calmer, l'équilibre se rétablit, et je pus m'occuper de combattre la maladie principale. Je ne parvins à la vessie qu'au troisième jour, avec une très petite bougie: à peine avait-elle pénétré de quelques centimètres qu'il fallait la retirer, tant les souffrances étaient vives: j'étais obligé ensuite de recourir à des cataplasmes, qui soulageaient en peu d'heures. Le sixième jour, l'amélioration commença; le sable, qui depuis quelque temps existait en grande quantité dans l'urine, cessa d'y paraître; il devint possible d'employer des bougies plus volumineuses, et la guérison fut obtenue. Pendant les premiers temps, la bougie était en quelque sorte arrêtée vers l'orifice extérieur, vers le milieu de la partie spongieuse, et surtout au col de la vessie: j'ai démontré, dans le premier volume, que ces points de l'urèthre sont ceux où le spasme se développe avec le plus de force.

Je traite en ce moment un homme chez lequel la sensibilité et la contractilité des parois de l'urèthre sont tellement développées, sans cause appréciable, qu'il a été impossible, jusqu'à présent, de procéder à une exploration directe. Les recherches par le rectum et par l'hypogastre n'ont rien appris, quoique la maigreur extrême du sujet ait permis de procéder avec plus de précision qu'on ne peut ordinairement le faire. Il n'y a pas de catarrhe vésical, et le malade n'a jamais eu de blennorrhagie; toutes les cinq minutes, il est pressé par le besoin de rendre quelques gouttes d'urine. Cette exaspération, contre laquelle les émollients et les opiacés ont échoué, s'accompagne à certains intervalles d'un trouble général des fonctions, d'une perte complète de l'appétit, et d'une fréquence extraordinaire du pouls.

Il n'est pas rare d'observer les névralgies du col vésical chez des personnes qui ont longtemps souffert d'autres névralgies, dans différentes parties du corps. J'ai vu plusieurs cas de ce genre, notamment chez un confrère qui, à la suite d'une affection goutteuse fort ancienne, souffrit horriblement d'une sciatique, à laquelle succéda une douleur vive, s'étendant du col de la vessie à toute l'étendue de l'urèthre et jusqu'aux testicules. Les besoins d'uriner se répétaient vingt ou trente fois par jour ; le malade souffrait principalement lorsque la vessie se remplissait et qu'il voulait la vider, mais il n'y eut jamais de rétention. Loin de là même, l'émission du liquide se faisait avec assez de facilité, quoique toujours avec douleur. Les souffrances augmentaient après les repas, et cependant la digestion s'accomplissait bien. Les saignées générales et locales, les bains, les lavements, les applications émollientes et les dérivatifs, amenèrent un soulagement momentané ; mais les accidents ne tardèrent pas à se reproduire avec la même intensité, malgré la stricte observance des règles de l'hygiène. Plus tard, le malade essaya un traitement plus direct, mais à l'égard duquel il procéda sans doute avec trop de précipitation, car il n'en a pas obtenu tout le succès qu'il espérait.

D'autres personnes, auxquelles j'ai donné des soins, avaient éprouvé pendant longtemps, dans la poitrine, à la tête, à l'estomac, ces douleurs vagues et opiniâtres qu'on est convenu d'appeler névroses ou névralgies, et contre lesquelles les ressources de l'art sont si fréquemment impuissantes. On eût été tenté de croire, dans certaines circonstances, que la maladie avait quitté son siége primitif pour aller se fixer sur la vessie, et c'est en effet à des métastases qu'on a généralement recours pour expliquer le fait, quoiqu'il ne s'agisse le plus souvent que de simples coïncidences.

Quant aux circonstances spéciales, susceptibles de déterminer l'exaltation de sensibilité qui constitue les névralgies du col vésical, elles sont extrêmement nombreuses. Je commencerai par les plus appréciables, et d'abord par la présence de la pierre.

1° L'action d'un calcul sur le col vésical, est incontestablement une des causes les plus puissantes de l'accroissement de la sensibilité et de la contractilité de cette partie. Nous voyons bien tous les organes finir par s'accoutumer à la présence d'un corps étranger, et c'est même sur la connaissance de cette aptitude bien constatée, que repose le procédé auquel j'ai recours pour faire cesser les spasmes et les névralgies de l'urèthre et du col de la vessie. Il semble donc, au premier aperçu, y avoir contradiction entre les effets d'un calcul et les résultats du traitement par les bougies. Mais les circonstances ne sont point identiques dans les deux cas ; et c'est par une sorte d'inadvertance que plusieurs de mes confrères ont fait à ce sujet des remarques qui ne sont point fondées. En effet, on introduit la bougie avec lenteur, avec ménagement, et on ne la laisse en place que pendant quelques instants : la pierre, au contraire, est toujours là, avec son poids et ses aspérités; ses attouchements sont brusques, saccadés, violents, parce que le corps de la vessie la pousse avec force et la maintient appliquée contre l'orifice de l'urèthre. Loin donc d'être surpris de la fréquence des névralgies de cette région chez les calculeux, on devrait s'étonner de ce qu'elles ne sont pas plus communes, si l'observation n'avait appris que la pierre ne demeure pas toujours en contact avec le col du réservoir de l'urine. C'est ce qui fait qu'on peut obtenir et qu'on obtient très souvent la cessation temporaire de la névralgie chez les calculeux, fait à l'égard duquel il n'existe plus aucun doute, surtout depuis l'introduction de la lithotritie. Mais ce qui a été bien démontré aussi, c'est que, sous l'influence d'un état névralgique, les symptômes de la pierre présentent beaucoup d'irrégularité.

Ce que je dis de la pierre dans la vessie peut s'appliquer aussi à la gravelle. On voit tous les jours la névralgie et l'affection calculeuse se produire et s'influencer réciproquement. J'ai rapporté dans mes précédents ouvrages plusieurs faits qui démontrent que la gravelle et la pierre succèdent fort souvent à l'état névralgique du col vésical; mais il y a des cas où ce dernier état a été précédé pendant longtemps par des coliques néphrétiques et par la gravelle. J'ai vu, entre autres malades, un employé des douanes, âgé de cinquante-trois ans, éprouver une forte attaque de colique néphrétique après une partie de chasse, il y a dix années; l'accès se reproduisit depuis, à des intervalles variables, et quelquefois au moment où l'on s'y attendait le moins. Le malade rendait ensuite des graviers. Cet état dura six années, pendant lesquelles on employa un grand nombre de traitements, qui n'eurent aucun succès. Aux coliques succédèrent des douleurs à la région pubienne et du trouble dans l'émission de l'urine. Celle-ci contenait un dépôt qui finit par devenir purulent, à tel point que le malade disait qu'il urinait du pus. L'énorme quantité de médicaments, surtout de purgatifs, dont cet homme s'était gorgé, avait fatigué l'estomac, qui le faisait souffrir beaucoup, principalement lorsque les douleurs diminuaient du côté de la vessie, du rectum et du pubis, de sorte qu'on remarquait une certaine alternation dans ce qu'il appelait les souffrances du haut et du bas. Tous les moyens employés étant restés sans effet, le malade vint à Paris. Je constatai une névralgie très vague, avec engorgement de la prostate, catarrhe purulent et atonie de la vessie; la santé avait beaucoup souffert, et le moral était ébranlé. Un traitement approprié fut prescrit; j'ignore quel en a été le résultat.

Chez un autre malade, âgé de soixante et un ans, à la suite d'une douleur très vive, s'étendant de la fesse au pied gauche, et qui persista pendant plus de six semaines à l'état aigu, il survint une violente colique néphrétique du côté droit. Malgré les moyens les plus énergiques, cette colique ne cessa pas entièrement; elle s'exaspéra même au bout de quarante jours. Enfin, le col vésical devint le siége de sensations très douloureuses, et les fonctions de la vessie en furent fortement troublées. On administra un grand nombre de médicaments, dirigés les uns contre un catarrhe vésical qui avait éclaté, les autres contre la difficulté d'uriner et les douleurs. Plus tard même on prescrivit un traitement antivénérien. Ce qu'il y a de plus remarquable dans ce cas, c'est que les accidents primitifs ne cessèrent pas, malgré les désordres survenus au col vésical, phénomène qu'on observe rarement.

L'influence réciproque de l'affection calculeuse et de la névralgie, doit d'autant plus fixer l'attention du praticien, que de là résultent chaque jour des états morbides masqués, vagues, très opiniâtres, et que si l'on ne saisit pas tout d'abord les circonstances sous l'empire desquelles ces états se développent, on peut rester pendant longtemps engagé dans les voies d'une thérapeutique erronée.

2° Les contusions et blessures du col et du corps de la vessie par des agents extérieurs, notamment par des armes de guerre, dont les auteurs, Larrey entre autres, rapportent des exemples remarquables, ont été signalées avec raison comme une cause fort active des douleurs et des troubles fonctionnels qui constituent les névralgies du col vésical. On comprend toute la portée que peuvent avoir les causes de ce genre, qui sont heureusement rares. La présence d'un corps étranger dans la vessie, à la suite de telles blessures, et les désordres que celles-ci elles-mêmes peuvent occasionner, dans le viscère ou les parties voisines, auraient des conséquences non moins fâcheuses pour la production des états névralgiques, et pour imprimer à ces états un caractère de gravité qu'ils ont rarement, lorsqu'ils dépendent d'autres circonstances.

3° Plusieurs lésions organiques de l'urèthre, de la prostate, de la vessie, etc., exercent une grande influence sur la maladie qui nous occupe; ces lésions sont elles-mêmes la conséquence d'un travail morbide qui concourt à exalter la sensibilité locale. Dès que l'altération organique est formée, et qu'elle a pris un certain développement, l'exaltation de la sensibilité s'accroît encore, d'autant plus qu'il vient s'y joindre l'influence des troubles fonctionnels qu'entraînent presque toujours les altérations matérielles. Ainsi, on peut trouver réunies, chez un même sujet, des causes complexes dont la connaissance importe beaucoup au praticien, car elles apportent des modifications, soit dans les symptômes, soit dans le traitement des névralgies, et même des états morbides primitifs. En faisant l'histoire de chacun de ces états, je me suis attaché à noter avec soin ce qui appartient à la névralgie ; mais il ne faut pas perdre de vue que quand cette dernière reconnaît pour cause une lésion organique profonde, incurable, elle ne présente ni ses caractères propres, ni sa marche ordinaire, et que d'ailleurs elle est incurable, comme la maladie qui la détermine.

Sans m'arrêter plus longtemps à ces causes des névralgies du col vésical, dont plusieurs sont, pour ainsi dire, palpables, je passe à d'autres, moins directes, par conséquent moins faciles à saisir, et au sujet desquelles l'interprétation s'est exercée davantage.

4° On avait remarqué que l'abus du coït et de la masturbation avait précédé l'apparition des phénomènes qui caractérisent les névralgies du col vésical. J'ajouterai même qu'il n'y a pas de cause plus grave et plus opiniâtre, soit que la surexcitation prolongée des organes génitaux porte une atteinte profonde à la vitalité du col de la vessie, soit que l'influence morale, ordinairement énergique en pareil cas, suffise pour imprimer à la maladie un caractère de pertinacité qu'elle a rarement dans d'autres cas.

J'ai vu un homme de vingt-quatre ans, fortement constitué, et d'une taille élevée, qui, ayant contracté au collége la funeste habitude de la masturbation, éprouvait depuis plus d'une année un trouble notable dans les fonctions de la vessie. Il nous fut impossible, à M. Chomel et à moi, de découvrir aucune lésion organique propre à rendre raison de l'opiniâtreté du mal, qui avait résisté à tous les traitements rationnels et empiriques. Le malade était fortement préoccupé de son état; il éprouvait des souffrances locales assez vives et presque continues; son sommeil était agité et son appétit troublé; il avait maigri; il était triste, abattu, sans goût pour les plaisirs de son âge. La douleur et le malaise général et local qui précédaient et accompagnaient l'émission de l'urine le forçaient à vivre dans la retraite, et rien ne pouvait le distraire. L'urèthre n'était pas fort irritable : aussi l'action de la bougie demeura-t-elle restreinte. La vessie se contractait faiblement, mais il n'y avait pas de paresse proprement dite. En introduisant la sonde aussitôt après que le malade avait uriné, on faisait sortir à peine quelques cuillerées de liquide. La prostate n'était point engorgée. La digestion s'accomplissait d'une manière régulière, mais péniblement, et les fonctions génitales ne présentaient rien d'anormal. Le siége de la maladie me parut être à l'orifice interne de l'urèthre. Ce ne fut, toutefois, qu'en rapprochant ce cas de quelques autres où la cause du désordre était appréciable, que je parvins à cette détermination.

Parmi les malades placés sous l'influence de ces agacements prolongés du col vésical, et chez lesquels on observe les symptômes dont j'ai tracé le tableau, phénomènes qui ne sauraient être rapportés à une autre lésion organique, se rangent principalement les hommes qui ont largement abusé des organes génitaux, dont, par suite d'excès répétés, l'action vitale se trouve tantôt exaspérée et tantôt aussi épuisée ou pervertie. S'il survient, chez ces individus, une maladie quelconque, étrangère à l'appareil génito-urinaire, celui-ci ne tarde pas à donner des signes de douleur, surtout vers le déclin de l'affection première. Les troubles fonctionnels qui résultent de là pour la vessie deviennent la source de nouveaux phénomènes qui s'influencent réciproquement avec les premiers, et d'où résulte une maladie qui ne ressemble en rien à ce qu'elle était dans l'état simple. Cette circonstance a plus d'une fois fait tomber dans l'erreur des praticiens même exercés. Je me borne à rappeler ici le fait, à l'appui duquel il me serait facile de rapporter des preuves nombreuses, car on voit tous les jours, ainsi que je l'ai dit, la plupart des irritations de l'appareil digestif ou respiratoire amener, surtout au moment où elles se terminent, des agacements du col de la vessie, souvent accompagnés de catarrhe vésical, qui troublent sensiblement l'excrétion de l'urine. Les reins eux-mêmes ne demeurent point étrangers à ces influences, si du moins l'on s'en rapporte aux innombrables changements qu'éprouve l'urine, et dont je citerai pour exemple les urines critiques, qui jouent un si grand rôle dans l'histoire des maladies.

5° Il en est de même des affections arthritiques, rhumatismales ou cutanées, et des prétendus virus ou vices du sang, auxquels, en désespoir de cause, on s'est attaché pour expliquer tant de maladies de l'appareil urinaire, en admettant des rétrocessions, des métastases, et autres hypothèses du même genre. On était d'autant plus enclin à ces interprétations, que l'irrégularité des phénomènes morbides laissait le chirurgien dans une incertitude fort embarrassante (1).

6° L'accumulation des matières fécales dans le rectum exerce une si grande influence sur les maladies de la vessie, qu'on ne saurait trop appeler l'attention sur ce point. Plus d'une fois il m'a suffi de prescrire quelques lavements simples pour faire

(1) Je ne conteste pas, ainsi qu'on l'a avancé, que ces états maladifs puissent exercer une certaine influence sur les névralgies du col vésical. En thérapeutique, surtout, ils ne doivent pas être perdus de vue; j'en ai fait la remarque dans plusieurs circonstances.

disparaître, avec la constipation, tous les symptômes que le malade éprouvait du côté des voies urinaires. Bonet, Wepfer, Morgagni, Ch. Bell, et beaucoup d'autres auteurs avaient déjà fait la même remarque. Ce résultat n'a rien qui surprenne quand on réfléchit aux suites immédiates et indirectes que doit déterminer un amas à la partie inférieure du canal intestinal. D'abord il y a un effet mécanique : c'est la compression que les matières exercent sur le bas-fond de la vessie, la prostate, le col vésical et les voies spermatiques. Cette compression gêne le jeu des organes, et trouble les fonctions dont ils sont chargés. De là des besoins d'uriner plus rapprochés, mais mal caractérisés, et se manifestant quelquefois par du malaise, ou par des douleurs, plutôt que par la sensation ordinaire ; de là aussi difficulté de satisfaire ces besoins, et surtout absence du bien-être qu'on éprouve d'habitude après s'être soulagé. Il y a là un état intermédiaire entre la santé et la maladie, dont on ne s'occupe point assez. Si la constipation persiste pendant plus longtemps, le sujet éprouve une sensation de plénitude et d'embarras dans le bas-ventre, puis plus tard une sorte d'engourdissement et d'alourdissement, qui s'étend même quelquefois aux extrémités inférieures. Souvent alors il s'y joint, en ce qui concerne les voies spermatiques, des phénomènes propres à rendre l'état plus vague encore, et cependant plus digne d'attention ; les désirs vénériens diminuent et les érections sont moins complètes. De l'ensemble de ces états, et quand la cause persiste longtemps, résultent quelques symptômes plus tranchés, qui frappent le malade, et pour lesquels il se décide enfin à consulter. C'est alors surtout qu'on observe les névralgies du col de la vessie et les écoulements uréthro-prostatiques, souvent avec des complications qui rendent le cas extrêmement grave.

L'accumulation des matières fécales dans le gros intestin détermine encore un autre effet, qu'on a presque entièrement négligé, et dont il me paraît néanmoins important de s'occuper ; je veux parler de ce que les excréments fournissent à l'absorption. On sait combien cette dernière est active vers la partie inférieure du canal intestinal : la rapidité avec laquelle les lavements sont absorbés le démontre, et le desséchement des matières stercorales en est lui-même une preuve irréfragable. Quant au liquide absorbé, il varie en quantité et en qualités. Tel qu'il est dans l'état normal, lorsqu'on va tous les jours à la selle, et qu'on rend des matières moulées, de consistance moyenne, il paraît utile à la santé; car la plupart des hommes habituellement constipés sont forts, robustes et replets. Mais, lorsque la quantité des sucs puisés, à la fin du gros intestin, est trop considérable, il se manifeste à la longue un état maladif, spécialement caractérisé par une exaltation de la sensibilité et par des symptômes, tant inflammatoires que nerveux, soumis d'ailleurs à toutes les influences qui dépendent tout à la fois de l'état général du sujet et du mode de vitalité de l'organe malade. Je me contente de signaler ici cette particularité de l'absorption intestinale, dont les physiologistes et surtout les pathologistes n'ont peut-être pas assez tenu compte.

La constipation ne borne pas ses effets à ceux que je viens d'indiquer. Les hémorrhoïdes, qui en sont si souvent la conséquence, influent à leur tour sur les maladies de la vessie, et notamment sur les névralgies de son col. Lorsqu'elles ont persisté longtemps, certains malades conservent, au pourtour de l'anus, de petites tumeurs qu'il faut bien se garder de confondre, comme on l'a fait plus d'une fois, avec des végétations vénériennes. Deux circonstances principales peuvent entraîner à cette erreur dans le cas dont je m'occupe : la première, c'est que les malades, atteints de névralgie du col vésical, ont tous le moral plus ou moins affecté, et que la plupart se croient si fermement attaqués d'un reste de syphilis, qu'on a beaucoup de peine à les dépersuader; la seconde, c'est que l'absence plus ou moins complète de causes appréciables fait que le praticien saisit avec empressement les moindres circonstances qui lui semblent pouvoir en jouer le rôle, et ne s'attache pas toujours à en apprécier la portée.

7° On cite plusieurs cas dans lesquels les ascarides du gros intestin ont troublé, d'une manière notable, les fonctions de la vessie, et déterminé des désordres graves, suivis de délabrement de la santé et même d'impuissance, accidents qui ont cessé après la destruction des vers.

8° Les fissures à l'anus peuvent concourir aussi à produire des phénomènes qui se rapportent aux névralgies. Entre autres cas on cite un homme qui avait eu une dartre scrotale, des hémorrhoïdes et des blennorrhagies. On crut à l'existence de rétrécissements uréthraux, et quinze cautérisations furent pratiquées ; on administra des antivénériens, des antidartreux. Tout demeura inutile : le malade ne pouvait uriner qu'avec le secours d'une sonde. On s'imagina reconnaître un engorgement squirrheux et même cancéreux de la prostate : une foule de moyens furent prescrits en conséquence, mais sans résultat. Le malade, affaibli, exténué, consulta Lallemand qui reconnut, à la surface interne du rectum, entre les sphincters, et à la marge de l'anus, plusieurs petites tumeurs molles, inégales et mobiles, qu'il regarda comme des hémorrhoïdes internes ; la prostate n'offrait rien d'extraordinaire ; plus tard, on aperçut une fissure à l'anus, dont la partie visible aboutissait à un repli de la membrane muqueuse caché entre deux hémorrhoïdes. On opéra d'abord cette fissure ; aussitôt que les sphincters furent incisés, les selles devinrent faciles, le malade put uriner librement, sans sonde, et tous les accidents disparurent. Chez un autre sujet, les symptômes les plus graves cessèrent après une diarrhée de quinze jours, provoquée par une indigestion ; là, encore, il y avait eu blennorrhagie, constipation, fissure à l'anus, pertes séminales pendant la défécation, hypochondrie profonde et penchant au suicide. J'ai eu à traiter quelques névralgies dépendant de cette cause, mais où les effets étaient moins prononcés. Boyer avait déjà signalé à l'attention des praticiens l'influence que les fissures à l'anus exercent sur l'excrétion de l'urine et la production des phénomènes vagues dont il s'agit ici.

Ainsi, tout état morbide du rectum peut jouer un très grand rôle dans la production des névralgies du col vésical, et il suffit de n'avoir point égard à cette cause, si fréquente cependant, pour que les traitements, en apparence les mieux combinés, demeurent sans résultat. Les hémorrhoïdes, les ascarides et la phlegmasie, même légère et circonscrite du rectum, exaspèrent la sensibilité du col vésical, et quand il y a déjà exaltation de cette sensibilité, les maladies de la fin du gros intestin deviennent une complication, qui aggrave les accidents, qui peut même paralyser tous les efforts de l'art. Et je n'entends pas parler ici de lésions organiques proprement dites, qui sautent, pour ainsi dire, aux yeux, mais d'affections bien moins sérieuses au fond, qui se manifestent par des symptômes plus persistants que douloureux, et semblent constituer des incommodités plutôt que des maladies réelles.

ART. IV. — DE L'INFLUENCE DE L'AGE ET DU SEXE SUR LE DÉVELOPPEMENT DES AFFECTIONS NERVEUSES DU COL VÉSICAL.

C'est spécialement chez l'adulte qu'on rencontre les névralgies du col vésical, dans l'un et l'autre sexe. Elles peuvent cependant exister à d'autres époques de la vie. J'en ai vu plusieurs dans la vieillesse et quelques-unes dans l'enfance. Je citerai, entre autres, parmi ces dernières, un cas récent très remarquable chez un rachitique de sept ans, qui a eu pendant plus de deux mois des contractions spasmodiques presque permanentes du col de la vessie, tellement fortes, qu'il a fallu recourir à la sonde plusieurs fois par jour pour vider la vessie. Ajoutons que, chez les enfants, il existe tant de variations dans les phénomènes morbides en général, et spécialement dans les troubles fonctionnels de la vessie, qu'on tient rarement compte de cet ordre de lésions. D'ailleurs, la névralgie simple est rare : le catarrhe vésical, qui en est souvent la conséquence dans un âge plus avancé, et qui conduit à la soupçonner, est plus rare encore durant l'enfance, et les troubles des fonctions de la vessie qui pourraient mettre sur la voie, sont ou négligés, ou attribués à d'autres causes. Presque toujours, à cet âge, plus qu'aux autres époques de la vie, les accidents finissent par cesser d'eux-mêmes, et l'on attribue ce résultat à des médications incapables de le produire. Dans quelques cas, les troubles fonctionnels persistent et les malades, dès qu'ils ont atteint l'âge de raison, viennent réclamer les secours de l'art.

Chez les vieillards, de l'un et de l'autre sexe, les névralgies du col vésical sont fréquentes ; mais il est si ordinaire, à cet âge, de rencontrer en même temps des lésions organiques dans les voies urinaires ou leurs annexes, que l'on confond souvent les symptômes de la névralgie avec ceux de ces lésions. D'ailleurs alors, les névralgies étant presque toujours consécutives et compliquées, on ne les considère que comme des annexes de la maladie principale.

Les affections nerveuses sont extrêmement fréquentes chez les femmes, mais on est rarement appelé à les traiter au début. Il y a, chez les personnes du sexe, un sentiment de pudeur qui leur fait supporter de longues douleurs avant de se décider à entreprendre un traitement qui exige des explorations et des applications locales. Aussi, presque toujours, au moment où le chirurgien est appelé, trouve-t-il des complications qui attirent toute son attention, et la névralgie est méconnue. Sans cette circonstance, la névralgie serait une affection bien plus légère chez la femme que chez l'homme, à raison de la disposition de l'urèthre, et de la facilité plus grande avec laquelle les femmes rendent l'urine.

Il n'est plus permis de confondre, comme on paraît l'avoir fait trop souvent, l'état morbide dont je m'occupe avec d'autres qui ont leur siége spécial et primitif dans le vagin, le col et le corps de l'utérus, et qui produisent aussi des troubles notables dans la miction (1).

J'ai vu, presque en même temps, deux femmes atteintes de cette irritation vive du col vésical. L'une était une demoiselle fortement constituée, et ayant les apparences d'une brillante santé : elle souffrait depuis longtemps pour uriner, au point qu'elle se crut atteinte de la pierre. Cette opinion fut même partagée par le médecin, à raison surtout de l'inefficacité des moyens nombreux

(1) L'hyperesthésie de la vessie, et spécialement de son col, est quelquefois limitée à une très petite surface, mais elle peut s'étendre à la plus grande partie de la membrane muqueuse uréthro-vésicale. C'est aussi ce qu'on observe dans les parties sexuelles de la femme, où nous retrouvons les névralgies sous toutes les formes et à tous les degrés : tantôt restreintes à des points circonscrits, tantôt s'étendant, des grandes et des petites lèvres au museau de tanche, et probablement à la cavité utérine. Les surfaces affectées, tantôt sans changement de couleur, et tantôt avec une rougeur vive, sont tellement sensibles, que le toucher le plus délicat y produit des douleurs intolérables, et que les rapports conjugaux sont impossibles. Il n'est certainement pas de praticien qui n'ait observé quelques-uns de ces cas, le plus souvent graves, et dont cependant on tient à peine compte. Aussi, nos connaissances sur ce point sont-elles fort arriérées, comme on a pu s'en convaincre dans la discussion soulevée à l'Académie sur l'emploi des redresseurs utérins (Bulletin de l'Académie de médecine, 1854, t. XIX, p. 834). Eh bien! dans ces névralgies vagino-utérines, le praticien a à sa disposition la vue et le toucher directs ; il voit, il palpe, il comprime les parties souffrantes, et il est forcé de reconnaître à l'aide de ces deux moyens principaux d'exploration que, sans lésion appréciable, il y avait trouble fonctionnel, souffrance vive, opiniâtre, irrégulière, variable à l'infini, et capable de rendre la vie insupportable.

et énergiques auxquels il avait eu recours. Je m'assurai qu'il n'existait pas de calcul, mais qu'il y avait une névralgie qui persistera probablement longtemps, car la malade est peu disposée à suivre un traitement régulier, qui, d'ailleurs, serait fort long, les souffrances datant déjà de loin, et les vieilles maladies étant toujours difficiles à déraciner. L'autre malade est une femme de quarante ans, mère de plusieurs enfants, et ayant en même temps un abaissement du col utérin ; j'avais déjà remarqué la coïncidence assez fréquente de cet état de la matrice et de la névralgie du col vésical, et l'expérience m'a prouvé que la seconde affection en devient plus opiniâtre. Je n'ai vu la malade que deux ou trois fois ; je lui ai prescrit le traitement ordinaire, mais j'ai quelques motifs de penser qu'elle ne le suivra pas régulièrement. Or, ce cas, qui est déjà grave et compliqué de catarrhe vésical commençant, finira par constituer une de ces maladies de l'appareil urinaire que l'on considérait naguère encore comme incurables, quoiqu'on parvienne à les guérir, lorsqu'on se donne la peine de remonter à la source, qu'on emploie les moyens nécessaires, et surtout qu'on s'y prend à temps.

Une femme éprouvait depuis plusieurs années, à des époques variables, mais assez rapprochées, de grandes difficultés d'uriner, qui avaient été combattues de différentes manières. Chaque fois, on avait eu beaucoup de peine à introduire la sonde. Un nouvel accès amena la malade chez moi, à une heure du matin. Déjà on avait essayé de la sonder, mais le médecin auquel on s'était adressé d'abord avait eu la prudence de ne point recourir à la force : il attribua les difficultés qu'il rencontrait à son peu d'habitude de pratiquer le cathétérisme, et m'adressa la malade. Je la fis placer sur une chaise longue. La sonde pénétra sans peine, et avec très peu de douleur, jusqu'au col vésical, où elle fut arrêtée. Ce fut inutilement que j'en dirigeai le bec à droite, à gauche, en haut et en bas ; elle buttait constamment, et de la même manière, contre un corps résistant, comme s'il eût existé, dans cette partie du canal, une barrière, une cloison placée de champ. Je n'exerçai qu'une pression douce et modérée. L'examen par le vagin me fit sentir le bec de la sonde, mais sans rien m'apprendre sur la nature de l'obstacle ; je reconnus seulement que le col de la vessie était plus bas qu'à l'ordinaire. D'un autre côté, l'orifice externe de l'urèthre était proéminent entre les petites lèvres. J'attribuai cette disposition aux grands efforts que la malade avait faits pour uriner, et qu'elle faisait encore au moment où je cherchais à introduire la sonde. Il convenait de paralyser ces efforts, qui poussaient la vessie en bas, et qui pouvaient modifier la disposition de l'urèthre. Je fis donc coucher la malade sur un plan horizontal et lui plaçai un coussin sous le sacrum. Le résultat de cette situation fut de faire disparaître presque entièrement la déviation de l'urèthre : l'introduction de la sonde eut lieu alors avec assez de facilité, et au moyen d'une pression douce et graduée, l'instrument pénétra dans la vessie. L'urine jaillit aussitôt, et la malade fut soulagée. Elle revint sept heures après, plutôt par précaution que par besoin ; cette fois la sonde pénétra mieux. La troisième introduction fut facile, et dès lors l'urine reprit son cours naturel.

Évidemment, les difficultés du cathétérisme étaient dues ici à la contraction spasmodique du col vésical, et à la disposition vicieuse que les efforts prolongés avaient fait prendre à l'urèthre, en poussant en bas la vessie distendue. On a pensé qu'il s'agissait de l'occlusion de l'orifice interne de l'urèthre par une soupape, à laquelle on fait jouer un grand rôle dans la production des difficultés d'uriner. Je connais parfaitement bien cette espèce d'obstacles et la manière de les surmonter : il n'y avait ici rien de semblable.

Chez les femmes, les névralgies du col vésical sont souvent les conséquences des maladies du col de la matrice avec lesquelles on les confond. J'en ai vu plusieurs auxquelles on avait fait subir, d'après ces idées, de longs traitements qui étaient restés sans effet. En voici un exemple. Madame G..., âgée de quarante-huit ans, d'une forte constitution et d'un embonpoint considérable, éprouvait depuis longtemps les accidents d'une névralgie du col vésical, avec atonie de la vessie ; le col de la matrice était un peu tuméfié, mais sans douleur. On ne s'occupa que de cette dernière lésion, et tous les moyens mis en usage demeurèrent inutiles. Ce fut alors qu'on soupçonna une maladie de la vessie, et spécialement l'existence d'un calcul. Je fus appelé. Une exploration me donna la certitude qu'il n'y avait pas de pierre. Je ne tardai pas non plus à reconnaître que les accidents étaient le résultat d'une augmentation de la sensibilité du col vésical et du séjour trop prolongé de l'urine dans son réservoir. Les bougies, les injections d'eau froide dans la vessie, des bains de siége presque froids, et quelques laxatifs, suffirent pour rétablir la santé.

Chez une autre femme de vingt-huit ans, la névralgie du col de la vessie coïncidait avec un léger gonflement du col utérin, mais pas assez développé pour attirer d'abord l'attention. Divers traitements furent inutiles; la malade vint à Paris; j'appliquai le traitement ordinaire des névralgies, mais le résultat demeura incomplet. Ce fut alors seulement que je reconnus l'état maladif du col de la matrice. De légères cautérisations avec le fer rouge produisirent de bons effets.

J'ai vu de vieilles femmes, une entre autres, épuisées par les fatigues, le travail et la misère, éprouver pour uriner des douleurs vives qui avaient résisté pendant longtemps aux adoucissants et aux calmants que la médecine prescrit contre les irritations. Lorsque ces malades sont venues réclamer mes soins, elles avaient pour la plupart un catarrhe de vessie, avec des désordres généraux tellement avancés, qu'il n'y avait pas moyen de songer à une guérison radicale. Tout ce que j'ai pu obtenir a été d'écarter les obstacles à l'émission de l'urine, et d'empêcher le catarrhe de faire des progrès.

Dans un cas, la névralgie était compliquée de paralysie presque complète de la vessie. Quoique la femme fût plus que septuagénaire, les injections froides eurent pour résultat de rétablir la contractilité du viscère, et si la santé générale n'avait pas été totalement épuisée, on aurait pu réussir à procurer une guérison soutenue; mais l'amélioration produite par mon traitement ne dura que six mois; au bout de ce temps survint une pneumonie, à laquelle la malade succomba.

Chez une dame de vingt-six ans, bien constituée, j'ai remarqué quelques symptômes de gravelle et l'émission d'un très petit sable, avec accidents névralgiques graves, dont la malade souffrait beaucoup plus que du reste. Ici le traitement a été fort long, parce qu'il a fallu combattre en même temps deux maladies qui s'influençaient réciproquement. D'ailleurs, il fut interrompu par une fièvre grave, accompagnée d'éruptions partielles, qui se reproduisirent à plusieurs reprises. Les premières bougies amenèrent de bons effets, qui ne se soutinrent pas : les injections furent également inutiles ; les douches chaudes d'eau de Baréges et d'eau de Plombières, mêlées ensemble à parties égales, donnèrent des résultats favorables. Cependant la malade conserva un peu d'irritation au col de la vessie, et continua de voir du sable dans son urine, presque tous les jours, malgré l'usage des eaux de Vichy, de boissons abondantes et d'un régime approprié. A l'exception de quelques excès dans le mariage et d'un grand développement de l'action utérine, je n'ai pu découvrir chez elle aucune circonstance propre à rendre raison de cette persistance de l'irritation du col de la vessie. Cependant, depuis le traitement, l'urine est rendue avec plus de facilité et moins de fréquence qu'elle ne l'était auparavant.

ART. V. — DU TRAITEMENT DES AFFECTIONS NERVEUSES DU COL DE LA VESSIE.

J'ai insisté sur la nécessité de bien distinguer, parmi les phénomènes de la maladie, ceux qui appartiennent exclusivement à l'action vitale des parties affectées, et ceux qui dépendent de l'influence exercée par une lésion organique soit de l'urèthre, de la prostate ou de la vessie, soit des reins ou des organes voisins. C'est surtout pendant le traitement qu'il importe d'avoir cette distinction présente à l'esprit, afin de ne pas lui demander plus qu'il ne peut faire dans telle ou telle série de cas. Il est certain qu'en général les moyens dont j'ai parlé, et dont je présenterai ici la récapitulation, mettent fin à l'exaspération de la sensibilité du col vésical, non-seulement dans les cas de névralgie simple, mais encore dans beaucoup d'autres circonstances où l'état nerveux est entretenu par des lésions organiques ou par des causes matérielles permanentes. Mais l'expérience a prouvé aussi que, dans les cas compliqués, l'effet du traitement n'est pas aussi certain, et que, le plus ordinairement, il ne se soutient pas. On ne doit donc avoir en vue alors que de diminuer temporairement l'irritabilité du col de la vessie, afin de faciliter l'emploi d'autres moyens. Il ne faut pas exiger autre chose de ce traitement, puisque telle est sa portée, telles sont ses véritables limites. Vouloir, comme on le fait souvent, guérir toutes les névralgies par les bougies et les dérivatifs, puis s'élever contre la méthode, parce qu'elle n'a pas réussi dans un cas donné, où l'on ne devait pas compter sur un succès durable, c'est tomber dans une étrange illusion. D'un autre côté, il arrive quelquefois que, ne reconnaissant pas d'abord l'existence d'une lésion organique, on considère comme simple telle affection qui ne l'est pas ; le traitement ne peut alors avoir qu'un résultat imparfait et momentané, car la sensibilité du col vésical reparaît peu de temps après. Ici encore on commettrait la même erreur que dans le cas précédent, si un examen plus attentif et des explorations plus complètes ne venaient prouver que c'est à l'imperfection du diagnostic qu'il faut attribuer l'insuccès.

Ceci posé, je passe à l'examen des moyens curatifs. Mais rappelons d'abord : 1° que, dans certains cas, on ne sait pas comment les désordres sont survenus, et l'on ne sait pas davantage de quelle manière ils cessent. Tous les jours on observe à cet égard les anomalies les plus frappantes ;

2° Que ces maladies sont susceptibles de s'user en quelque sorte, et finissent par s'éteindre à la longue, sous des influences qui ne sont pas toujours appréciées ;

3° Qu'ici comme dans beaucoup d'autres circonstances, dans les cas surtout où l'intervention de l'art n'est réclamée que lorsque la santé générale est fortement atteinte, et la constitution appauvrie, les premiers effets du traitement aggravent assez souvent les accidents locaux, et produisent quelquefois une perturbation générale, capable de faire naître des inquiétudes. En général, le mieux n'arrive que lorsque l'urèthre commence à s'accoutumer à la présence des bougies, du quatrième au huitième jour.

§ 1. Traitement dans les cas simples.

Les observations dont j'ai donné les détails prouvent que, dans les cas simples, le traitement est facile à appliquer et donne un résultat à peu près certain. On introduit tous les jours, ou tous les deux jours, suivant l'irritabilité du sujet, une bougie en cire molle, d'un volume faible : on la laisse en place moins de cinq minutes chaque fois, et, pour assurer le succès, il suffit de procéder à l'introduction de cet instrument avec la lenteur et les précautions dont j'ai fait un précepte. Dans les cas les plus simples et les moins anciens, la seule diminution ou modification de la sensibilité locale, par le fait de sa présence, est déjà un grand pas vers la guérison. Je ne crois pas qu'on puisse attribuer aucune action spéciale à la bougie en cire; si elle réussit mieux que les autres, c'est qu'elle pénètre plus aisément, c'est qu'elle cause moins de douleur, et, partant, n'excite que peu ou point de réaction. Ce résultat, dont je me suis assuré maintes fois dans ma pratique, m'a conduit aussi à ne laisser la bougie en place que pendant quelques instants, et à diminuer d'autant plus son séjour dans l'urèthre qu'elle occasionne des sensations plus désagréables aux malades. L'expérience a définitivement prouvé les avantages de cette méthode.

Dans les cas plus avancés et plus graves, où l'action des bougies molles est insuffisante, on a recours aux injections dans la vessie, qui sont beaucoup trop négligées, mais dont les avantages commencent à être appréciés tant en France qu'en Angleterre. On emploie aussi les douches sur l'hypogastre, le pubis, le périnée, la partie interne et supérieure des cuisses, et même le trajet de l'épine dorsale. Enfin, on applique des révulsifs à la peau ; on administre des dérivatifs sur le canal intestinal, ou l'on réunit ces deux médications aux précédentes.

J'ai fait connaître le mode d'administration de ces divers moyens dans l'exposé des observations qui précèdent. Il suffit donc ici de me résumer, en indiquant l'ordre qu'il convient le plus généralement de suivre. Après les bougies, ou même durant les derniers jours de leur emploi, si la vessie se vide incomplétement de son contenu, on pratique des injections, d'abord avec de l'eau tiède, puis avec de l'eau froide. Deux précautions sont indispensables à la réussite de ce moyen, dont l'application est d'ailleurs fort simple, et qui n'exige qu'une sonde et une seringue. La sonde, préférablement flexible et à courbure fixe, doit avoir 4 millimètres de diamètre. Les seringues ordinaires peuvent suffire; mais, comme elles sont mal construites en général, il vaut mieux en avoir une spéciale, capable de contenir

180 à 360 grammes de liquide; il faut aussi que le piston remplisse exactement l'intérieur du cylindre, et que l'extrémité de la canule soit assez effilée pour s'adapter à la sonde. On n'a pas besoin de démonter la seringue pour l'emplir; on pompe seulement en faisant le vide, et pour chasser l'air qui pourrait s'être introduit dans le cylindre, il suffit, celui-ci étant tenu verticalement, de pousser le piston de bas en haut, jusqu'à ce que le liquide commence à sortir. Lorsqu'on veut faire plusieurs injections coup sur coup, on emplit la seringue et on la dispose pour une seconde injection pendant que le liquide de la première s'écoule par la sonde. Il faut introduire l'eau dans la vessie avec lenteur et sans saccades, en s'arrêtant aussitôt que le malade manifeste le besoin d'uriner. Ce besoin se fait sentir d'autant plus vite que la paresse de la vessie est moins avancée, qu'on a répété plusieurs fois l'injection, et que l'eau est plus froide. Quelques malades effrayés accusent un besoin qu'ils ne ressentent réellement pas encore : la vérité se découvre aisément d'après la manière dont le liquide est projeté par la sonde, car s'il coule en bavant, le besoin était faux. Quant à l'introduction préalable de la sonde, elle exige les mêmes ménagements que celle de la bougie; elle demande même plus de précautions, parce que les sondes causent toujours plus de douleurs que les bougies. La fréquence et le nombre des injections, la quantité et la température de l'eau se règlent d'après les résultats obtenus, surtout en ce qui concerne la contractilité de la vessie; je reviendrai là-dessus en traitant de l'atonie et de la paralysie de cet organe.

Lorsque les injections ne sont pas nécessaires, et aussi lorsqu'elles cessent d'être utiles, les douches produisent souvent d'heureux effets. C'est un moyen puissant, et qu'on néglige beaucoup trop dans le traitement des maladies de l'appareil urinaire. Probablement, il faut s'en prendre à ce qu'on ne trouve pas partout les appareils nécessaires. J'ajouterai qu'il est assez rare de rencontrer des personnes qui sachent bien doucher, quoique ce soit une chose fort simple : car il ne s'agit, la composition du liquide étant réglée, que de graduer le volume de la colonne, en tournant le robinet, et de proportionner sa force de percussion à l'effet qu'on se propose d'obtenir. Or, cette force dépend de la grandeur des trous de l'appareil, de la hauteur de la chute, et de la distance à laquelle on tient le robinet vis-à-vis de la personne qui reçoit la douche. Une circonstance pourrait induire en erreur : en frappant les téguments, la colonne liquide produit une sensation désagréable, que certains malades trouvent pénible, insupportable même ; mais il s'agit souvent là d'un effet moral ; on ne doit pas tenir compte d'une répugnance qui tient presque toujours à la crainte, et dont il est facile de triompher.

La nature du liquide n'est point indifférente. Toutes les fois qu'il y a atonie, faiblesse, soit de la vessie, soit des organes génitaux, et que cette atonie n'est point en rapport avec la constitution de l'individu, la douche simple d'eau froide mérite la préférence, si d'ailleurs il n'existe pas de contre-indications. On l'applique principalement sur le périnée, l'hypogastre et la partie supérieure et interne des cuisses ; elle peut aussi devenir très utile sur le rachis, depuis la tête jusqu'à l'anus. Lorsque le malade est trop sensible à l'impression du froid, on peut commencer par une petite quantité d'eau tiède : au bout d'une à deux minutes, l'eau même très froide est facilement supportée.

Lorsqu'on emploie la douche chaude, l'eau chargée des principes de Baréges ou de Plombières, et quelquefois d'un mélange des uns et des autres, m'a paru mériter la préférence. Il y a une circonstance spéciale qui indique l'usage de ces sortes de douches : c'est la complication d'une affection dartreuse. Ce cas est celui principalement où il convient de prendre le bain après la douche, en diminuant toutefois la température du liquide. On prend la douche de 35 à 40 degrés R. ; mais 29 à 30 degrés sont le point le plus convenable, lorsque tout le corps est plongé dans l'eau, et quelquefois même il faut descendre encore. A l'occasion des douches très chaudes et très froides, je ferai remarquer que ce n'est pas le point sur lequel frappe le liquide qui souffre du froid ou de la chaleur, mais les parties voisines, sur lesquelles tombent des rejaillissements. On soustrait les malades à ces impressions désagréables en couvrant d'un linge les parties qui ne doivent pas être douchées ; s'il s'agit du froid, l'étoffe sera en laine.

La durée de chaque douche est de dix à vingt-cinq minutes, en ayant soin de la promener sur les parties qui doivent la recevoir.

Pendant l'usage des douches, il importe de tenir le ventre libre, à l'aide de lavements; on insiste, en même temps, sur l'usage de boissons abondantes et d'un régime doux; on a soin aussi d'écarter tout ce qui pourrait entretenir l'irritation des organes urinaires.

Il devient quelquefois nécessaire de produire une dérivation plus forte et plus durable sur les téguments. Les frictions avec la pommade stibiée méritent la préférence sur les autres dérivatifs qu'on a proposés. Le nombre des applications est déterminé par l'opiniâtreté de la maladie et par les résultats qu'on obtient. Un emplâtre de poix de Bourgogne saupoudré de tartre stibié remplace quelquefois les frictions avec avantage.

Les purgatifs constituent aussi un moyen puissant de dérivation, toutes les fois que l'état des organes digestifs permet de les employer. Cependant les purgations fortes réussissent moins bien que les autres, dans la généralité des cas. Il vaut mieux recourir à des doses faibles, mais répétées tous les six ou huit jours. Les purgatifs peuvent être associés aux révulsifs extérieurs; on alterne ces deux ordres de moyens, on les fait succéder l'un à l'autre, avec une foule de modifications qu'il serait inutile d'indiquer ici, car tout praticien exercé sait en juger au besoin.

Je ne saurais trop répéter, à l'occasion des dérivatifs, qu'ils ne réussissent pas quand on les emploie avant d'avoir changé le mode de la sensibilité du col vésical, spécialement par l'usage des bougies, ou que l'effet, si l'on en obtient un, ne se soutient pas. Chaque jour il m'arrive des malades qui ont eu recours aux méthodes dérivatives les plus énergiques sans aucun succès, tandis que j'en obtiens de grands avantages en n'y recourant qu'avec l'opportunité indiquée.

Je ne m'étendrai pas plus longuement sur les détails du traitement des affections nerveuses simples. Ce que je viens de dire suffit, surtout après les développements dans lesquels je suis entré en exposant les faits. J'aurai d'ailleurs plus d'une occasion de revenir sur ce sujet.

Dans les névralgies du col vésical, aussi bien que dans quelques états nerveux de l'urèthre, la guérison est si rapide, et parfois due à l'emploi de si faibles moyens, qu'on peut se croire en droit de la regarder comme due au hasard. En effet, il y a des malades qui cessent de souffrir dès qu'on les a sondés; chez d'autres, en plus grand nombre, les accidents disparaissent après l'introduction de la troisième ou de la quatrième bougie. On ne savait pas pourquoi ces accidents existaient, et l'on ne sait pas davantage pourquoi ils se sont éteints; il n'y a eu qu'une faible perturbation, mais elle a suffi pour faire rentrer dans leur état normal les propriétés vitales qui étaient viciées, altérées, d'une manière à nous inconnue. Ce qu'il y a de plus favorable ici, c'est qu'on peut graduer l'action des moyens curatifs suivant l'exigence des cas, en prenant pour guide les effets obtenus par la médication de la veille.

Toutefois, il y a des mécomptes, que les observations rapportées précédemment ont fait prévoir, et à l'occasion desquels je dois présenter ici quelques nouvelles remarques.

Voyant combien le traitement était simple et facile, j'ai conseillé à plusieurs malades, qui ne pouvaient réclamer les soins d'un praticien exercé, de le suivre eux-mêmes. Presque toujours j'ai eu à me repentir d'avoir donné ce conseil. La plupart des malades, même les plus attentifs et les plus aptes à exécuter ce que je leur avais bien expliqué, ont échoué, et sont revenus me trouver dans une position plus grave que par le passé. L'introduction de la bougie, faite ou par le sujet lui-même, ou par un médecin sans expérience suffisante, avait fatigué l'urèthre au lieu de calmer son irritabilité. Cet effet m'a paru tenir à ce que, généralement, on procède avec brusquerie, ou qu'on prend une bougie trop grosse au début; si la bougie ne pénètre pas d'emblée dans la vessie, on la retire, puis on la replace et on la pousse; elle heurte contre les parois de l'urèthre, et finalement fait plus de mal que de bien. Ce premier point manqué, on échoue dans tout le reste, car j'ai souvent constaté qu'on ne réussit à ramener la sensibilité de l'urèthre et du col de la vessie à son état normal qu'après l'avoir modifiée par l'action des bougies. Chez des malades qui ne pouvaient donner que peu de jours au traitement, j'ai dû recourir immédiatement aux injections froides, aux douches, aux dérivatifs, etc.; ils ne guérissaient pas, et quelques-uns même éprouvaient des perturbations qui ébranlaient la santé générale. Le même résultat a eu lieu lorsque je n'ai pas suffisamment insisté sur l'emploi des bougies ; le passage de la sonde, qui est toujours plus douloureux que celui de ces instruments, a entraîné une réaction trop brusque et trop forte, dont les malades se sont mal trouvés : j'ai été obligé de revenir à l'emploi des bougies, et parfois même il est resté une irritabilité telle qu'il m'a paru prudent d'ajourner tout traitement.

Je crois inutile de donner ici les détails de ces faits, qui sont nombreux. Rapprochés de ceux dans lesquels l'introduction mal dirigée de la bougie avait fatigué l'urèthre, ils prouvent l'indispensable nécessité de remplir à la rigueur la première indication du traitement, dont l'importance n'est pas sentie d'une manière assez générale.

Il en est de même de la seconde, c'est-à-dire des injections dans la vessie. Si la sonde n'est pas introduite avec précaution, elle irrite l'urèthre et le col vésical, et cette surexcitation nuit plus que l'injection n'est utile. Ainsi le traitement peut échouer par le seul fait de la manière de procéder. La température du liquide à injecter doit être prise en sérieuse considération. A moins d'une grande insensibilité de l'appareil urinaire, spécialement de la vessie, la prudence veut qu'on n'emploie pas d'abord de l'eau froide ; on n'y a recours qu'à la troisième ou à la quatrième séance, surtout lorsque la vessie ne réagit pas, qu'elle se contracte faiblement, qu'elle est frappée d'atonie ; mais si elle se resserre avec force pour chasser le liquide, si le malade éprouve un pressant besoin d'uriner aussitôt qu'on a introduit une petite quantité d'eau, les injections deviennent inutiles, et à plus forte raison ne faut-il pas recourir à l'eau froide. Dans les cas, au contraire, où les injections ne sont repoussées qu'avec faiblesse et lenteur, quand le liquide ne coule qu'en bavant, on doit insister sur l'emploi de l'eau froide, comme je le dirai en parlant de la paresse de la vessie. Ainsi, pour les injections, comme pour les douches et les bougies, il y a des écueils à éviter : il faut tenir compte d'une foule de circonstances, qui semblent d'abord sans portée, et à l'influence desquelles se trouve néanmoins attachée la réussite du traitement (1).

(1) Le contact de l'eau froide dans la vessie n'est pas toujours apprécié par le malade, surtout lorsqu'on se sert pour faire l'injection d'une sonde en gomme élastique ; en se servant d'une sonde métallique, au contraire, le

Parmi les causes d'insuccès se rangent encore le défaut de confiance et la versatilité des malades ou des personnes qui les entourent. Beaucoup de malades, s'ils n'obtiennent pas la guérison, ou du moins un soulagement notable dans un court délai, se découragent, et, quoique ne renonçant pas précisément au traitement, ils ne le suivent plus avec exactitude, cessant de s'imposer les privations qu'on leur a recommandées. Ceux-là ne guérissent pas, pour peu que l'affection soit grave. Or, comme la plupart ont lu des livres de médecine, si propres à troubler leur esprit, il ne s'agit pas seulement de désordres physiques à combattre, on doit aussi lutter contre une puissance morale plus ou moins énergique. J'ai vu plusieurs de ces malades qui ne voulaient même pas permettre qu'on fît les explorations nécessaires pour s'assurer de l'état de leurs organes. C'est surtout dans les cas dont je vais m'occuper qu'on voit apparaître cette fâcheuse influence. Là, en effet, le traitement est toujours long ; la guérison marche avec lenteur et rarement avec régularité ; il y a des interruptions, des recrudescences, pendant lesquelles les souffrances reparaissent tout aussi vives qu'au premier abord. Ces cas peuvent devenir d'autant plus embarrassants pour le praticien qu'il n'a pas reconnu ou qu'il ne connaît point encore la complication qui est presque toujours la cause des exaspérations ; car, lorsque celles-ci dépendent de causes accidentelles, leurs effets cessent bientôt.

§ 2. Traitement dans les cas compliqués.

Les considérations dans lesquelles je suis déjà entré relativement aux dispositions et aux états morbides qui peuvent compliquer les névralgies du col vésical me dispensent de présenter des développements nouveaux à l'égard de ceux d'entre ces états dont j'ai exposé ailleurs le traitement d'une manière spéciale. Ainsi, je ne reviendrai pas sur les rétrécissements de l'urèthre, l'affection calculeuse, les maladies de la prostate, ni les états morbides de la vessie. Le traitement que je viens d'indiquer est ap-

malade est fortement impressionné par le froid, non dans la vessie, mais bien dans l'urèthre. Cette sensation provient de la conductilité métallique de la sonde.

plicable ici ; mais son unique résultat est de diminuer, au moins temporairement, l'influence de la névralgie, et de donner au praticien le temps de recourir à une médication plus directe. Souvent aussi il amène la découverte de la lésion organique qu'on avait ignorée jusqu'alors, et par cela seul, imprime une tout autre direction à la conduite qu'on doit tenir, ainsi qu'au pronostic qu'on peut porter, puisque cette lésion organique devient désormais l'unique boussole à consulter.

Mais je dois insister sur quelques conditions dont je n'aurai point à m'occuper ailleurs d'une manière spéciale, et qui m'ont paru exercer une grande influence sur la marche de la maladie et sur les effets du traitement.

1° *État du moral.*

Une des plus notables de ces conditions est celle du moral. Elle a d'autant plus de gravité qu'on n'en apprécie pas d'abord toute la portée, et que fort souvent il est difficile de l'écarter.

A chacune des principales maladies de l'appareil urinaire j'ai signalé l'action puissante que le cerveau exerce sur elles. Dans le traitement de la névralgie, on a chaque jour occasion de voir des malades chez lesquels cette influence se fait sentir d'une manière funeste. On sait que les médecins sont généralement les plus mauvais malades, ceux qui se tourmentent le plus ; mais c'est ici surtout que cette cause vient ajouter à la gravité de leur état. J'ai soigné plusieurs confrères attaqués de névralgie de l'urèthre et du col vésical. Lorsque le cas était simple, la guérison se faisait généralement si peu attendre qu'ils n'avaient pas le temps de s'inquiéter. Mais il n'en était pas de même quand le mal datait d'une époque plus ou moins ancienne, un certain laps de temps étant toujours nécessaire, on le sait, pour détruire un état prolongé de souffrance.

Lorsque la névralgie est compliquée d'atonie ou de catarrhe, et surtout d'hypertrophie de la vessie, de gravelle, de trouble dans les fonctions du rectum, le cas devient beaucoup plus grave, et le moral peut alors exercer assez d'influence pour rendre tout traitement inutile ou l'allonger beaucoup. On le conçoit, si l'on se rappelle que la fonction la plus troublée, celle qu'il s'agit de ramener aux conditions normales, pour faire cesser tous les désordres, est l'excrétion de l'urine. Je ne saurais trop répéter qu'il suffit de penser à uriner, pour en éprouver, ou plutôt pour croire en éprouver le besoin; le malade se présente, et s'il ne rend rien, ou peu de chose, il se croit atteint de rétention; il s'agite, s'inquiète, fait des efforts pour amener quelques gouttes d'urine: de là un travail qui se reproduit à chaque instant, et qui ne peut manquer d'exaspérer tout état morbide quelconque. Dans tous les cas, la maladie résiste, le sujet se décourage ; s'il se traite lui-même, il ne guérit jamais ; si on le traite, on devra s'estimer heureux s'il ne modifie pas le traitement selon ses vues particulières, de façon à le rendre inutile, sinon nuisible.

C'est ce que j'ai été plusieurs fois à même d'observer, notamment sur un de mes condisciples, homme capable, esprit ardent à se tourmenter, observateur attentif et judicieux pour les autres, mais sans cesse entraîné, pour ce qui le concernait, à chercher des explications bizarres aux phénomènes les plus ordinaires. Il exerçait la médecine dans un pays où cette profession l'obligeait de monter souvent à cheval et de braver l'intempérie des saisons. Les causes morbifiques agissaient avec une violence extrême sur sa complexion éminemment nerveuse. A la suite de fatigues excessives, il commença à éprouver quelque dérangement dans les fonctions de la vessie; bientôt, besoins fréquents d'uriner, difficulté et douleur pour les satisfaire, sensation de gêne et d'embarras au périnée, au pubis, à l'hypogastre, se propageant tantôt vers les cuisses, et tantôt dans la direction des uretères. Quelque temps après, à ces symptômes se joignirent des indices de gravelle ; l'urine était parfois trouble et catarrhale, la sécrétion urinaire elle-même offrait beaucoup d'irrégularité. Le malade se rendit à Paris. Je pensai que ces phénomènes morbides devaient être attribués à une névralgie du col vésical ; le catarrhe et la gravelle me parurent consécutifs. Je commençai par introduire une bougie molle. Le malade la supporta d'abord avec peine; mais, au bout de quatre ou cinq jours, il s'y accoutuma, et déjà même il en éprouvait de l'amélioration, lorsque survint une irritation de poitrine et des organes digestifs, accompagnée de fièvre, qui fit ajourner le traitement, en même temps qu'elle exaspéra la maladie du col vésical. Nous luttâmes pendant quelques semaines ; mais la santé générale souffrait du séjour de Paris, et le malade partit.

Quelques jours auparavant, j'avais vu un autre confrère, d'un tempérament très nerveux, et éprouvant depuis plusieurs années des sensations pénibles vers la région de la vessie. Les premiers symptômes furent négligés. Plus tard, ils augmentèrent : on les combattit par des antiphlogistiques et des calmants de toute sorte ; on eut même recours à divers traitements empiriques qui demeurèrent sans succès. Le malade prit le parti de venir à Paris, parce que, tous les remèdes ayant échoué, on soupçonnait l'existence d'une pierre. Je reconnus qu'il n'y avait point de corps étranger, et qu'il s'agissait uniquement d'une névralgie de l'urèthre et du col vésical. Je prescrivis le traitement ordinaire. Mais le malade et les personnes qui l'entouraient n'eurent pas confiance en ces moyens ; on se borna à reprendre les calmants, sur lesquels on insista encore pendant deux années. Cependant les symptômes acquéraient graduellement de l'intensité ; il s'était déclaré un catarrhe vésical et un peu de gravelle. Le malade, revenu à Paris, consulta un de mes confrères, qui ne découvrit pas non plus de pierre, mais qui produisit un peu de douleur pour la chercher, ce qui fit de nouveau recourir à mes soins. Cette fois, il y eut moins de prévention contre les bougies et les injections, qui produisirent de bons effets. Le malade s'est traité lui-même, et il a réussi ; en partant, il me témoigna ses regrets de n'avoir pas écouté mes conseils la première fois.

De ces deux cas, le second était le plus grave. La gravité dépendait surtout de l'action qu'une foule de traitements divers avaient exercée sur l'économie. Au début, le malade ne goûta pas les avis que je lui donnais ; il fallut l'inutilité des autres moyens curatifs pour changer la direction de ses idées ; heureusement, la névralgie n'avait pas fait autant de progrès qu'on aurait pu le craindre, et un traitement simple suffit pour la dissiper.

Il n'en est pas toujours ainsi de ces vieilles irritations, longtemps combattues par des moyens inutiles ; non-seulement elles réagissent sur la santé générale, et principalement sur le cerveau, mais encore elles s'enracinent à tel point que rien ne peut plus les extirper.

J'ai vu beaucoup d'autres malades, qui avaient longtemps négligé des névralgies du col vésical, ou inutilement employé contre elles une foule de moyens, finir par éprouver les plus graves désordres, soit dans leur constitution physique, soit surtout dans leur état moral. J'ai connu, entre autres, un homme fortement constitué, et livré avec ardeur aux travaux industriels, qui tomba en quelques années dans un état d'abattement et de dégoût de toutes choses, contrastant d'une manière frappante avec ses habitudes antérieures. Ce malade avait largement usé de la vie, mais sa complexion le lui permettait. Tout à coup, ses facultés digestives et génitales tombèrent dans une inertie qui l'effraya ; son caractère, naturellement gai et enjoué, devint triste et morose. Vis-à-vis de sa femme, il se laissait aller tantôt à des accès de tristesse et d'attendrissement, tantôt à des exaspérations qui inspiraient de vives inquiétudes. Pendant plusieurs années que durèrent ces états nerveux, on employa un grand nombre de moyens, dont aucun n'eut de résultat. Les principaux symptômes se montraient du côté de la vessie, mais aucun n'était bien tranché. Je m'assurai qu'il n'existait ni pierre ni lésion organique profonde, et je ne tardai pas à reconnaître qu'il s'agissait d'une névralgie du col vésical ; mais l'irritation, au lieu d'être circonscrite à l'orifice interne de l'urèthre, paraissait s'étendre aux vésicules séminales, au rectum, à la vessie et à l'ensemble de l'appareil génito-urinaire. On n'avait pas de peine à juger que l'affection avait fait de grands progrès. Je ne vis ce malade qu'en consultation. Je lui conseillai le traitement ordinaire des névralgies, sans me dissimuler l'incertitude du résultat. En effet, il fallait tenir compte et des complications de la maladie et du peu de propension du sujet à suivre un traitement qui eût exigé de grands changements dans des habitudes contractées de longue date. Mes craintes n'étaient que trop fondées, le malade se découragea bientôt, et il n'obtint qu'une faible amélioration.

En général, je le dis ici par anticipation, les cas dans lesquels la fonction génératrice a subi un dérangement considérable sont les plus graves, ceux où l'on a le plus à craindre de ne point réussir, bien qu'il n'existe pas de lésion organique appréciable. Ce n'est point une partie spéciale qui a souffert plus que les autres, c'est la machine entière qui se trouve ébranlée. Le cas n'est pas simple, comme on pourrait le croire d'abord : il s'agit même de la complication la plus redoutable, parce qu'elle a envahi tout à la fois le physique et le moral.

2° *Délabrement de la santé générale.*

A côté de cette complication morale, qui n'offre rien de matériel, et influe néanmoins d'une manière si puissante sur le traitement des névralgies du col vésical, aussi bien que sur celui d'un grand nombre de maladies, il en existe une autre qui, bien qu'elle appartienne à l'ordre physique, n'en est pas moins assez souvent difficile à saisir et à apprécier. J'entends parler des atteintes profondes que reçoit à la longue la santé générale, soit de l'état morbide du col de la vessie, soit de toute autre lésion concomitante.

Beaucoup de personnes hésitent, lorsqu'il s'agit d'accuser une maladie des organes génito-urinaires. Aussi, la plupart du temps, laisse-t-on prendre à ces maladies un développement considérable, qui tantôt se borne aux parties primitivement affectées, et tantôt retentit dans l'organisme tout entier, mais d'une manière lente et pour ainsi dire inaperçue. Les précautions hygiéniques qu'observent alors les malades contribuent à rendre la marche des accidents plus lente encore et plus insidieuse. Le mal arrive de cette manière à son plus haut période ; et il suffit désormais de la moindre secousse imprimée à l'économie soit par traitement, soit par toute autre cause, pour provoquer une réaction des plus graves, qui souvent même met la vie en danger. Je reviendrai sur ce sujet dans un chapitre spécial de cet ouvrage. Il me suffira de rappeler ici qu'on ne saurait procéder avec trop de ménagement et de réserve à l'introduction des bougies même les plus fines et les plus souples. Dans ces cas, le moindre ébranlement, la plus faible douleur, peuvent déterminer des accidents hors de toute proportion avec ce qu'on observe ordinairement. Par la même raison, surtout si l'économie est réduite à un état d'extrême appauvrissement, on ne saurait mettre trop de circonspection dans le pronostic, et dans l'opinion qu'on peut être appelé à émettre sur la durée et les effets probables du traitement. Toutes les prévisions pourraient être renversées, et elles le sont souvent. Cette circonstance est d'autant plus fâcheuse que les malades et les personnes qui les entourent, ne se doutant pas de la gravité du cas, ne manquent jamais d'attribuer ensuite au traitement les douleurs, les courbatures dans les membres, les mouvements fébriles, les troubles de la digestion, etc., qui surviennent. On sent combien il importe de les dissuader, et de leur prouver que ces désordres tiennent aux progrès qu'avait déjà faits la maladie, bien plus qu'à l'emploi des moyens curatifs. Mais, quelle que soit la confiance du malade en celui qui le soigne, il demeure dans le doute jusqu'à ce qu'il ait appris par expérience, à la reprise du traitement, que l'emploi des mêmes moyens ne produit pas les mêmes effets. Ma pratique m'a offert un grand nombre de cas dans lesquels les accidents avaient eu lieu au début du traitement local, qui n'en fut pas moins repris et continué avec succès, lorsque l'effet des premières secousses fut dissipé. Pour prévenir ces sortes de réactions, je n'introduis alors la bougie que tous les deux ou trois jours, et ne la laisse en place que pendant quelques secondes. J'ai d'ailleurs le plus grand soin d'écarter tout ce qui pourrait heurter les habitudes contractées; si elles sont mauvaises, si elles ont pu contribuer à produire la névralgie, il faut les changer sans doute, mais graduellement et d'une manière insensible. Avec tous ces ménagements on parvient à guérir les malades, à la vérité dans un laps de temps double ou triple de celui qui suffit dans les cas ordinaires.

Dans les remarques qui précèdent, je n'ai pas entendu parler des accidents imprévus qui peuvent survenir pendant le traitement des névralgies, mais qui n'ont directement rapport ni avec la maladie primitive, ni avec les moyens dont on fait usage. J'ai vu, en effet, survenir inopinément des érysipèles graves, des accès de goutte ou de rhumatisme, des fluxions de poitrine, etc. Ce sont là de simples coïncidences, que tous les esprits justes savent apprécier, et dont je vais rapporter un exemple.

M. D*, adulte, d'une constitution délicate et d'un tempérament très nerveux, avec une exaltation morale fortement prononcée, avait éprouvé de loin en loin quelques troubles fonctionnels de la vessie. Les attribuant à la pierre, il s'en inquiéta beaucoup, parce que son père avait eu cette maladie, et qu'il avait assisté à l'opération de lithotritie par laquelle je l'en avais débarrassé. Il vint donc me trouver, après s'être convaincu de l'inutilité des moyens qu'on lui avait déjà prescrits. Je trouvai l'urèthre et surtout le col vésical extrêmement irritables : les premières bougies causèrent d'assez vives douleurs, qu'il convenait toutefois de rapporter à un commencement de rétrécissement situé vers la courbure sous-pubienne. Ce traitement par les bougies dura près de trois semaines. Les phénomènes morbides persistèrent en partie, après que le canal eut été ramené à son état normal, et, la vessie se contractant avec faiblesse, je fis quelques injections d'eau froide. Le malade en éprouva de la fatigue ; sous l'influence de cette cause, et aussi d'un écart de régime, il se manifesta, du côté de l'appareil digestif, une série de désordres, qui prirent, en quelques jours, assez de gravité pour mettre la vie en danger. Il ne fallut pas moins d'un mois de traitement médical, suivi avec ponctualité, pour ramener le calme et permettre de reprendre l'emploi des moyens locaux, tels que douches, injections et frictions stimulantes, qui n'agirent qu'avec beaucoup de lenteur. La santé finit cependant par se rétablir.

Dans un assez grand nombre de cas, j'ai vu ainsi des phénomènes morbides, ou graves, ou opiniâtres, survenir pendant la durée du traitement des névralgies. Les malades, et même quelques médecins, les ont attribués exclusivement, soit aux bougies, soit aux injections ou aux douches ; mais, de toute évidence, il y a au moins exagération. Ce n'est que pendant les premiers jours, et dans certains cas exceptionnels, qu'on observe des désordres provoqués par l'emploi des moyens curatifs, spécialement des sondes et des bougies. Or, ces désordres ont des caractères propres et assez constants, savoir des difficultés d'uriner, un peu plus d'ardeur ou de cuisson par le fait du passage de l'urine à travers le canal, et parfois des accès de fièvre ayant la plus grande ressemblance avec ceux des fièvres intermittentes. Je les ai décrits en traitant du cathétérisme, de l'uréthrotomie et de la lithotritie, et j'ai fait connaître les symptômes extraordinaires qui se développent chez divers sujets mal disposés ; je n'insisterai pas davantage sur ces particularités.

3° *Catarrhe vésical.*

Une des complications les plus fréquentes de la névralgie du col vésical, surtout lorsqu'elle date de loin, est le catarrhe de la vessie, qui vient se joindre à presque toutes les maladies de l'appareil urinaire, dès qu'elles parviennent à une certaine époque de leur développement. Je m'occuperai de cette phlegmasie dans le volume suivant. Envisagée comme complication des états nerveux du col vésical, elle est généralement peu grave, et n'exige même pas de traitement spécial, à moins qu'elle ne soit arrivée à un très haut degré d'intensité. Toutefois, elle mérite une certaine attention ; car beaucoup de malades et même de médecins lui attribuent tous les désordres, la regardent comme constituant à elle seule la maladie entière, et ce n'est pas sans peine qu'on parvient à les persuader qu'elle n'est ici qu'une affection secondaire, consécutive. Ces fausses idées, en éloignant de la véritable voie de traitement, contribuent beaucoup à aggraver la position du sujet, et à rendre la guérison difficile, surtout lorsque d'autres circonstances non moins défavorables se rencontrent en même temps. Je citerai, à cette occasion, le cas suivant, qui est remarquable sous plus d'un point de vue :

Un adulte, d'une assez bonne constitution, éprouva, il y a huit ou neuf ans, les premiers symptômes d'une névralgie du col vésical. C'était une sensation de gêne, de malaise, de pesanteur, d'embarras, vers le pubis, le périnée et l'hypogastre. Il s'y joignit quelque peu de trouble dans l'excrétion de l'urine. En 1836, les accidents prirent plus d'intensité ; l'urine devint trouble par intervalles ; elle contenait soit un dépôt floconneux, soit un sédiment pulvérulent et semblable à de la brique pilée ; quelquefois, on y rencontrait de petits graviers. Ce malade, dont le père et l'un des frères ont longtemps souffert de la gravelle et de la pierre, se crut attaqué de la même affection. Il consulta l'un de mes confrères en lithotritie, qui trouva *les colonnes de la vessie prononcées et rugueuses.* Un an après, une nouvelle exploration lui fit présumer que la prostate avait pris un peu de développement, parce que le passage de la sonde au col de la vessie s'opérait moins facilement. D'après ses avis, le malade prit les eaux de Plombières, puis, plus tard, celles d'Aix-la-Chapelle et de Contrexéville, qui ne produisirent aucun effet satisfaisant. Il survint des douleurs d'estomac et quelques états nerveux vagues, qui firent prescrire l'usage du sirop de morphine. Les accidents se calmèrent pour quelques jours, et reparurent bientôt sous d'autres formes. Consulté en 1838, je constatai l'existence d'une névralgie au col de la vessie, avec rétrécissement spasmodique de l'urèthre et quelques indices de catarrhe consécutif; mais ces complications étaient peu graves. L'affection avait réagi aussi sur l'état général, tant physique que moral. Huit introductions de la bougie molle suffirent pour modifier la sensibilité de l'urèthre et du col de la vessie, et pour ramener la contractilité de ces parties à un état presque normal. La vessie avait moins souffert que je ne m'y attendais; l'affection catarrhale cessa promptement, et quelques injections d'eau froide ranimèrent la contractilité du viscère. Nous commencions à employer les douches sulfureuses, lorsque le malade, rappelé subitement par les devoirs de sa place, fut obligé de quitter Paris. Soit que le traitement qui lui fut prescrit à son départ n'ait pas été appliqué avec toute la précision désirable, soit que, la maladie ayant plus de gravité que je ne l'avais pensé, les moyens indiqués n'eussent pas assez d'énergie, l'amélioration obtenue à Paris ne se soutint pas. Les injections faites par le malade donnèrent lieu à une réaction, avec fièvre, exaspération de la sensibilité de la vessie et de l'urèthre, et urines sanguinolentes, contenant beaucoup de mucosités. De simples lavements avec l'eau froide produisirent les mêmes effets, et il fallut suspendre tout traitement spécial, pour se borner au repos, aux délayants, aux calmants, qui ne produisirent qu'un soulagement momentané. Bientôt le malade vit se reproduire les douleurs au pubis, à l'hypogastre et au périnée, accompagnées de ce qu'il appelait un frémissement continuel, sorte de lassitude ou d'anxiété, qui se propageait au scrotum, à la partie interne et supérieure des cuisses, aux jambes et aux pieds. La même sensation se manifestait dans l'intérieur du bassin. Les besoins d'uriner étaient rapprochés, et quand il y avait peu d'urine, l'émission se faisait lentement et avec difficulté; après quelques heures de sommeil, le malade se réveillait dans un état d'érection incomplète, qui le fatiguait, en même temps qu'elle s'opposait à la sortie du liquide. C'était surtout alors que les symptômes indiqués se manifestaient avec le plus de force. Ils étaient plus graves encore dans le cas de constipation; l'urine se montrait plus chargée, plus catarrhale, plus fétide ; elle contenait des flocons qui se réunissaient au fond du vase. Les efforts pour aller à la selle amenaient l'expulsion par l'urèthre d'une matière gluante, blanchâtre.

C'est ainsi que s'enchaînent les états morbides vagues de l'appareil urinaire qu'on a d'abord méconnus, contre lesquels on administre des traitements irrationnels, ou lorsque des circonstances indépendantes du praticien et du malade conduisent à l'emploi intempestif où arbitraire de moyens plus ou moins hasardés. J'ai la conviction intime, et les résultats obtenus par moi en premier lieu chez le malade précité viendraient le démontrer au besoin, que j'aurais guéri cet homme s'il avait pu passer quelques semaines de plus à Paris, tandis que, chez lui, il a mal dirigé le traitement; les effets n'ayant pas été tels qu'il les espérait, il s'est découragé; puis on s'est livré aux conjectures, et l'on a fait la médecine du symptôme. Les premiers accidents se sont reproduits, ils ont même augmenté ; d'autres s'y sont joints, provenant soit de troubles dans la digestion, soit d'une surexcitation des organes générateurs, et la maladie telle qu'elle est aujourd'hui constitue un état grave ; si l'on ne se hâte pas d'y porter remède, la santé générale s'altérera, et l'on aura un de ces cas qui font le désespoir du médecin. Je n'ai pas revu le malade.

Quelque incomplet que soit ce fait, il présente des particularités importantes sur lesquelles je crois devoir m'arrêter un instant. On voit d'abord que ce qui a le plus frappé le malade, au début des accidents, c'est la pierre et la gravelle dont son père et son frère ont été atteints : il se croyait attaqué de l'une ou de l'autre, et pour se tirer de perplexité il s'adresse à la médecine. Cette idée d'hérédité le poursuit et le rend malheureux ; il juge son mal incurable, et ne veut pas se marier, dans la crainte de le transmettre à ses enfants. Je m'attachai à dissiper ces idées, qui n'avaient pas le moindre fondement; mais j'eus beaucoup de peine à y parvenir. Dans la première et la seconde exploration qu'on fit des organes urinaires, on crut reconnaître un développement des colonnes charnues de la vessie, et plus tard une tuméfaction de la prostate. A l'époque où j'examinai le malade, je ne découvris rien de semblable. Il y eut erreur de diagnostic, ce qui n'est que trop fréquent, et ce qui amène ensuite tant de ces maladies anciennes, masquées et compliquées, contre lesquelles échoue toute la puissance de l'art. On examine le cas superficiellement, et, ne découvrant rien de grave, on prescrit des moyens généraux. On envoie le malade aux eaux, on lui fait prendre des calmants pour amortir la douleur; voilà ce qu'on appelle faire de la médecine rationnelle! Lorsque je vis le malade, il souffrait depuis longtemps, les moyens mis en usage avaient changé en partie les caractères primitifs de l'affection. Son attention s'arrêtait principalement sur les accidents consécutifs, le dépôt de l'urine surtout. L'analyse des phénomènes morbides m'apprit que ces dépôts étaient secondaires, que, comme tous les symptômes généraux, ils se rattachaient à l'état névralgique du col vésical et au trouble que cet état avait apporté dans l'excrétion de l'urine. Les effets obtenus à l'aide des premiers moyens curatifs confirmèrent l'exactitude de ce diagnostic, et j'avais eu la précaution de les annoncer d'avance au malade, car le fait avait pour moi une évidence telle, que je ne craignais pas de me tromper. Quant à la différence entre les résultats de mes premiers soins et ceux qui eurent lieu plus tard, elle n'a rien de surprenant, lorsqu'on se rappelle que les malades qui se traitent eux-mêmes ne guérissent presque jamais, tant le moindre écart de la vraie route à suivre suffit pour paralyser les moyens les plus efficaces.

Toutes les fois que le catarrhe vésical compliquant la névralgie a peu d'intensité, il est inutile de s'en occuper, l'affection catarrhale diminue en même temps que les symptômes névralgiques, et finit par se dissiper. J'ai guéri de la sorte, et sans rien entreprendre de spécial, un très grand nombre de catarrhes vésicaux, comme j'aurai soin de le dire lorsque j'en serai arrivé à l'histoire de cette phlegmasie.

Lorsque l'affection catarrhale de la vessie est plus avancée et la sécrétion muqueuse fort abondante, il peut devenir nécessaire de modifier le traitement de la névralgie, en ce sens surtout qu'il faut s'occuper davantage de l'excrétion de l'urine. Le passage des mucosités au col de la vessie et dans l'urèthre détermine souvent une irritation manifeste et des cuissons, qui contribuent à entretenir la névralgie. C'est une particularité dont on doit être prévenu, parce que le traitement exige alors un temps plus long, et qu'il y a nécessité de faire cesser le plus tôt possible la production de ces matières étrangères, qui altèrent la qualité de l'urine.

Lorsque la névralgie est compliquée d'un catarrhe vésical intense, on ne s'occupe guère que de ce dernier, et on lui oppose les diverses méthodes curatives accréditées par l'empirisme. On emploie surtout alors la térébenthine et le baume de copahu, tant par la voie de l'estomac qu'en injections. J'ai vu un homme chez lequel ces injections déterminaient des chaleurs insupportables dans le ventre et jusque dans la poitrine. J'ai cité aussi précédemment un autre malade dans la vessie duquel on avait injecté le calomélas préparé à la vapeur. Lorsque je parlerai spécialement du catarrhe vésical, je ferai voir l'inutilité de tous ces moyens. En ce qui concerne la névralgie, non-seulement ils n'ont jamais eu de succès, mais ils sont devenus plus ou moins nuisibles, ne fût-ce qu'en faisant perdre un temps pendant lequel ont surgi de graves complications.

4° *Atrophie ou hypertrophie de la vessie.*

A l'occasion de chaque état morbide soit du corps, soit du col de la vessie, je serai obligé de rappeler l'attention des praticiens sur l'influence qu'exerce, par rapport à cet état, un excès d'énergie ou une diminution considérable dans les contractions de la vessie. On comprend, en effet, quelle influence doivent avoir, sur la production et sur l'entretien des névralgies, soit les contractions violentes des parois vésicales, qui harcèlent presque sans interruption l'orifice interne de l'urèthre, soit la faiblesse et la paralysie incomplète de la vessie, qui ne lui permettent de se débarrasser de son contenu qu'à l'aide d'un travail pénible, et par le concours des puissances auxiliaires.

Ces deux états de la vessie, spécialement le second, doiven être pris en grande considération dans le traitement de la névralgie, qui, à son tour, réagit sur eux avec plus ou moins de force.

Lorsqu'ils sont peu développés, l'atonie surtout, ils diminuent, même cessent, par l'effet de ce traitement, à mesure que l'irritation du col vésical s'affaiblit, de sorte que, dans les cas peu avancés, on se comporte absolument de même que si la complication n'existait pas. Le traitement doit, au contraire, être modifié : 1° dans les cas d'hypertrophie et de contraction trop énergiques, par l'usage des antiphlogistiques, les saignées locales et générales, même répétées, et surtout par l'emploi des opiacés en lavements, qui produisent ici d'excellents effets ; 2° dans ceux d'atrophie, avec atonie ou paralysie incomplète, par des moyens diamétralement opposés. Après avoir diminué la sensibilité et la contractilité du col vésical, si l'on remarque que la vessie conserve de la faiblesse, qu'elle se débarrasse mal de son contenu, on a recours aux cathétérismes évacuatifs, aux injections, répétées deux ou un plus grand nombre de fois par jour. C'est sur elles particulièrement que l'on doit compter ; mais il importe d'observer avec une scrupuleuse exactitude les précautions que j'ai indiquées pour les pratiquer.

Dans certains cas, malheureusement trop nombreux, la vessie ne recouvre pas sa contractilité, malgré les injections, les irrigations, les douches, les applications froides et tous les moyens auxquels on a successivement recours. Le malade continue d'uriner mal, faiblement, avec lenteur, et la vessie ne se vide pas complétement. On doit conclure de là que la névralgie n'est alors qu'une affection secondaire, que l'atonie de la vessie l'avait précédée, et qu'elle persistera. Ces cas présentent une particularité qu'il ne faut jamais perdre de vue : c'est que, la vessie restant paresseuse, le malade est continuellement exposé à toutes les conséquences qu'entraîne cette infirmité, et qui sont aussi graves que nombreuses. Sans s'inquiéter de la névralgie du col, on engage le sujet à se sonder souvent, à faire des injections froides : on lui prescrit des frictions stimulantes sur le dos et sur les lombes ; on lui administre quelques toniques à l'intérieur ; en un mot, on lui fait subir le traitement que j'exposerai en parlant de la paresse et de la paralysie de la vessie.

Les remarques qui précèdent s'appliquent à une autre complication, qu'il n'est pas absolument rare de rencontrer et qui exerce une grande influence. Quelques malades attaqués de névralgie rendent de l'urine sanguinolente et même du sang pur, soit à l'état liquide, soit en caillots. M'étant occupé fort au long de l'*hématurie*, dans la troisième partie de ce traité, je me borne à faire remarquer ici que l'apparition du sang dans l'urine, sans lésion organique appréciable, indique souvent une grande exaltation de l'élément nerveux, avec boursouflement de la membrane muqueuse du col vésical, et fait pressentir que le traitement sera long.

D'autres états morbides de la vessie, notamment les altérations organiques tant de son corps que de son col, peuvent compliquer les névralgies de cette dernière partie qui ne sont même souvent alors qu'une maladie secondaire, ainsi que je l'ai démontré. Mais il est un point, relatif aux effets du traitement, sur lequel je dois insister. Dans ces divers cas, ou le traitement n'aboutit à rien, ou, si l'on obtient un résultat, celui-ci ne se soutient pas. Cette particularité est de la plus haute importance. Elle doit engager le praticien à redoubler de soin et d'attention pour découvrir la lésion organique qui a échappé à son premier examen, et qui se trouve, pour ainsi dire, dévoilée par l'insuccès de ses efforts. Reste à savoir de quelle espèce de lésion il s'agit; car plusieurs produisent à peu près le même effet sur la sensibilité du col de la vessie.

Ce que je dis des lésions organiques profondes de la prostate et de la vessie, s'applique à celles du rectum, des testicules, de la matrice, des reins et des organes qui, par leur voisinage ou par leurs connexions, agissent d'une manière quelconque sur le col vésical. Le traitement de la névralgie parvient bien ici à paralyser, en général, pour un laps de temps plus ou moins long, les effets d'une sensibilité viciée ou exaltée, mais c'est là tout ce qu'on peut attendre de lui. Une fois qu'on a découvert une lésion organique ou tout autre état morbide, dont la présence peut être considérée comme cause de la névralgie c'est vers cette lésion que doivent se diriger tous les efforts. Dans le plus grand nombre des cas, la maladie du col disparaît après sa cessation. Si elle persistait, on l'attaquerait par des dérivatifs longtemps continués, en ne perdant toutefois pas de vue qu'un état de souffrance invétéré ne cesse pas aisément, alors même qu'on est parvenu à en détruire la cause, et qu'il faut du temps, de la patience, de la persévérance, pour arriver à une bonne fin.

§ 3. De quelques moyens spéciaux qui ont été conseillés contre les états nerveux du col vésical.

Longtemps avant qu'on eût songé à étudier d'une manière spéciale les névralgies dont le col de la vessie peut être atteint, les praticiens avaient été souvent appelés à combattre les désordres et les troubles fonctionnels qui sont la conséquence de ces états morbides. Les traitements les plus hasardés ont été successivement mis en usage; la plupart portent le cachet des opinions dominantes et des théories en crédit au moment où ils ont été proposés : tous constatent combien la pratique devient vague et excentrique lorsqu'elle se livre aux caprices des hypothèses. Je me bornerai à indiquer plusieurs de ces traitements, dont les uns entraînent des effets qu'une pratique rationnelle a dû laisser dans l'ombre, dont les autres confirment, ce que l'on savait déjà, que les médications les plus extraordinaires amènent quelquefois la guérison, bien qu'on n'aperçoive pas la moindre relation entre elles et la maladie qu'elles font cesser. Malheureusement ces derniers effets n'ont pas toujours été jugés avec la réserve convenable, et des succès aventureux ont procuré une vogue, au moins momentanée, à des moyens qui ne la méritaient guère.

On a fort souvent pris pour point de mire, dans le choix des moyens curatifs, les symptômes qu'on voyait prédominer. Ainsi, quand on croyait reconnaître les caractères d'une phlegmasie, on employait les antiphlogistiques, spécialement les saignées générales et locales, non pas comme la prudence le commande, mais avec une prodigalité vraiment surprenante. J'ai vu des malades au périnée ou aux lombes desquels on avait appliqué depuis deux cents jusqu'à mille sangsues. On conçoit qu'un pareil traitement n'ait pas réussi. Autant il importe, dans certains cas, de recourir à des émissions sanguines modérées, pour écarter des complications ou des dispositions morbides particulières, autant il est nuisible de pratiquer ces saignées monstrueuses, qui fatiguent et débilitent en pure perte.

Il en est de même des opiacés. On y a eu souvent recours pour apaiser les souffrances qui tourmentent et désespèrent le malade. J'ai dit quel est l'usage qu'on doit en faire. Il ne faut, en général, les employer que pour calmer momentanément la douleur, afin de favoriser l'application de moyens plus directs et plus appropriés. Cette remarque est capitale, et j'aurai souvent occasion de la reproduire. La plupart du temps, lorsqu'on a abusé de l'opium, soit sous le rapport des doses, soit sous celui de la durée de son administration, on n'a fait que masquer la maladie, la dénaturer, et lui donner des caractères d'emprunt qui l'ont rendue méconnaissable, sans compter qu'on a laissé aux complications le temps de se développer. J'ajouterai que l'usage trop copieux ou trop longtemps continué des prétendus calmants a fréquemment suffi pour ruiner sans ressource la constitution du sujet. Tous les jours je vois des malades que cette médication a mis désormais hors d'état d'être traités utilement d'une manière quelconque.

On ne s'est pas toujours borné à faire la médecine des symptômes. On a essayé aussi de remonter aux causes, et les connexions qu'on a cru remarquer entre les phénomènes névralgiques et un état morbide préexistant ou concomitant, ont servi de base à la médication. C'est ainsi que le rhumatisme, la goutte, les scrofules, les dartres et surtout les syphilis ont joué un grand rôle dans le traitement des troubles fonctionnels du col de la vessie. On a employé, même avec profusion, les mille et mille remèdes vantés contre ces maladies, et lorsque, par le fait du hasard ou de toute autre circonstance inexplicable, on a obtenu un soulagement de quelques jours, on s'est cru autorisé à proclamer ces moyens comme autant de médications spéciales.

La quantité de l'urine rendue dans un temps donné, sa nature, et les divers dépôts qu'elle est susceptible de former, sont très variables dans les affections nerveuses du col de la vessie. Chacune de ces variétés est devenue une indication pour les esprits peu réfléchis et les observateurs superficiels, qui sont partis de là pour préconiser dans un cas les acides, dans l'autre les alcalis, ici les diurétiques, là les narcotiques, etc. C'est surtout en Angleterre qu'on a vu, dans ces derniers temps, l'empirisme s'évertuer à mettre en crédit tantôt les uns et tantôt les autres de ces divers moyens. Certainement, parmi les nombreuses observations recueillies chez nos voisins d'outre-mer, il y en a de fort intéressantes, qui ont même beaucoup contribué à appeler l'attention des praticiens sur des lésions jusqu'alors trop négligées; mais on ne saurait admettre toutes les indications qu'ils ont saisies pour ainsi dire au vol, d'après quelques symptômes fugaces, ou à la suite de rapprochements forcés. A coup sûr, il faut combattre par des traitements appropriés, tant du ressort de la médecine que du domaine de la chirurgie, toutes les dispositions morbides qui peuvent se faire remarquer chez un malade attaqué de névralgie du col vésical; mais il y a loin de cette pratique utile à celle qui, admettant une connexité nécessaire entre l'affection du col de la vessie et la maladie qui l'accompagne, les traite toutes deux en bloc, et prend alors pour guide spécial le symptôme dominant. Les antigoutteux, les antiscrofuleux, les antiherpétiques n'ont jamais guéri de névralgie du col vésical, bien qu'il soit rationnel, toutes les fois qu'il y a complication, de traiter simultanément ou successivement les affections coexistantes par les moyens que chacune d'elles réclame d'une manière spéciale.

C'est surtout à la syphilis qu'on attribue généralement une très grande importance. Lorsque les remèdes recommandés contre les irritations et les phlegmasies en général ne produisent pas, au bout d'un certain temps, les effets sur lesquels on se croyait en droit de compter, on scrute la vie antérieure du malade, et si l'on découvre qu'il a éprouvé jadis des écoulements par l'urèthre ou des symptômes de syphilis, on ne manque presque jamais de croire à une prolongation d'influence de ces anciennes affections, ce qui mène à l'emploi de méthodes thérapeutiques spéciales. Et comme il arrive quelquefois qu'un soulagement momentané a lieu, soit par l'effet d'une excitation révulsive, soit seulement par un de ces caprices de la maladie dont il est impossible de se rendre raison, on se félicite d'avoir enfin découvert la source des désordres. C'est là plus qu'il n'en faut pour persister dans la voie où l'on s'est engagé. Cependant l'amélioration qu'on avait obtenue ne se soutient point, et les souffrances ne tardent pas à redevenir les mêmes. J'ai vu beaucoup de malades qui avaient été soumis à un grand nombre de traitements antivénériens, sans aucun résultat définitif. Hâtons-nous de dire néanmoins que fort souvent le praticien se laisse entraîner, presque à son insu, par les obsessions des malades, dont l'esprit, sans cesse à la torture, éprouve une grande propension à regarder comme reliquats d'anciens symptômes vénériens, des accidents dont il ne leur est pas donné d'apprécier la cause, souvent si obscure pour l'homme de l'art lui-même. J'ai eu tant de fois à lutter contre ces croyances, devenues des idées fixes presque impossibles à déraciner, que je conçois qu'à moins de convictions profondes et d'une grande habitude d'observer, les médecins se laissent aisément entraîner aux mêmes illusions.

Un malade que j'ai vu en 1836, homme fortement constitué et habitué aux fatigues de la guerre, éprouvait depuis plus d'un an des troubles fonctionnels de la vessie; il y avait chez lui contraction spasmodique et névralgie du col de cet organe, avec atonie de ses parois. Le désordre de la fonction urinaire avait fortement réagi sur le cerveau, et le malade se trouvait, à cet égard, dans les conditions les plus défavorables. N'ayant retiré aucun avantage de plusieurs traitements successifs, il se persuada qu'un virus syphilitique latent était la cause de ses souffrances. Je ne cherchai pas à le dissuader, mais je m'attachai à changer le mode de vitalité de l'urèthre et du col vésical ; je régularisai les fonctions intestinales, je produisis une forte dérivation à la peau, et quand je fus parvenu ainsi à calmer les accidents, j'eus peu de peine à tranquilliser le moral, ce qui n'était pas le point le moins important.

Les *dérivatifs* et les *révulsifs* sont souvent employés, et avec raison, contre les maladies opiniâtres et rebelles. J'ai fait connaître l'utilité qu'on peut en retirer dans les névralgies du col vésical, et en même temps j'ai indiqué les circonstances qui contribuent le plus à paralyser les effets de ces moyens, tels qu'on les applique généralement. J'ai encore quelques remarques à présenter sur leur compte.

Plusieurs auteurs, entre autres Hunter, vantent beaucoup les vésicatoires au périnée, au sacrum, sur le dos. Ils les emploient, tantôt au début de la maladie, tantôt après avoir fait usage de quelques topiques, tels que l'eau chaude, simple ou mêlée à quelque liquide spiritueux, et appliquée soit au moyen de vessies, soit à l'aide de cataplasmes ; Hunter assure que ce traitement lui a souvent réussi. Il prescrivait, en même temps, les opiacés et la térébenthine. La térébenthine a, surtout quand on l'emploie à haute dose, des inconvénients que les praticiens, Home entre autres, ont déjà signalés, et sur lesquels je reviendrai en faisant l'histoire du catarrhe vésical. Quant aux opiacés, je n'ai rien à ajouter à ce que j'en ai dit précédemment.

Le *cautère* et le *séton* sont fort usités contre les névralgies opiniâtres. Je n'y ai jamais eu recours, parce qu'ils sont fort incommodes, et que je n'en ai point vu résulter de bons effets dans la pratique de mes confrères. Il y a cependant des cas où l'on pourrait les mettre en usage avec utilité, où peut-être même mériteraient-ils la préférence sur les frictions. Tels sont ceux surtout où l'on a en vue de provoquer une dérivation lente et longtemps continuée. J'ajouterai d'ailleurs que si le séton et les cautères n'ont pas mieux réussi jusqu'à ce jour, cela tient principalement, comme j'en ai fait la remarque, à la manière de procéder. On a oublié qu'une méthode dérivative, pour produire le résultat qu'on attend d'elle, doit n'être employée qu'après qu'on a disposé le sujet d'une manière favorable, en agissant d'abord directement sur le siége de la maladie. Cette précaution a plus d'importance ici que partout ailleurs. J'ai pu m'en convaincre dans une multitude de cas où les révulsifs, qui avaient d'abord laissé à la névralgie toute son intensité, ont suffi pour la faire disparaître, après que la sensibilité du col vésical avait été changée ou modifiée par un traitement direct. C'est là une règle de pratique mille fois vérifiée par l'expérience, et contre laquelle on alléguerait en vain quelques succès obtenus d'emblée par Hunter ou par d'autres. Je dois même ajouter que les révulsifs énergiques, employés au début, contribuent quelquefois à rendre la maladie plus grave en exaspérant la sensibilité générale du sujet.

J'ai glissé assez rapidement sur les moyens dont il a été question jusqu'ici, parce qu'ils ne doivent guère figurer que pour mémoire dans un traité essentiellement pratique. Mais il y en a d'autres qui méritent un examen plus sérieux, car plusieurs d'entre eux, au moins, possèdent une grande puissance.

La persistance des accidents névralgiques, malgré un traitement combiné judicieusement et suivi avec une exactitude scrupuleuse, a souvent conduit à mettre en usage des méthodes plus énergiques que toutes celles dont j'ai parlé jusqu'ici, et plus ou moins aventureuses. La *cautérisation* était celle sur laquelle tout portait à croire qu'on devait compter le plus, et c'est elle aussi qu'on a le plus expérimenté, d'autant mieux qu'elle ne présente ni difficulté ni danger dans son application. Pour la mettre en pratique, il y a deux procédés principaux, dont j'ai fait l'exposition au chapitre du catarrhe vésical. M'étant occupé de la cautérisation dans le premier volume, je me bornerai à présenter ici quelques remarques sur les effets que le caustique produit dans les cas d'affection nerveuse.

Porter du nitrate d'argent à la partie profonde de l'urèthre, au col de la vessie, et dans l'intérieur du viscère, eût épouvanté jadis les malades et même beaucoup de chirurgiens. C'est aujourd'hui une pratique presque vulgaire, et si l'on n'y a pas recours plus souvent, c'est moins parce qu'il y a des dangers à redouter que parce que les effets n'ont pas été ceux qu'on espérait. Pour mon compte, j'ai employé un grand nombre de fois la cautérisation du col de la vessie, mais le plus souvent sans avantages bien marqués et incontestables. A la vérité, je ne l'ai jamais mise en pratique qu'après avoir vu échouer les moyens dont je fais ordinairement usage, et qui sont beaucoup plus doux. Il s'agissait donc alors de ces cas graves, opiniâtres, dont j'ai parlé, et dans lesquels les ressources de l'art n'ont pas toujours le résultat qu'on espère. Mais je dois noter aussi que des applications, même répétées, de nitrate d'argent en cet endroit ont rarement exaspéré les accidents plus qu'on ne devait naturellement s'y attendre, c'est-à-dire que, pendant plusieurs jours, les symptômes ont été aggravés, mais que, le plus ordinairement, l'exaspération a cessé d'elle-même d'une manière plus ou moins prompte, et que les malades sont rentrés peu à peu dans l'état où ils étaient auparavant. A la vérité, je n'ai jamais employé la cautérisation du col vésical sans avoir préalablement accoutumé l'urèthre et le col de la vessie lui-même au contact d'un corps étranger, par conséquent sans avoir émoussé la sensibilité de ces parties. Je n'avais donc à apprécier que l'effet exclusif du caustique; mais si à cet effet s'était jointe l'irritation que déterminent si souvent les premières introductions d'un corps étranger dans l'urèthre, il est probable que j'aurais eu à combattre de graves accidents.

Quelques partisans exclusifs du caustique procèdent d'emblée à son emploi, et ils ne signalent pas de désordres qui soient résultés de cette pratique. Mais je crois qu'on a passé trop légèrement sur ce point, et le procédé me paraît imprudent, hasardeux. D'ailleurs, certains faits venus à ma connaissance prouvent qu'on a eu sujet de se repentir d'avoir agi avec autant de hardiesse. Espérons qu'il en sera pour le col vésical, dans le cas d'irritations opiniâtres, comme il en a été pour l'urèthre; l'engouement de quelques-uns de nos confrères pour le caustique aura un terme, et ce moyen sera repoussé dans un grand nombre de cas. Alors les praticiens qui en feront usage, ne partageant pas l'enthousiasme de ses premiers partisans, seront plus à même d'apprécier ses véritables effets. Pour le moment actuel, l'expérience me paraît avoir établi que les détracteurs, aussi bien que les partisans de la cautérisation, sont tombés les uns et les autres dans l'exagération, et que cette méthode, employée avec plus de prudence qu'on ne le fait généralement, peut être utile en certaines circonstances; mais les résultats obtenus jusqu'à présent ne lui sont pas favorables.

Un homme de constitution sèche éprouvait au col de la vessie, par suite d'excès vénériens, une douleur qui se propageait à l'anus et au périnée, et qui parfois retentissait au pubis et à l'hypogastre. Il rendait aussi avec l'urine un liquide muqueux, filant, presque incolore, qui suintait même dans l'intervalle des besoins d'uriner. Un chirurgien habile, consulté sur cet état, fit une forte application de nitrate d'argent à la partie prostatique de l'urèthre; il en résulta une douleur excessive, qui dura plusieurs jours, avec un écoulement considérable de sang et plus tard de mucosités. Au bout de quelque temps, ces nouveaux symptômes disparurent, et les accidents primitifs diminuèrent d'intensité. Toutefois le malade conservait encore de la gêne pour uriner. Huit mois après, il vint à Paris, et consulta un chirurgien qui, à l'aide d'une grosse sonde droite, reconnut un rétrécissement naissant. Ce praticien eut recours au mode de traitement qu'il emploie en pareil cas, et qui consiste à couper, diviser, labourer la surface interne du canal au moyen d'instruments tranchants, puis à y placer une grosse sonde à demeure. Le malade éprouva des accidents graves à la suite de ce traitement, aussi long que douloureux. Les symptômes primitifs, qui avaient diminué quelque temps après la cautérisation du col de la vessie, reparurent avec une nouvelle intensité et persistèrent. Le malade était dans cet état lorsque je fus appelé. Il y avait eu d'abord chez lui lésion du col vésical et probablement aussi des divers canaux qui traversent la prostate. La cautérisation faite sur cette partie modifia les propriétés vitales, et la réaction dont elle fut suivie amena une amélioration temporaire, comme il arrive assez souvent. Quant aux accidents qui succédèrent au second traitement, on les observe presque toujours lorsqu'on agit avec violence sur les parois de l'urèthre, soit par cautérisation, soit par scarification ou dilatation. L'expérience m'a appris que les désordres qui résultent de là sont excessivement opiniâtres, et qu'ils résistent fréquemment aux moyens les plus rationnels. C'était une vérité que je ne pouvais dissimuler au malade ; dans tous les cas, son état exigeait un long traitement, que les circonstances ne lui permettaient pas d'entreprendre, et dont le succès était plus que douteux ; je le perdis de vue.

Ces cas graves sont presque toujours compliqués. Il résulte de ces complications une variation dans les symptômes pour ainsi dire inextricables, et une incertitude correspondante dans les indications. Ainsi, quand on néglige pendant longtemps l'irritation fixée au col vésical qui constitue une névralgie, il survient, comme je l'ai dit, une série de phénomènes morbides auxquels on est convenu de donner le nom de catarrhe vésical, et dès lors on ne s'occupe plus que de ce symptôme, sans même prendre la peine de remonter à la cause. J'ai en ce moment sous les yeux un ouvrier de la Normandie, homme robuste et d'une sensibilité générale peu développée, qui éprouve, depuis plus de sept ans, un désordre progressif dans les fonctions des organes urinaires. Pendant son jeune âge, il avait eu quelques indices de catarrhe vésical, mais sans besoins fréquents d'uriner, ni symptômes prononcés. A l'âge de vingt ans, sa santé se rétablit, et il se trouva assez bien jusqu'à trente ans. Vers cette époque, l'urine redevint trouble, rouge, brune, âcre, brûlante. Le malade s'en occupa peu d'abord ; puis il prit d'abondantes boissons diurétiques ; plus tard on eut recours aux sangsues, qui furent appliquées en grand nombre au périnée et à l'hypogastre. Alors parurent des besoins fréquents d'uriner, avec douleur au périnée, à l'hypogastre et au pubis. Le malade, sur l'avis d'un grand nombre de médecins qu'il consulta successivement, employa une foule de moyens préconisés contre le catarrhe vésical, notamment la térébenthine et un séton à la région hypogastrique, qu'il garda pendant trois mois. Tout fut inutile. La maladie faisant incessamment des progrès, on pensa qu'il pouvait y avoir une pierre, et je fus chargé de m'en assurer. Ce qui avait le plus contribué à accréditer cette idée, c'est que le malade commençait à éprouver de la gêne et de la douleur en marchant, et que les besoins d'uriner devenaient plus fréquents, bien que déjà ils fussent ordinairement très rapprochés; car, pendant plus d'un an, cet homme avait uriné toutes les demi-heures, la nuit comme le jour. A la même époque, il s'était manifesté aux parties génitales des démangeaisons extrêmement vives. Les douleurs qu'il éprouvait au col de la vessie en urinant, s'accompagnaient de battements fort incommodes, qui ne sont pas rares en pareil cas, et qui ressemblent à ceux dont se plaignent les malades atteints de quelques céphalalgies ou de phlegmons. Je m'assurai qu'il n'existait pas de pierre, que la vessie avait perdu une partie de sa capacité, que l'urèthre et surtout le col vésical étaient excessivement irritables. Toutefois, l'urine ne formait que rarement le dépôt purulent qu'on observe dans quelques cas. Les symptômes généraux n'étaient point en rapport avec l'intensité des douleurs locales; il n'y avait point de fièvre continue, l'appétit se soutenait encore, et l'amaigrissement n'avait point fait de grands progrès. Les premières bougies et les premières injections d'eau froide dans la vessie produisirent une amélioration inespérée. Un mois de traitement suffit pour obtenir, non pas la guérison, mais un amendement notable. Les besoins d'uriner devinrent moins fréquents et plus faciles à satisfaire; les nuits furent de plus en plus calmes; le malade restait quelquefois deux heures sans uriner, et il pouvait se livrer au sommeil, dont il était privé depuis plusieurs années; en finissant d'uriner, il n'éprouvait plus de battements au col de la vessie; son moral s'était amélioré, et il ne désespérait plus de guérir. En faisant les injections, j'avais remarqué que le passage de la sonde à l'orifice interne de l'urèthre était plus douloureux qu'il n'aurait dû l'être. Je pratiquai en cet endroit deux applications transcurrentes du caustique. Pendant les premiers jours qui suivirent, les accidents de la névralgie reparurent; mais ils ne tardèrent pas à diminuer, tellement que le malade voulut retourner chez lui.

On ne s'est pas contenté d'appliquer le nitrate d'argent solide, on a injecté ce sel en solution dans la vessie. Je citerai, à ce sujet, le fait suivant, et je laisserai parler le malade, qui est médecin lui-même.

« Agé de quarante-cinq ans, n'ayant jamais eu la syphilis, ni commis aucun excès, j'éprouvai, il y a trois ans, après de longues fatigues, des envies d'uriner plus fréquentes que de coutume, avec un sentiment douloureux vers le col de la vessie, lorsque l'émission tirait à sa fin; ce sentiment était précédé et accompagné d'un prurit et d'un malaise douloureux à l'extrémité de la verge; le jet de l'urine, assez calibré, s'arrêtait quelquefois vers la fin, en se terminant par des gouttes, avec ténesme et douleur vive, mais peu durable, dans le bas-ventre. Ces accidents s'accrurent de jour en jour, au point de devenir presque continus. Les urines étaient fortement odorantes, troubles, et chargées de flocons muqueux; elles déposaient quelquefois un sable tantôt blanc, tantôt rouge. Les sondes les plus grosses passaient facilement. J'ai employé tour à tour, sans nul effet, les antiphlogistiques, les opiacés, les révulsifs, les vésicatoires sur le bas-ventre et les cuisses. En dernier lieu, j'ai eu recours à l'injection de 7 milligrammes à 5 centigrammes de nitrate d'argent, dissous dans 30 grammes d'eau distillée. Ce moyen, d'abord douloureux pendant quelques minutes, était suivi d'un sentiment de chaleur et de mieux-être, avec diminution de la fréquence des besoins d'uriner. Je l'ai continué pendant huit jours, matin et soir, puis à des intervalles plus éloignés. Mais les bons effets que j'en avais obtenus d'abord ne se sont pas soutenus, et je souffre maintenant plus que jamais. »

Il n'y avait chez ce malade ni rétrécissement de l'urèthre, ni engorgement de la prostate, ni pierre, ni lésion organique de la vessie. Tout se réduisait à un état névralgique du col vésical, dont les symptômes étaient très-vagues, et à un peu d'atonie de la poche urinaire. On ne pouvait songer à modifier la vitalité de l'urèthre, qui n'avait déjà été que trop altérée par le passage fréquent d'instruments volumineux. Je me bornai donc à redonner un peu de ton à la vessie à l'aide des injections froides, des bains et des lavements froids. Les explorations nécessaires pour constater l'état des parties déterminèrent une perturbation favorable, et l'introduction répétée des sondes, en aidant la vessie à se débarrasser de l'urine, diminua tellement la phlegmasie, que, par ces simples moyens, je parvins à obtenir une amélioration notable. Le malade, qui est retourné chez lui, doit continuer le même traitement.

J'ai observé d'autres cas analogues, dans lesquels toutes les combinaisons de traitement n'ont eu pour résultat que de procurer un peu de soulagement. Dans un, entre autres, où à l'intérêt qu'on prend toujours à ces malades, si cruellement frappés, se joignait l'amitié qui nous unit, les bougies n'ont produit qu'un soulagement passager, les injections vésicales, des cautérisations transcurrentes sur l'orifice interne de l'urèthre, n'ont fait que changer faiblement la sensation pénible qui porte le malade à uriner au moins une fois par heure, et chaque fois avec douleur. Les médications internes les plus variées, conseillées par Boyer, n'ont produit aucun soulagement, de telle sorte que nous sommes à bout de ressources. Heureusement, la santé générale reste bonne, même pendant l'hiver qui est la saison la plus défavorable, et nous attendons le printemps avec impatience afin de recourir aux préparations sulfureuses et aux eaux de la Preste dont j'attends de bons résultats. Quelques chirurgiens, même parmi ceux qui avaient nié l'existence des névralgies du col vésical, les admettent aujourd'hui et proposent l'emploi de l'instrument tranchant au col vésical. Mais ce moyen, auquel j'ai eu recours dans divers cas, ne me paraît convenir que lorsqu'il existe un état de contracture permanente de la partie profonde de l'urèthre. Ces cas rentrent dans la catégorie de ceux dont je me suis déjà occupé.

§ 4. Du régime à faire observer aux malades.

Dans les cas simples, lorsque la santé générale n'a éprouvé aucune atteinte, et que toutes les autres fonctions s'exécutent avec régularité, il n'est pas nécessaire de changer le régime ordinaire du malade, pourvu qu'il soit modéré, doux et salubre.

Mais on ne peut pas en dire autant des cas graves, surtout lorsque les organes digestifs ont beaucoup souffert. J'ai vu, dans ces dernières circonstances, le succès du traitement compromis par la moindre infraction à la sévérité du régime que j'avais prescrit. Un aliment épicé, un verre de vin, une tasse de café, etc., m'ont paru réagir quelquefois d'une manière défavorable sur la vessie, et l'impression une fois produite, elle persistait ensuite pendant plusieurs jours, ou même durant des semaines entières.

Les effets que j'ai observés dans un grand nombre de ces cas m'ont d'autant plus frappé d'abord, qu'il m'était impossible de saisir aucun rapport entre l'action supposée de la cause et les conséquences que j'observais. Cependant les faits, en se multipliant, m'ont laissé convaincu qu'il fallait réellement attribuer aux écarts de régime la perturbation qui se faisait remarquer dans l'état de la vessie. Je dois dire néanmoins que les cas de ce genre sont exceptionnels. Le plus souvent, il suffit de proscrire les aliments qui pourraient être réellement trop excitants, soit par leur nature, soit par leur quantité. Sous ce point de vue, il n'y a pas de règle générale à établir : tout dépend des individualités, et une observation de quelques jours suffit pour les saisir.

Il en est de même des autres points de l'hygiène. Chaque individu a ses habitudes propres, et les préceptes que l'on peut généraliser se réduisent à un bien petit nombre. Ainsi, il importe que, pendant et même après le traitement, le malade prenne chaque jour une certaine quantité de boissons aqueuses, adoucissantes et rafraîchissantes, afin d'entretenir toujours l'abondance de l'urine. L'indication serait plus urgente encore si l'on pouvait supposer des qualités âcres à cette dernière. Il convient aussi que le malade soit soustrait aux influences des variations atmosphériques ; on doit même, dans certains cas graves, lui prescrire de se couvrir de flanelle.

Hunter recommandait de ne pas permettre aux personnes atteintes de ces sortes de maladies qu'elles fissent de longs voyages, soit à cheval, soit en voiture, surtout pendant l'hiver. J'ai eu plusieurs fois occasion de reconnaître l'excellence de ce précepte. Les agacements du col vésical et les difficultés d'uriner qui résultent, tant de ces agacements que de l'atonie de la vessie, s'exaspèrent souvent en voyage, et il n'est pas rare de voir des malades qui, après avoir couru plusieurs postes, sont obligés de s'arrêter en route pendant un temps plus ou moins long.

Il faut écarter avec non moins d'attention tout ce qui serait propre à exalter, directement ou indirectement, la sensibilité du col vésical, car le résultat immédiat serait de paralyser le traitement. On a quelquefois de la peine à remplir cette indication, soit qu'on ne découvre pas la cause tout d'abord, soit que, l'ayant découverte, on éprouve de la résistance de la part du malade. Il faut alors insister et ne pas céder.

L'un des points à l'égard desquels il est le plus difficile d'obtenir de la résignation, est le rapprochement des sexes. Beaucoup de malades, surtout parmi ceux qui sont jeunes, paraissent devoir leurs souffrances à l'abus du coït. Il devient donc indispensable de leur imposer sévèrement des privations : c'est une condition du succès. D'un autre côté, la continence trop prolongée pourrait exercer une influence défavorable. Les circonstances servent de guide en pareil cas.

ART VI. — DE LA RÉCIDIVE DES AFFECTIONS NERVEUSES DU COL VÉSICAL.

Dans un grand nombre de cas, il suffit de continuer le traitement jusqu'à la disparition des accidents, sans qu'on ait besoin ensuite de prendre aucune précaution, si ce n'est celle d'écarter les causes qui, primitivement, avaient produit la maladie. Mais il n'en est pas toujours ainsi.

Certains malades, quelques semaines, ou moins, après le traitement, voient les accidents névralgiques se reproduire sans cause appréciable. A la vérité, les symptômes ont moins d'intensité, ils durent peu, et n'ont pas de retentissement. Mais, enfin, la maladie tend à renaître, et très probablement elle s'établirait de nouveau d'une manière permanente, si l'on n'y mettait obstacle. Cette particularité réclame une grande attention de la part du praticien. La prudence veut qu'on ne renonce pas tout d'abord à l'emploi des moyens qui ont fait cesser les désordres. On continue de loin en loin les injections, surtout si la vessie tend à redevenir paresseuse, les bains, les boissons abondantes, les lavements, même les purgatifs et les frictions, le tout suivant les indications.

Ces précautions deviennent surtout indispensables lorsque la guérison n'est pas rigoureusement complète, et que, malgré le changement favorable qui s'est opéré dans l'état local et général du malade, il reste encore du malaise, des inquiétudes, des besoins d'uriner plus fréquents, et, au lieu de douleurs, une sorte de prurit dans l'urèthre, au périnée, au pubis. Alors, le traitement doit être, du moins en partie, continué pendant longtemps.

En effet, il est peu de maladies qui aient plus de tendance à se reproduire que celles de l'ordre dont je m'occupe. Aussi, beaucoup de mes malades ont-ils éprouvé des récidives, bien que le traitement eût été dirigé avec les précautions convenables, et qu'eux-mêmes ne se fussent pas écartés des règles qui leur avaient été prescrites. Parmi ceux qui ont été obligés de subir plusieurs traitements successifs, se trouve un des derniers qui ont réclamé mes soins. Ce cas est remarquable, à raison des circonstances sous l'influence desquelles la maladie s'est produite.

Le sujet, chasseur passionné, passa les premières années de sa vie au milieu des plaisirs de la table et de l'amour. S'étant retiré dans ses terres, il y mena une vie régulière. Ce fut après plusieurs années de cette existence réglée, succèdant à de grands désordres, qu'il commença à éprouver des besoins d'uriner plus fréquents pendant la nuit, surtout le matin, et de la difficulté pour les satisfaire. Les contractions auxquelles il était obligé de se livrer le fatiguaient beaucoup. Bientôt il s'aperçut que son urine contenait des mucosités en suspension, qu'elle était d'ailleurs louche, et qu'il s'y formait parfois un dépôt sablonneux, semblable à de la brique pilée. Craignant alors d'avoir la pierre, il prit le parti de subir un traitement. Je m'assurai qu'il s'agissait uniquement d'une névralgie du col vésical. Les moyens en usage contre cette maladie eurent le succès désirable : au bout d'un mois les symptômes avaient disparu, et le malade retourna chez lui. Nous étions à l'automne ; je le prévins que des accidents pourraient reparaître de loin en loin, mais qu'ils dureraient peu, et finiraient par cesser entièrement, sous l'influence des précautions que je lui prescrivais. C'est effectivement ce qui a lieu généralement ; mais il y a des exceptions, et ce malade devait m'en offrir une.

Un an après environ, il éprouva une crise assez violente, qui, du reste, dura huit jours seulement, et n'eut pas de suites. Depuis, il s'en est manifesté une seconde, pour laquelle le malade a cru devoir revenir à Paris. Je me bornai à passer trois fois la bougie, à faire quelques injections, et à prescrire six douches : tous les accidents disparurent. En me voyant introduire avec la plus grande facilité, et sans lui causer de douleur, une sonde flexible, à courbure fixe, le malade me fit observer qu'il souffrait assez vivement quand lui-même exécutait l'opération, et qu'il avait même souvent de la peine à la terminer. J'attribuai le retour des symptômes névralgiques à cette irritation.

SECTION DEUXIÈME.

LÉSIONS ORGANIQUES DU COL DE LA VESSIE.

CHAPITRE PREMIER.

REMARQUES PRÉLIMINAIRES.

Les états morbides de la prostate et du col vésical sont fort nombreux, et présentent, sous le point de vue pratique, un intérêt chaque jour mieux senti. A raison des effets qu'ils produisent, des explorations qu'ils commandent et des moyens de traitement qu'on leur oppose, ils méritent d'être étudiés avec le plus grand soin. C'est spécialement sur l'ensemble des lésions de la prostate et du col vésical qu'ont porté les recherches récentes inspirées par la lithotritie : je dois entrer dans quelques détails sur ce sujet.

I.

Presque tous les auteurs qui ont écrit sur les voies urinaires en général ont confondu dans les mêmes études les maladies du col de la vessie et celles du corps de ce viscère; et tous se sont tenus dans un vague désespérant, en ce qui concerne le siége, la nature, la marche progressive du mal.

Il a fallu beaucoup de temps et d'observations, analysées avec sagacité, pour se convaincre que les phénomènes du plus grand nombre de ces maladies, qui sont si communes à une époque avancée de la vie, doivent être rapportés à des lésions du col vésical. Le corps de la vessie, comme celui de la matrice, est moins souvent affecté qu'on ne serait tenté de le croire ; et presque jamais il ne l'est que d'une manière secondaire, par la propagation ou par l'influence de la maladie qui a pris naissance au col. Sa situation fait qu'il est rarement atteint par les agents extérieurs ; sa sensibilité, comme je l'ai fait voir, est peu développée dans l'état normal ; ses fonctions, soumises à un rhythme fort régulier, ne sont troublées, du moins dans la grande majorité des cas, que par les lésions du col ou de l'urèthre, et par tout ce qui peut mettre obstacle à la sortie de l'urine : la pierre elle-même agit spécialement sur l'orifice interne du conduit uréthral. C'est donc cette partie, en général affectée de prime abord, qu'on doit considérer comme le point de départ du plus grand nombre des phénomènes morbides.

Mais il y a des distinctions importantes à établir. Au col de la vessie se trouvent réunis la prostate, l'orifice de l'urèthre, la terminaison des canaux spermatiques et les tissus propres du sphincter vésical. Les maladies que je me propose d'étudier peuvent n'atteindre qu'une seule de ces parties, ou les envahir toutes à des degrés divers. Or, les symptômes spéciaux manquent dans la grande majorité des cas. Ce ne sont que les troubles fonctionnels de la vessie, spécialement de l'excrétion de l'urine, qui frappent l'observateur, et le même mode de lésion n'est pas toujours accompagné des mêmes symptômes. On ne peut donc pas arriver à l'aide des signes rationnels, à déterminer le point par lequel le mal a commencé, non plus que les ramifications qui se sont successivement établies. Faisons remarquer d'ailleurs que dans les états morbides dont le col vésical peut être le siége, ce sont tantôt les troubles fonctionnels qui ont une prédominance presque exclusive, et tantôt au contraire les désordres matériels des tissus qui frappent toute l'attention.

Considérées d'une manière générale, et sans distinctions d'espèces, les maladies du col vésical forment deux séries, comprenant, l'une, les lésions purement vitales, l'autre, les altérations organiques proprement dites. Ces deux ordres de lésions sont susceptibles de se succéder, de se compliquer, ou de coexister ensemble ; mais elles se montrent quelquefois au praticien indépendantes les unes des autres ainsi que je l'ai démontré. On rencontre fréquemment, par exemple, des altérations organiques, même profondes de la prostate, qui ne sont accompagnées ni d'augmentation de la sensibilité locale, ni d'aucun accident propre aux phlegmasies ; tandis que, d'un autre côté, il est fort commun de voir des troubles fonctionnels très prononcés, et même persévérants, qui paraissent indépendants de tout vestige d'altération organique appréciable. Ces derniers cas, toujours plus ou moins vagues, ayant été examinés dans le chapitre précédent, je passe à l'étude des altérations organiques.

II.

Aux divers organes réunis à la région du col vésical, il se produit fréquemment des altérations matérielles, les unes distinctes, circonscrites, dont la source et le siége sont faciles à constater ; les autres confuses, étendues, envahissant les tissus voisins, et se rattachant à des phénomènes morbides, soit qu'elles les précèdent, soit qu'elles les compliquent, ou qu'elles leur succèdent. Eu égard à leur origine, aux effets locaux ou généraux qu'elles déterminent, aux explorations qu'elles réclament, aux moyens de traitement qui leur sont appliquables, ces altérations acquièrent chaque jour plus d'importance ; et, assurément, nulle affection n'est plus digne de fixer l'attention des observateurs.

1° Ainsi la prostate, par sa situation, ses rapports avec le col vésical, les conduits déférents et le rectum, exerce directement une grande influence sur trois des plus importantes fonctions de l'économie animale, et, par suite, sur plusieurs des opérations les plus difficiles de la médecine opératoire. Ajoutez à cela l'influence non moins grande que ses lésions, si fréquentes, spécialement chez les hommes qui ont dépassé l'âge de soixante ans, exercent sur la production, la marche, les symptômes des maladies des voies urinaires en général.

Lorsqu'on examine les collections d'anatomie morbide, on est frappé du nombre, de la variété, de l'étendue des altérations diverses que présente la prostate. Qu'on ait eu spécialement en vue de mettre en relief les coarctations uréthrales, les maladies des voies spermatiques, et celles, si nombreuses et si variées, dont les reins et la vessie sont le siége ; ou qu'on ait cherché à déterminer les différentes phases de l'affection calculeuse, nous trouvons dans la plupart des pièces une altération quelconque du corps prostatique et du col vésical. D'un autre côté, les observateurs qui se livrent à l'étude de l'anatomie pathologique, envisagée d'une manière générale, rencontrent chaque jour les mêmes désordres ; soit que la glande entière se trouve affectée, ou que la lésion ait son siége primitif à ce qu'on nomme le moyen lobe ; soit que l'état morbide résulte d'une collection de liquide, de la présence d'un corps étranger, de la production de tissus anormaux, d'un développement insolite de la substance propre. On retrouve à cet égard toutes les variétés imaginables, et parfois avec un développement tel qu'on a de la peine à comprendre que de pareils désordres soient demeurés si longtemps inconnus ; ou du moins qu'après les avoir constatés, on n'ait pas déduit de ces faits les conséquences pratiques qui en découlent naturellement.

Cependant ces altérations ont été aussi, pendant longtemps, négligées ou mal observées, même par les praticiens qui se sont occupés avec le plus de succès de l'anatomie pathologique. Les travaux des anciens, habilement résumés par Th. Bonet et Morgagni, mentionnent à peine quelques-unes de ces lésions ; et jusqu'à Riolan, qui le premier a parlé formellement de la tuméfaction prostatique, ce qu'ils disent à cet égard est si incomplet, si diffus, si peu exact, qu'on voit bien qu'ils ne s'en étaient pas formé une idée nette. Ils confondaient toutes ces lésions sous les dénominations vagues d'*excroissances*, de *carnosités uréthrales ou vésicales*. On comprend toutefois qu'il en ait été ainsi. Presque toujours on était privé, jusqu'à une époque rapprochée de nous, des ressources de la nécropsie ; et l'on se trouvait réduit à des moyens d'exploration fort incomplets. Mais, ce que les Winslow, les Vésale, les Graaf, les Morgagni, les Lieutaud, etc., ont à peine ébauché, relativement aux altérations de cet organe, les modernes ne l'ont pas jusqu'à présent amené au point désirable de perfection. Sans avoir les mêmes excuses que les anciens, et, quoique possédant d'immenses matériaux réunis dans les musées d'anatomie morbide, ils ne sont encore que rarement sortis de la route tracée par leurs devanciers.

Dès 1818, l'invention de la lithotritie, en créant des besoins nouveaux, fit sentir, au sujet de ces maladies, des nécessités que la pratique ordinaire laissait inaperçues. On ne doit point perdre de vue qu'il s'agissait d'une opération nouvelle, qui a ses exigences et ses difficultés propres. Or, pour porter dans la vessie des instruments dont le volume, et surtout la forme et la direction, semblaient repousser l'emploi, il fallait des connaissances spéciales en anatomie et en pathologie. Les plus grands obstacles à l'introduction de ces instruments provenaient des dispositions naturelles, ou acquises, qu'on rencontre dans les organes. Il fallait donc connaître avec exactitude la route normale qu'ils doivent parcourir, étudier avec soin tous les changements que l'état morbide peut y apporter. Pour l'art nouveau, c'était là une condition d'existence et de progrès que les hommes superficiels ou imprudents ont pu méconnaître, mais que comprendront les observateurs sérieux.

C'est de cette époque, en effet, que date une ère nouvelle pour l'étude des maladies de la prostate et du col de la vessie. Cependant tous ceux qui s'en sont occupés n'ont pas suivi la même ligne. Les uns n'ont fait que reproduire avec de légères variantes les opinions de Home. D'autres se sont jetés dans d'oiseuses discussions, ou égarés dans la voie des hypothèses. Quelques-uns ont obéi à des inspirations qui les portaient plus ou moins en dehors de la science ; à tel point que, sans craindre d'être accusé d'un scepticisme outré, on peut concevoir des doutes sur la valeur et même sur la réalité de plusieurs des faits qui ont été produits.

L'erreur s'est étendue fréquemment à toutes les parties de la doctrine. S'agit-il des causes ? on retrouve presque toujours, et partout, la même énumération de circonstances, réputées aptes à faire naître ou à entretenir les lésions de la prostate ; bien que, le plus souvent, elles n'exercent, à cet égard, aucune influence. Est-il question du diagnostic ? on le proclame facile et certain, tandis que les praticiens les plus exercés commettent, chaque jour, malgré leur attention, de graves méprises à son sujet. Quant au traitement, il est réduit à des moyens généraux, qui n'ont tous qu'une action indirecte et incertaine, ou à des procédés spéciaux vantés avec emphase, mais à l'égard desquels l'expérience n'a point encore prononcé. En un mot, lorsqu'on se propose de constater l'existence de ces divers états morbides, avec toute la précision dont on a besoin au lit du malade, quand on veut les distinguer les uns des autres, déterminer leur étendue ou leurs complications, en apprécier les conséquences, et plus encore, lorsqu'on cherche à les combattre, on ne tarde pas à se convaincre que les opinions qui s'y rapportent et qu'on exprime avec tant de confiance, sont au moins hasardées, et que l'application des moyens, tant diagnostiques que curatifs, est difficile, incertaine, souvent même impossible.

Les besoins de la pratique réclamaient des études plus sérieuses, des connaissances plus exactes. Pendant plus de trente années, je me suis occupé avec zèle et assiduité à recueillir les éléments de l'ouvrage dont je donne aujourd'hui une troisième édition. Dans cet ouvrage et aussi dans les *Traités de la lithotritie* et *de l'affection calculeuse*, j'ai abordé les principales questions qui se rattachent au sujet, toujours en prenant pour guide les données de l'anatomie pathologique, et les nombreuses observations cliniques dont j'ai donné les détails.

Depuis ces publications, les maladies de la prostate sont devenues le sujet de recherches plus étendues et plus suivies ; circonstance que je note avec bonheur, car elle permet d'espérer que, dans un avenir prochain, la plus importante section des maladies des voies urinaires sortira de la routine et de l'obscurité qui en voilent encore plus d'un mystère.

Outre un grand nombre d'observations détachées, publiées dans les recueils périodiques et sur plusieurs desquelles je reviendrai, M. Velpeau a consacré une série de leçons de son enseignement clinique à l'étude des maladies de la prostate, qui sont à peine mentionnées dans sa *Médecine opératoire*, dont la deuxième édition parut quelques mois avant mon Traité.

Je dois noter aussi les intéressantes recherches auxquelles se sont récemment livrés MM. Caudmont, Demarquay, Guérin, Gosselin, Jarjavay, Sappey, Verneuil, etc. De même en Angleterre, où d'importantes richesses sont entassées dans les collections d'anatomie pathologique, divers chirurgiens ont repris les travaux de Home et de Hunter ; je citerai entre autres Henry Thompson, qu'on a beaucoup trop négligé.

Deux chirurgiens qui se sont fait remarquer parmi nous à plus d'un titre, ont aussi entrepris, chacun de son côté, une suite de travaux qui ne sont pas dépourvus d'intérêt, et qui en auraient assurément davantage si leurs auteurs avaient été moins préoccupés de faire ressortir eux-mêmes l'importance de leurs productions, et de grossir aux dépens d'autres ce que l'un d'eux appelle avec tant de raison *son petit bagage scientifique.*

Quand on compose une monographie, et qu'on élève des prétentions à une découverte, la raison et le bon sens prescrivent de débuter par un exposé historique des observations et opinions consignées dans les ouvrages antérieurs. Ce travail préliminaire est parfois délicat et difficile, mais c'est un devoir qui ne saurait être éludé qu'en sacrifiant la vérité à un intérêt d'amour-propre impossible à s'avouer dignement.

Cependant des observateurs superficiels s'écartent souvent de cette voie rationnelle et loyale, qu'ils cherchent même à ridiculiser en la traitant de pédantisme. Mais elle ne doit pas moins être suivie ; car je ne connais pas d'autres moyens d'établir la filiation des idées par lesquelles la science a passé successivement, et de s'épargner à soi-même le désagrément de donner pour nouveaux, souvent en toute confiance, des faits parfaitement connus et appréciés. C'est après avoir rempli ce devoir, mais seulement alors, qu'on est en mesure de s'assurer si ce que l'on propose constitue une découverte, un progrès, un perfectionnement.

Les deux chirurgiens auxquels je fais allusion ne paraissent pas avoir senti la justesse de ces remarques ; en glissant sur des travaux exécutés par d'autres, ou en ne les mentionnant point, et en ne parlant que des leurs, ils ont été conduits à présenter, comme des découvertes pathologiques, ce qui est déjà décrit ailleurs, et comme des inventions ou des perfectionnements, des instruments et des procédés indiqués auparavant. En agissant de la sorte, ces chirurgiens n'ont fait qu'obscurcir la question, tant il est vrai qu'on est novice dans la science des faits, lorsqu'on n'a pas assez acquis de lumière pour les bien voir, ou assez de méthode pour les bien juger. Mais ils ne se sont point arrêtés là. Non-seulement ils ont jugé avec prévention les observations publiées par leurs devanciers et par leurs contemporains, mais ils semblent avoir pris à tâche de les omettre entièrement. L'un d'eux nous dit en effet que les anatomistes des siècles passés, et même des temps les plus modernes, n'ont émis, relativement à la structure du col vésical, que des opinions erronées ; que *les chirurgiens de leur côté ont méconnu les maladies dont cet organe est fréquemment le siége ; que, par suite, les moyens curatifs étaient on ne plus imparfaits, et même le plus souvent dangereux.* A quoi il ajoute *que si quelques malades étaient guéris, c'est empiriquement, par hasard, quelquefois par erreur qu'ils l'ont été.*

Au sujet d'une de ces maladies, l'auteur est plus explicite encore. Il disait en 1844, « qu'aucun auteur français n'avait » parlé avant lui *des valvules du col de la vessie ;* qu'elles avaient » été à peine mentionnées comme *un fait rare et curieux* par » quelques auteurs étrangers, mais que de leur forme, de leur » structure, de leurs espèces, de leurs causes, de leur mode de formation, de leurs signes, personne n'avait dit mot; » partant de là, il proclame l'existence des valvules comme *une découverte marquée d'un caractère essentiellement pratique, et propre à fixer les opinions, jusque-là si vagues, si incertaines, au sujet d'une maladie fréquente, qui prend l'homme à son berceau et le conduit jusqu'à la tombe.*

Pour prouver que l'auteur se fait illusion, je présenterai, sous forme de résumé, une étude rétrospective de la question sur laquelle il s'exprime avec tant de confiance. Ce sera d'ailleurs le moyen de marquer les progrès que cette partie de la science a faits successivement, et aussi de rétablir la vérité historique, en restituant à notre chirurgie française des faits, dont par inadvertance sans doute, des Français tendent à la dépouiller.

III.

Assurément, les anatomistes et les chirurgiens des siècles passés se sont trop peu occupés, je le répète, de la structure et des maladies de l'appareil urinaire. Mais on ne saurait être admis à reléguer dans l'oubli tout ce qu'ils ont écrit sur cette partie importante de l'organisme. Sans énumérer la multitude des faits, d'ailleurs incomplets, qu'on trouve disséminés dans des ouvrages que peu de personnes lisent aujourd'hui, je dirai toutefois que l'appareil urinaire a fourni à Rhodius, J.-B. Bianchi, Bonet, Saviard, Morgagni et autres, le sujet de plusieurs observations remarquables, dont quelques modernes altèrent la portée et même le sens, à force de commentaires, au profit d'idées préconçues.

Mais laissons de côté le champ de l'érudition déjà ancienne qui serait peu fertile, et passons à des ouvrages récents, plus ou moins spéciaux, qui sont ou doivent être entre les mains de tous les praticiens jaloux de se tenir au courant de la science. Je citerai d'abord le mémoire que Lieutaud a imprimé en 1753, sur la structure de la vessie, et dans lequel on trouve beaucoup de choses qu'on nous présente aujourd'hui comme nouvelles, sans doute parce qu'on les a habillées à la moderne. Ainsi, Lieutaud revient plusieurs fois sur l'*anneau aponévrotique*, *ligamenteux*, qui constitue essentiellement le col vésical, et sur le tubercule occupant l'entrée de l'orifice, auquel il donne la forme d'*un croissant*. Il parle d'ailleurs du col spongieux, se fermant par son propre ressort, même après la mort; et des fibres charnues, qui par leurs attaches peuvent concourir à faire ouvrir l'orifice vésical, etc. D'ailleurs, ce que Lieutaud et autres avaient laissé passer d'inexact, a été relevé depuis longtemps. Ainsi, pour ce qui concerne la forme de l'orifice interne de l'urèthre, le repli transversal membraneux situé à son bord inférieur, la luette vésicale, etc., Deschamps avait fait (1) la plupart des remarques qu'on reproduit aujourd'hui. On savait aussi, et Ledran l'a formellement recommandé (2), que, pour bien voir la configuration du col vésical, il faut ouvrir la vessie par sa face postérieure.

A la fin du siècle dernier, parut à Édimbourg l'ouvrage de B. Bell, que Bosquillon a traduit (3) et dans lequel on trouve des

(1) *Traité de la taille*, t. I, p. 34 et suiv.
(2) *Parallèle*, Paris, 1730, p. 13.
(3) *Traité de la gonorrhée virulente*. Paris, an X, 2 vol. in-8.

remarques intéressantes sur la prostate et sur les troubles fonctionnels du col de la vessie.

Faut-il rappeler que Desault (1), et J. L. Petit qu'on oublie trop souvent de citer lorsqu'on écrit sur les maladies des voies urinaires, avaient eux aussi (2) été frappés des effets de la tuméfaction du corps prostatique? « Cette glande, dit Desault, ne peut se tuméfier sans pousser en devant et en haut, ou sur l'un des côtés, » la partie de l'urèthre derrière laquelle elle est située. Considé» ration qu'il ne faut *jamais perdre de vue dans la longueur et la* » *direction que l'on donne au bec de la sonde.* »

En 1796, époque de la publication de son remarquable ouvrage sur la taille, Deschamps s'est exprimé de la manière suivante eu égard à l'orifice interne de l'urèthre et ce qu'il nomme le *repli* du col vésical, qu'on a appelé plus tard valvule pylorique de la vessie (3) : « Lieutaud et depuis lui plusieurs » anatomistes ont regardé la *luette vésicale* comme un tubercule » charnu, ou un prolongement du trigone vésical. D'après l'exa» men d'un très grand nombre de vessies, je me suis convaincu » que cette éminence n'est qu'un *repli* de la membrane interne » de la vessie *à l'entrée de son orifice*, repli qui facilite l'extension » de cette ouverture.... Le col fermé, *cette éminence sert à le bou-* » *cher plus exactement*. Voici comment on peut se convaincre » aisément de ce que j'avance : en ouvrant le col de la vessie, » dans toute sa portion antérieure, pour peu qu'on écarte ses » parois, *cette éminence s'efface par l'extension de la partie de* » *la membrane interne de la vessie qui la formait, et elle dispa-* » *raît au point qu'il n'en reste aucun vestige.* Ce ne peut être que » dans un état pathologique que cette membrane présente » de la consistance; il n'est donc pas étonnant que Morgagni » n'ait observé la luette que dans trois vessies sur soixante» dix qu'il a ouvertes. Il y a apparence que ce repli était, » chez ces trois sujets, dans un état pathologique : si avant » de fendre le col de la vessie, on examine *dans l'intérieur du* » *viscère* l'entrée de l'orifice, *ce repli existe toujours*, au moins » je l'ai constamment observé; mais pour peu que l'on écarte,

(1) *Journal de chirurgie*, t. II, p. 184-188.
(2) *Traité des mal. chir.*, t. III.
(3) *Loc. cit.*, p. 34.

» comme je viens de le dire, le col ouvert dans toute sa longueur » on ne l'aperçoit plus. Ce pli, placé postérieurement à l'orifice » de la vessie, donne à cette ouverture la *forme d'un croissant situé* » *transversalement....* » Plus loin Deschamps ajoute : « Je me » suis aperçu que l'élasticité naturelle de la prostate ne tendait » point à froncer le col, *qu'il était fermé par le rapprochement des* » *parties latérales de la glande ; de là le repli qu'on a pris pour un* » *corps particulier sous le nom de luette vésicale*, repli qui tend » à boucher plus exactement l'orifice de la vessie, et qui, en se » développant, facilite son extension. »

Ainsi, comme tous ceux qui ont pris la peine d'examiner eux-mêmes les dispositions de l'orifice interne de la vessie, Deschamps savait que cet orifice présente une espèce de *repli* situé inférieurement, et qui en diminue l'étendue.

Et qu'on ne croie pas que Deschamps ait parlé de ce repli comme en passant. Il y revient : 1° au sujet de l'augmentation de volume de la partie prostatique de l'urèthre, dans le cas de développement anormal de cette glande ; et il ajoute, qu'il a trouvé à l'urèthre, dans cet endroit, de 15 à 24 lignes de circonférence ; 2° en parlant des maladies de la prostate chez les vieillards ; 3° quand il s'agit des précautions à prendre, dans ces cas, pour l'introduction de la sonde, et ailleurs, au sujet de la courbure qu'il convient de donner à cet instrument.

Ainsi, à une époque déjà éloignée de nous, et *non pas seulement en Angleterre*, comme on le dit, l'état morbide appelé aujourd'hui *barrière uréthro-vésicale*, avait fixé l'attention des anatomistes et des chirurgiens, qui l'avaient envisagé sous des points de vue divers : les uns pour ainsi dire en bloc, se bornant à de simples indications ; quelques autres en le considérant comme complication d'autres maladies, et un plus petit nombre en le prenant comme sujet spécial d'étude. Mais ils se sont tous exprimés de telle manière qu'on ne peut élever le moindre doute sur l'attention qu'ils ont apportée à cette lésion, sous quelque dénomination qu'ils l'aient décrite.

Mais là ne se sont pas bornés les travaux des auteurs que je viens de citer. La plupart ont insisté sur les effets des affections du col de la vessie, par rapport à l'excrétion de l'urine et à l'introduction des instruments dans la vessie. Quelques-uns se sont occupés des moyens de traitement à lui opposer.

Dès 1811, Home, en décrivant (1) l'engorgement de ce qu'il appelle le moyen lobe de la prostate, s'exprime de la manière suivante, qui reproduit des idées émises par Desault : « A mesure que » le moyen lobe s'accroît en grosseur, il se porte dans la cavité » de la vessie, en forme de mamelon, poussant au-devant de lui » la membrane. Dans son développement successif, il perd de » son apparence mamelonnée, devient plus étendu d'un côté à » l'autre, et forme un *repli transversal, en poussant en avant la* » *membrane, qui prend des connexions avec les lobes latéraux, et de* » *l'étendue en proportion*. Comme la tumeur et le repli transversal » sont situés immédiatement derrière l'orifice de l'urèthre, ils » sont poussés au-devant du fluide qui doit s'écouler, toutes » les fois que le malade fait effort pour vider la vessie, et alors » ils agissent *comme une valvule, en fermant le passage de l'urine.* » Un très petit engorgement du lobe moyen déjeté dans la vessie, » et un repli membraneux transversal qui l'unirait aux lobes » latéraux, dit plus loin Home (2), suffisent pour produire une » rétention complète d'urine. »

Les faits cités par Home lui avaient appris que les sondes métalliques agissent sur cette barrière, de manière à produire des ulcérations, des déchirures. Aussi recommande-t-il (3) d'avoir recours aux mains les plus habiles pour le cathétérisme, et de n'employer les sondes métalliques que dans les cas de nécessité absolue, lorsque le malade ne peut être soulagé par des moyens plus doux. En effet, la collection du musée de Hunter renferme plusieurs pièces qui témoignent des dangers de ces instruments, et montrent des barrières uréthrales excoriées, déchirées, labourées et transpercées par eux.

Les travaux de Home remontent à 1805. Mais Hunter avait déjà fait remarquer que la portion de la prostate qui occupe l'extrémité de l'urèthre, se gonfle sur le devant, fait saillie comme pour se porter dans l'intérieur de la vessie, et forme une *valvule* à l'orifice du canal. Dans le catalogue imprimé du musée de Hunter, on trouve l'indication de plusieurs valvules prosta-

(1) *Maladies de la prostate*, trad. par Léon Marchant. Paris, 1820, p. 17.
(2) *Ibid.*, p. 22.
(3) Ouvr. cité, p. 231.

tiques, et de prostates engorgées, qui réduisent l'orifice interne de l'urèthre à une ouverture de forme semi-lunaire. On voit en même temps, sur ces pièces, la plupart des variétés de forme, de déviation, de distorsion, comme le dit Sœmmerring, d'aplatissement, d'élargissement de la partie de l'urèthre qui est en rapport avec cette glande, et qui sont signalées par la plupart des auteurs.

Nous lisons, dans l'ouvrage de Sœmmerring, les détails d'un cas, dans lequel l'orifice interne de l'urèthre était converti en une fente allongée, garnie d'un bourrelet à son pourtour. L'ouvrage de Sœmmerring parut en Allemagne en 1822 (1). A la même époque, fut publié, en Angleterre, un ouvrage de Ch. Bell (2) qui donna, sous forme d'appendice, une description abrégée de son cabinet. Il s'exprime en ces termes (3) : « Deux choses sont » à remarquer : 1° le commencement d'un obstacle valvulaire au » cours de l'urine, produit par la saillie, dans la vessie, de la » partie de la prostate qui est antérieure au troisième lobe; » 2° l'insertion des muscles des uretères a la partie de la prostate » qui, lorsqu'elle devient malade, se projette dans la vessie.

» Plusieurs autres préparations démontrent le même fait. Dans » toutes, les muscles des uretères s'insèrent à cette portion, et » dans toutes, ils sont tellement hypertrophiés qu'on peut affir- » mer, qu'aussi souvent qu'il y a projection valvulaire de la » prostate, ces muscles ont acquis un surcroît de développe- » ment. » Ce passage mérite d'être remarqué. Il établit que la barrière vésicale peut être uniquement constituée par deux feuillets membraneux, comprenant entre eux quelques-unes des fibres musculaires qui vont s'étaler sur la vessie, après avoir pris leur insertion à la prostate.

Dans une autre pièce, la glande a presque le volume d'une grosse pomme. L'un des côtés est plus gonflé que l'autre, ce qui oblige l'urèthre à *décrire une courbure*. La partie de la tumeur

(1) *Traité des maladies de la vessie*. Paris, 1824.

(2) *Treatise on the diseases on urethra*.

(3) En 1812, Ch. Bell publia dans le *Medico-chirurgical Review*, et en 1821 dans ses *Illustrations of the great operations of surgery*, des observations accompagnées de dessins, relatives à ce que l'auteur appelle muscles des uretères, et à la saillie qu'ils forment au col de la vessie. Dans l'une de ces figures, que j'ai reproduite dans mon *Traité de l'affection calculeuse*, on voit cette particularité très remarquable.

qu'on a indiquée comme un engorgement du troisième lobe, a un volume considérable, et *couvre l'ouverture de l'urèthre, de manière à empêcher complétement la sortie de l'urine.*

Dans une troisième, il est évident que l'obstacle provenait d'une projection valvulaire au-devant de l'orifice de l'urèthre. Dans une quatrième, enfin, la projection valvulaire de la glande est double. Une partie de la valvule membraneuse se combine avec la membrane muqueuse de la vessie, à une distance considérable de l'orifice de l'urèthre.

En 1823, Howship (1) parle d'un état maladif de la membrane interne de la vessie, formant un pli transversal entre les orifices des uretères et s'étendant à l'urèthre. Il en résultait une valvule qui mettrait obstacle au cours de l'urine, surtout chez les calculeux. Le malade était jeune; et, sous ce rapport, Howship avait raison de dire que le fait *est rare et curieux;* car cet état pathologique se voit peu dans les premiers temps de la vie. Mais au contraire, il n'est pas rare chez le vieillard.

En 1834, Guthrie (2), qui connaissait parfaitement notre langue et qui ne pouvait ignorer les faits dont la chirurgie française s'était enrichie, puisqu'ils étaient publiés, dépassa de beaucoup ses prédécesseurs, spécialement pour ce qui regarde le traitement des barrières uréthro-vésicales. L'auteur admet plusieurs sortes de barrières, que j'avais déjà décrites, ce dont il ne parle pas. Les unes sont produites par la membrane muqueuse seule, que soulève, en manière de pli transversal, le tiraillement exercé par l'état maladif de la prostate. Dans d'autres, la membrane muqueuse est soulevée par la saillie mamelonnée, à laquelle donne lieu la tuméfaction du moyen lobe; et la barrière qui en résulte, outre cette membrane et le tissu hypertrophié de la glande, contient encore des tissus fibreux intermédiaires entre l'une et l'autre, tissus qui, alors, participent plus ou moins à la maladie. Enfin, dans une troisième espèce, que M. Guthrie nomme *épaississement chronique du col vésical*, la barrière est produite par une dégénérescence du tissu élastique sous-muqueux, sans nulle participation de la prostate. L'auteur cite des faits anato-

(1) *A practical treatise*, p. 126, 419, pl. II.
(2) *On the anatomy and diseases of the neck of the bladder.*

miques à l'appui de ses assertions, et il donne même une figure représentant un cas dans lequel avait lieu, suivant lui, la troisième des espèces de barrière qu'il admet. C'est lui du reste qui, le premier, a employé le nom de *barrière* pour désigner cette production morbide. Jusque-là on ne s'était servi que des termes de *pli*, *bride*, *repli*, *valvule* ou *projection valvulaire*.

En ce qui me concerne, je n'ai rien négligé de ce qui a trait à la pathologie des organes génito-urinaires. Les besoins incessants de la pratique me conduisaient tout naturellement, ainsi que je viens de le dire, à ce genre de recherches. En effet, les travaux d'anatomie normale et pathologique, entrepris spécialement en vue de la cystotomie, étaient insuffisants pour la manœuvre des instruments lithotriteurs. C'était pour moi une nécessité absolue d'acquérir, pour ce but spécial, une connaissance plus exacte des organes, à l'état sain et à l'état malade. Par rapport à la barrière uréthro-vésicale, dont personne en France n'aurait parlé, si l'on en croit nos modernes novateurs, mes écrits attestent qu'elle ne m'était pas inconnue. J'indiquerai brièvement, dans l'ordre chronologique, les observations que la pratique m'a fournies sur ce point; et je citerai textuellement, afin d'éviter les commentaires inexacts auxquels on se laisse aller avec trop de facilité.

En 1823, je présentai (1) une nouvelle théorie de l'excrétion de l'urine, fondée sur la disposition des couches musculeuses du col et du corps de la vessie. En 1837 et 1842, j'ai reproduit (2) la même théorie, avec de nouveaux développements sur la structure des parties. Je me bornais toutefois à indiquer les points principaux, tels que les divers plans musculeux, qui entrent dans la composition des parois vésicales, leur longueur, leur direction, les particularités qu'elles présentent, suivant qu'on les examine à l'intérieur ou à l'extérieur du viscère, sur l'une et l'autre face. J'appelais spécialement l'attention sur les orifices des uretères et de l'urèthre, le *trigone vésical* et ce qui constitue le *sphincter*, enfin sur les déviations et les courbures anormales que l'état maladif imprime à la partie de l'urèthre embrassée par la

(1) *Nouvelles considérations sur la rétention d'urine.*
(2) *Traité pratique*, t. Ier, première et deuxième éditions.

prostate. J'ai fait connaître aussi la manière dont j'avais procédé, et les circonstances dans lesquelles je m'étais placé pour étudier ces divers objets, afin qu'on pût vérifier ce que j'avais vu et l'exactitude des dessins que j'avais donnés.

Dès le début de ma pratique, en 1822, je rencontrai des malades chez lesquels le passage des instruments droits, au col de la vessie, était difficile ou même impossible. En 1823, j'indiquai (1) le procédé, à l'aide duquel on parvient à faire passer la sonde par-dessus *le moyen lobe* et *le repli membraneux* du col vésical. C'est par la lecture des ouvrages de Home, de J.-L. Petit, et par mes propres recherches, que j'avais été conduit à étudier ces dispositions morbides.

Dans le *Traité de la lithotritie,* publié en 1827, j'ai précisé davantage ce que j'avais indiqué en 1823, au sujet des lésions de la prostate, de la crête uréthrale et du repli formant barrière à l'orifice interne de l'urèthre. « Dans quelques cas plus rares, » est-il dit (2), un rebord membraneux s'étend d'un lobe latéral » de la prostate à l'autre, et forme une espèce de bride. » Et en décrivant le cathétérisme au moyen des sondes droites, j'ai dit : « S'il y a lieu de croire que les difficultés sont pro- » duites par un engorgement partiel de la prostate, il convient » de n'abaisser davantage la main (afin de relever l'extrémité » oculaire de la sonde) que lorsque celle-ci est arrivée au » milieu de la portion prostatique. Il en est de même lorsque » l'extrémité de la sonde se fourvoie dans les cavités qui se trou- » vent sur les côtés de la crête uréthrale, ou quand l'obstacle est » *formé par une espèce de bride qui s'étend d'un lobe de la prostate* » *à l'autre.* » Pour ces cas, je me servais : 1° de sondes que j'avais décrites en 1823, et dont l'extrémité oculaire présente une légère courbure depuis 13^{mm},5 *jusqu'à* 44 millim. *de longueur;* 2° d'instruments lithotriteurs, ayant à leur extrémité *une courbure brusque*

(1) Ouvr. cité, p. 79 et suiv.

(2) Pages 50 et 55 je disais : « Lorsque le moyen lobe de la prostate a acquis un certain volume, il soulève la membrane du col de la vessie qui le » recouvre et se porte de chaque côté sur les lobes latéraux. Cette membrane » ainsi tiraillée, forme une espèce de repli qui s'étend d'un côté à l'autre, et » qui est d'autant plus grand que l'engorgement est plus considérable.

» Toutes les fois que le malade fait des efforts pour uriner, ce repli mem- » braneux vient, à l'instar d'une valvule, s'appliquer contre la paroi supé- » rieure du col de la vessie qu'il tend à oblitérer. »

et très courte, qu'on voit représentés par les figures jointes à cet ouvrage. Dans le même traité, et aussi dans ma deuxième *Lettre sur la lithotritie*, publiée en 1828, j'ai donné les détails de plusieurs faits qui prouvent que, à cette époque, j'avais distingué l'obstacle dont il vient d'être question, d'un autre situé plus en arrière, qu'on rencontre après avoir franchi le col vésical, et qui est produit par des tumeurs fongueuses ou prostatiques, quelquefois assez développées pour faire renoncer à la lithotritie.

Naturellement, je devais me borner alors à indiquer les changements de direction, que les diverses maladies de la prostate et du col vésical impriment à l'orifice interne de l'urèthre. Mais je distinguais celles de ces déviations, brusques et à pic, pour ainsi dire, qu'on rencontre derrière le *verumontanum*, de celles qui existent plus en arrière et qui sont plus inclinées, plus douces, et plus faciles à franchir.

Il eût été au moins inopportun, quand la lithotritie m'occupait spécialement, de me livrer à de longues digressions sur les barrières uréthro-vésicales. Mais on comprendra que, les ayant signalées en 1823 et en 1827, en ayant même distingué les espèces, je n'ai pas manqué de les étudier avec soin, et de les envisager sous d'autres points de vue que celui de l'intérêt qu'elles présentent, relativement au cathétérisme et à l'application de la nouvelle méthode de traiter les calculeux.

Plus tard, en 1837, dans le premier volume de mon *Traité pratique*, la question exigeant des détails plus précis, je m'exprimai de la manière suivante (1) : « Indépendamment de la déviation de l'urèthre qui résulte de l'engorgement du corps de » la prostate, il en est une autre espèce, produite par *un soulèvement transversal* de la partie inférieure *du cercle fibreux constituant le col de la vessie, et en particulier par le repli également* » *transversal* de la membrane muqueuse qui *recouvre la partie* » *soulevée et forme un rebord ligamenteux ou membraneux* étendu » du lobe moyen à chacun des lobes latéraux ou quelquefois » d'un lobe latéral à celui du côté opposé. C'est dans ce cas surtout qu'une sonde mal dirigée peut produire de graves désordres ; un instrument droit principalement froisse et déchire

(1) Ouvr. cité, p. 29.

» l'espèce d'éperon, si l'on n'abaisse point assez la main et qu'on » use de force. Beaucoup d'accidents, quelquefois très graves, » survenus à la suite de l'application de la lithotritie, ne re- » connaissent pas d'autre cause que l'érosion de cette bride » membraneuse. »

J'ai cité, entre autres faits, un cas remarquable de rétention d'urine, terminé par la mort, et où l'on découvrit, à l'autopsie, que l'obstacle au passage de la sonde était produit par « un » repli transversal qu'on incisa du bord libre vers sa base, en » prolongeant l'incision de manière à diviser une partie de la » prostate. Tout le corps de cette glande était tuméfié et fort » dur. La crête uréthrale était affaissée, mais sans lésion mani- » feste. Ainsi, ajoutais-je plus loin, la lésion la plus remarquable » existait à l'orifice interne de l'urèthre. Elle consistait en fongo- » sités, en végétations et en un repli transversal que j'ai rencontré » fort souvent, mais jamais aussi prononcé (1). »

J'ajoutais encore : « Il serait impossible de rendre par des me- » sures précises l'étendue de la déviation que l'urèthre peut » éprouver dans ces cas. Elle varie depuis un millimètre environ » jusqu'à près de 3 centimètres. Lisfranc l'a trouvée de 11 à » 15 millimètres chez quatre sujets. Dans un des cas dont j'ai » donné les détails ci-dessus, la déviation était de 13 millimètres. » J'ai vu deux autres cas extrêmes de ce genre. On ne pouvait » pravenir dans la vessie qu'au moyen d'une *sonde recourbée for-* » *tement et d'une manière brusque à son extrémité* (2), dont Tolet » a donné la figure que je reproduirai plus loin. »

Dans le *Traité de l'affection calculeuse*, qui parut en 1838, on trouve aussi plusieurs exemples des diverses espèces de valvules (3).

(1) *Loco citato*, pages 31.

(2) *Ibid.*, p. 32.

(3) Dans un cas de vessie à colonnes et à cellules, dont je faisais connaître la structure, je dis (*Traité de l'affect. calc.*, p. 257) : « La partie inférieure de » l'*orifice* vésical de l'urèthre présentait une saillie transversale formée par » une de ces productions morbides dont j'aurai occasion de parler. »

P. 304, après avoir rapporté le cas de Howship, qu'à tort on m'accuse de n'avoir pas cité, je dis : « Ces replis transversaux dans le voisinage du col » vésical ne sont pas rares, non-seulement chez les calculeux, mais aussi dans » d'autres états morbides de la vessie, notamment lorsque la prostate est en- » gorgée. Il y a déjà plusieurs années que j'en ai fait connaître quelques » exemples ; je crois devoir encore revenir sur ce point.

» On trouve près du col de la vessie deux sortes de plis transversaux qui

J'avais ici un double motif de les étudier. Car si elles exercent une influence non contestée sur les manœuvres de la lithotritie

» opposent des difficultés à la sortie de l'urine, ainsi qu'à l'introduction des » instruments, et qu'il importe d'autant plus de connaître qu'ils peuvent don- » ner lieu à des méprises et à des accidents. »

Après avoir indiqué le rebord qu'on remarque souvent à la partie postérieure du *trigone*, et qu'il ne faut pas confondre avec la valvule du col vésical, j'ajoute (p. 305), que cette dernière est plus commune et plus importante : « Il est situé, ce repli, au niveau du col vésical dont il fait pour ainsi » dire partie ; il s'étend d'un lobe latéral de la prostate à celui du côté opposé. » Sa hauteur, son épaisseur et sa dureté varient, et changent la direction du » canal dans la même proportion. J'ai vu des cas dans lesquels la hauteur *de* » *cet éperon était de 20 millimètres*. Son épaisseur est en général peu considé- » rable, bien entendu qu'on ne le confondra pas avec deux autres états dont » j'aurai occasion de parler, les fongus et les engorgements du moyen lobe » de la prostate. La saillie que ceux-ci forment, chez certains calculeux spé- » cialement, est *quelquefois aplatie d'avant en arrière au point de ressembler* » *presque* au repli dont il s'agit ici, et qui est essentiellement membra- » neux. »

J'ai fait connaître divers cas dans lesquels ce repli a été traversé par la sonde, et indiqué en même temps les précautions qu'il faut prendre en opérant par la lithotritie, afin d'éviter les érosions ou les déchirures de cette *espèce de valvule*.

P. 327 et suivantes, je donne les détails d'un cas très intéressant, observé par moi en septembre 1837, et dans lequel je signale une particularité très curieuse de cette valvule.

« A la partie inférieure du col vésical, existait un fongus pédiculé, mais » dont l'extrémité libre, de forme triangulaire et à bords frangés, formait *une* » *cloison aplatie d'avant en arrière, et s'étendait d'un lobe latéral à celui du* » *côté opposé*.

» Lorsque la pierre ou tout autre corps s'appliquait contre la face posté- » rieure de cette cloison, l'*orifice vésical de l'urèthre était complétement obli-* » *téré, à tel point, qu'après avoir enlevé le calcul, cette espèce de soupape,* » *appliquée contre l'orifice interne de l'urèthre, ne permettait pas de distinguer* » *celui-ci, bien qu'il fût assez grand pour permettre l'introduction du doigt.* »

P. 332 et suivantes, je reviens sur une espèce de tumeur aplatie que forme quelquefois le moyen lobe engorgé. « Deux fois, j'ai observé une espèce de » bourrelet aplati et pour ainsi dire frangé, à la partie inférieure de l'orifice » interne de l'urèthre, qu'il ne faut pas confondre avec les replis membraneux » dont j'ai fait mention en décrivant les lésions de la vessie. Ici, ce n'est pas » seulement la membrane muqueuse qui se trouve soulevée et qui forme une » sorte d'éperon : ce repli est plus épais et constitué par un tissu *analogue à* » *celui de la tumeur prostatique*, mais *aplati d'avant en arrière*; la mem- » brane muqueuse qui le recouvre est plus rouge, plus vasculaire, elle prend » quelquefois une teinte violacée. »

P. 455, à la suite de détails intéressants sur un calculeux qui avait laissé prendre à la maladie un développement tel que toute opération était contre-indiquée, je fis connaître le résultat de l'autopsie. « la prostate était dure et » tuméfiée; son moyen lobe *faisait une saillie transversale qui unissait les* » *deux lobes latéraux de manière à former un bourrelet*. »

et sur le cathétérisme, il est évident aussi qu'elles réagissent sur la marche et les symptômes de la maladie

Ainsi, à partir de 1823, les *valvules* ou *barrières uréthro-vésicales* ont fixé mon attention, et j'en ai décrit plusieurs variétés, à savoir : les valvules membraneuses, remarquables par leur peu d'épaisseur et leur bord tranchant ; les valvules prostatiques, étudiées sous leurs formes diverses ; enfin les valvules que j'ai désignées sous les noms de *fibreuses*, *ligamenteuses*, et auxquelles on a donné plus tard le nom de *musculeuses*.

J'ai signalé la direction oblique qu'elles présentent dans quelques circoustances rares, et la direction transversale qui est la plus commune ; et je n'ai pas omis de faire remarquer qu'elles s'étendent tantôt d'un lobe latéral de la prostate à celui du côté opposé, et quelquefois de l'un des lobes latéraux au lobe moyen.

J'ai indiqué l'épaisseur, la consistance, la hauteur de ces valvules, et en même temps le degré de déviation qu'elles apportent à l'orifice interne de l'urèthre.

J'ai donné les détails des faits les plus importants qui se sont présentés à moi, et des autopsies que j'ai faites.

J'ai spécialement appelé l'attention sur deux de ces cas relatés, l'un page 32 du *Traité pratique* et l'autre page 327 du *Traité de l'affection calculeuse*, dans lesquels la barrière m'a paru formée en même temps par un repli membraneux et par une substance de nature fongueuse, ce qui établissait une autre espèce de valvule. Dans l'un de ces cas, la soupape était assez large pour oblitérer l'orifice uréthral.

Mais je ne me suis pas borné à décrire ces états morbides. J'ai recherché les moyens de les reconnaître sur le vivant. J'ai spécifié la courbure des sondes dont il convient alors de se servir, et les modifications qu'il faut apporter soit au cathétérisme, soit à l'application de la lithotritie, afin de ne pas être arrêté par ces productions anormales. Enfin, j'ai noté les désordres qui étaient survenus pour n'avoir pas suivi ces préceptes, fondés sur une rigoureuse observation.

Faut-il ajouter que je n'ai pas confondu les *barrières uréthro-vésicales*, soit avec un rebord épais et saillant qu'on rencontre quelquefois au niveau de l'insertion des uretères, et qui sépare le *trigone* du bas-fond de la vessie, soit avec une espèce de soulèvement de tout le trigone, formant une tumeur triangulaire, circonstance assez rare, mais connue depuis longtemps, car elle a été remarquée par Lieutaud.

Qu'on le remarque bien, je signalais en France, en 1823, comme un *obstacle fréquent* à l'introduction des instruments dans la vessie, ce qui avait déjà frappé Deschamps et d'autres chirurgiens français, ce que Howship indiquait en même temps en Angleterre, comme *un fait rare et curieux*. Enfin, ce que dix ans plus tard, M. Guthrie décrivait sous le titre de *barrière*, je l'avais fait connaître, même à différentes reprises, sous les noms déjà usités de *plis*, *brides*, *replis*, *valvules*. Les citations qu'on vient de lire ne laissent aucun doute à cet égard.

Je me plais à rappeler cette circonstance, que paraissent avoir méconnue plusieurs de mes compatriotes, dans des écrits récents (1). Car je ne suppose pas qu'il soit entré dans leur esprit de vouloir sciemment, et à l'exemple de ce qui a été fait sur d'autres questions, rapporter à l'Angleterre des découvertes scientifiques que la chirurgie française a le droit de revendiquer (2).

(1) M. Robert, qui est toujours en première ligne quand il s'agit d'amoindrir mes travaux, s'exprime ainsi dans le rapport déjà cité, et qui contient tant d'erreurs :

« En 1826 et en 1828, M. Civiale a dit *qu'il pouvait exister*, au col de la vessie, un rebord membraneux, étendu d'un lobe latéral de la prostate à l'autre; mais il ne donne aucun détail sur la structure de ce repli, *qu'il parait attribuer*, comme E. Home, au soulèvement de la membrane muqueuse. » Et (*Bulletin de l'Acad. de médecine*, t. XVII, p. 1104) : « En 1837, M. Civiale a parlé de nouveau de ce repli mais sans rien ajouter à ce qu'a dit M. Guthrie. » Or mon ouvrage est antérieur de onze ans à celui du chirurgien anglais.

Ces appréciations, superficielles et tranchantes, ne peuvent s'expliquer que par la précipitation de la lecture de mes ouvrages, et les préoccupations de la cause. Le rapport n'ayant pas été discuté, il a été impossible d'en faire justice immédiatement.

(2) J'ai démontré dans mon *Mémoire sur l'uréthrotomie*, et dans le premier volume de ce *Traité*, que les chirurgiens anglais tiennent généralement peu compte de ce qui se fait hors de leur pays, et qu'ils présentent comme nouveaux des faits connus ailleurs et parfaitement appréciés.

Guthrie, en écrivant sur les valvules du col de la vessie, s'est abstenu de mentionner les ouvrages français que je viens d'indiquer, et dans lesquels les barrières uréthro-vésicales avaient été décrites longtemps avant qu'il publiât son livre. Il peut convenir à cet auteur et autres de prendre le détroit pour limites de leur érudition; mais nos chirurgiens, qui s'inspirent avec tant de

Je dois ajouter aux détails qui précèdent, que quoique je me sois borné d'abord à jeter çà et là, dans des ouvrages divers, à mesure que la nécessité des sujets que je traitais l'exigeait, des descriptions isolées des altérations du col vésical qui m'avaient frappé, je n'en ai pas moins fait connaître ainsi, par anticipation, les matériaux qui m'ont servi en 1840 à composer l'ouvrage que je reproduis aujourd'hui. Si l'on veut bien se rappeler, qu'en indiquant ces faits, j'ai formellement et itérativement exprimé (1) la réserve *de traiter plus loin, avec tous les développements qu'elle comporte, entre autres questions, celle des barrières uréthro-vésicales*, on comprendra difficilement les réclamations que quelques personnes s'obstinent à élever sur ce sujet.

Les faits qui viennent d'être rappelés prouvent donc :

1° Que la connaissance des valvules purement membraneuses du col de la vessie remonte au moins à Lieutaud, et surtout à Deschamps;

2° Que les valvules prostatiques elles-mêmes sont indiquées, sous des noms divers, par Saviard, Bonet et Morgagni ; que les diverses collections anatomiques en renferment une foule d'exemples, et qu'elles sont mentionnées dans d'autres ouvrages, spécialement dans ceux de Home, de Bell, de Guthrie et les miens, où elles sont décrites avec soin;

3° Que les valvules, dites musculaires, ont été formellement indiquées par Ch. Bell, qui ne les appelle pas musculaires, mais qui les signale comme contenant, dit-il, les muscles des uretères; c'est-à-dire, celles des fibres longitudinales qui, ayant pris naissance au-desssus du *verumontanum*, vont s'épanouir à la partie inférieure de la paroi postérieure de la vessie, et gagnent, pour la plupart, les orifices des uretères, disposition fort bien indiquée déjà par Lieutaud. Du reste, Ch. Bell. ne s'explique pas sur le rôle que ces fibres pourraient jouer dans la production de la valvule; mais il est clair qu'elles en étaient pour lui la

prédilection des ouvrages publiés dans le Royaume-Uni, et qui paraissent ignorer les habitudes anglaises, ne s'aperçoivent pas, qu en ne reproduisant que ce qu'ils y trouvent, sans s'occuper de ce qui s'est fait chez nous, ils propagent des erreurs historiques tendant à priver notre chirurgie de ses titres les mieux établis

(1) *Traité pratique*, t. I, p. 32 et 124; *Traité de l'affection calculeuse*, p. 306 et 336.

cause, puisqu'il dit positivement qu'on doit conclure de leur présence, que la barrière n'est pas produite par le développement du moyen lobe de la prostate.

Quant à Guthrie, il ne les croit pas sans influence. Mais il attribue une plus grande part d'action à ce qu'il appelle la *structure élastique* du col de la vessie, sans d'ailleurs s'exprimer, à cet égard, d'une manière assez précise pour qu'on puisse saisir sa pensée, si même elle était bien nette dans son propre esprit.

La nature de cet ouvrage, essentiellement pratique, ne me paraît pas comporter, dans ces considérations rétrospectives, de plus longs développements. Je crois en avoir dit assez pour établir, en ce qui concerne les affections qui en font l'objet, l'état réel de la science, et pour faire apprécier à tout lecteur éclairé et impartial, la valeur des prétentions exagérées ou des réclamations dépourvues de tout fondement, élevées par quelques personnes. Qu'il me suffise de leur dire que celui qui se pose comme auteur, et s'attribue des découvertes déjà faites depuis longtemps, non-seulement devient injuste, mais compromet sa réputation d'instruction ou de bonne foi, et se fait tort à lui-même, sans porter atteinte aux droits de ceux qu'il s'efforce de dépouiller (1).

(1) On a demandé pourquoi j'avais tant différé de produire cette revue rétrospective; il y a pour cela une très bonne raison. Lorsque je publiai mes premières observations, et lorsque je fis paraître la première édition de cet ouvrage, aucun chirurgien n'avait encore formé, ou du moins réalisé le projet de dépouiller ouvertement les anciens et les modernes, en ayant successivement recours à l'interprétation, à la suppression des faits et à l'injure, afin de se faire une position, et de se créer un bagage scientifique Je n'avais donc qu'à ajouter mes observations à celles qui existaient déjà dans la science. Mais dès qu'on laissa paraître des vues par trop ambitieuses, c'était pour moi un devoir, non de repousser une à une les attaques dirigées contre ma personne, mais de mettre en lumière des faits qu'on tenait sous le boisseau. J'ai donc suivi, pour les lésions du col vésical, la marche qui m'avait si bien réussi pour la lithotritie et pour les différentes espèces d'uréthrotomie.

Ces récapitulations, tout incomplètes qu'elles sont, suffiront aux hommes non prévenus, pour apprécier, d'après la vérité historique impartialement rétablie, les prétentions exorbitantes de quelques chirurgiens, à des découvertes, à des innovations dont ils sont parfaitement innocents.

Malgré toute l'attention que je me suis imposée de rester dans les limites de l'exposition rigoureuse des faits, il paraît que je n'ai pu éviter, en esquissant ces aperçus, dans la deuxième édition de cet ouvrage, de blesser la susceptibilité d'un de nos chirurgiens urologues, exaspéré d'être réduit à descendre des échafaudages qu'il s'était complaisamment construits. De là un

Ces faits étant établis, je passe à l'étude des états morbides auxquels ils se rapportent.

CHAPITRE II.

DES VALVULES OU BARRIÈRES URÉTHRO-VÉSICALES.

On désigne aujourd'hui sous les noms de *brides*, *valvules*, *barrières uréthro-vésicales*, des productions pathologiques, tellement liées aux lésions de la prostate, dont elles paraissent ordinairement la conséquence, lorsque le tissu même de la glande ne les forme pas exclusivement, qu'il m'a semblé rationnel de rattacher ces valvules aux maladies prostatiques (1).

ART. Ier. — DESCRIPTION DE LA MALADIE.

Les observations que j'ai présentées dans le chapitre précédent constatent que, dans plusieurs circonstances, on découvre, à l'en-

redoublement d'aménités, à l'usage de ces hommes que tourmente le besoin de dénigrer ce que font leurs confrères et de répandre à pleines mains l'injure, la calomnie et la diffamation sur tout ce qui contrarie leur amour-propre ou leurs intérêts.

(1) C'est une remarque fort ancienne, mais que paraissent oublier la plupart de ceux qui se livrent à l'étude spéciale d'un ordre de maladies : ils croient rencontrer partout la même affection, et ne voient pour ainsi dire qu'elle. A entendre quelques chirurgiens, on rencontrerait chez tous les sujets des hypertrophies de la prostate, des barrières uréthro-vésicales, etc. ; et ce qui a lieu en France se voit ailleurs. « Il y a des maladies à la mode, dit S. B. Brodie (qui s'élève avec force contre cette habitude), ou, pour parler plus convenablement, il existe une mode dans les opinions relatives à la fréquence de certaines maladies. » L'auteur cite à ce sujet, les rétrécissements de l'urèthre qui devinrent à la mode, à Londres, et il ajoute : « Le nombre des personnes qui, à cette époque, furent supposées en être atteintes, et qui en réalité n'en avaient pas, plusieurs même n'ayant à se plaindre d'aucune autre maladie, fut aussi grand que celui des jeunes femmes qui, à une époque encore plus rapprochée de la nôtre, ont été victimes d'une autre erreur, aussi pernicieuse, qui faisait qu'on les attachait, pendant des années entières, sur un sofa, attribuant à une maladie de l'épine ou de la hanche, ce qui, en réalité, n'était dû qu'à des douleurs hystériques, ou à des spasmes que l'air et l'exercice ont dissipés, et que la réclusion, les soins et les secours de la médecine et de la chirurgie ne faisaient

trée de la vessie, spécialement à la partie inférieure de l'orifice interne de l'urèthre, à peu de distance du *verumontanum*, une sorte d'écluse, d'éperon ou de barrière, qui gêne la sortie de l'urine, occasionne des accidents graves, et met quelquefois obstacle à l'introduction des instruments.

Chez certains sujets, il n'y a qu'un simple repli membraneux, mince, lisse, presque diaphane, qui s'étend d'un lobe de la prostate à celui du côté opposé, et dont la tension est quelquefois assez forte pour ne pas permettre que les masses latérales de la glande s'écartent librement l'une de l'autre, lorsqu'on les tire en sens contraire.

Chez d'autres sujets, le bord libre du repli se montre sous la forme d'un cordon arrondi, qui paraît avoir, en se tendant, soulevé les membranes qui le recouvrent, et dont les deux feuillets accolés donnent naissance à la soupape ou valvule. Ici, la barrière est plus épaisse, et l'on découvre, entre ses deux couches membraneuses, un tissu dense et résistant, analogue à celui du sphincter vésical, que les uns considèrent comme scléreux, et les autres comme musculeux.

Ailleurs, enfin, le repli a plus d'épaisseur encore; mais en général son bord libre oppose moins de résistance, et n'offre de tension qu'autant qu'on écarte les lobes latéraux de la prostate. Parfois même il est frangé, festonné, ou présente des inégalités, des excroissances, des saillies, séparées par des espèces de sillons. Ici, évidemment, il s'agit, non pas d'une valvule membrano celluleuse, aponévrotique ou musculaire, mais d'une barrière constituée, soit par un mode spécial de tuméfaction du corps prostatique, qui produit une masse plate et non arrondie, soit par une véritable fongosité.

Cette troisième espèce de barrière n'est pas rare. J'en ai observé plusieurs exemples, offrant chacun des variétés de forme, de hauteur, de consistance, etc. Le bord libre présente surtout

qu'aggraver. » Qui ne se rappelle l'histoire du strabisme? Quoi qu'il en soit, il existe évidemment des barrières uréthro-vésicales, mais il est constaté qu'elles ne sont ni aussi communes ni au si graves qu'on le prétend Les anciens chirurgiens qui ne s'en étaient point aperçus, guérissaient la dysurie et la strangurie sans avoir égard à cette barrière, et sans recourir aux sondes coudées.

des différences notables, dont j'ai indiqué les principales dans le troisième volume de ce Traité, article *Fongus*.

Le malade Gobert, calculeux, que j'opérai par la lithotritie en 1828, et une seconde fois en 1832, succomba, en 1844, à une néphrite accompagnée de cystite; on trouva une barrière prostatique assez élevée pour rendre la miction difficile; je l'avais reconnue dix ans auparavant.

Le 27 janvier 1849, j'ai présenté aux chirurgiens qui suivent ma visite à l'hôpital Necker, deux exemples remarquables de cette lésion.

Dans l'un, il s'agissait d'une barrière aponévrotique ou musculeuse, très élevée, très résistante, surtout vers le bord libre, qui était arrondi sous forme de cordon. L'orifice interne de l'urèthre était brusquement dévié en haut de plus de trois centimètres.

La pièce provenait d'un calculeux qui était venu mourir à l'hôpital, peu de jours après son admission, et sans avoir été opéré. En sondant le malade, j'avais reconnu l'existence de la barrière; mais je fus étonné, à l'autopsie, de n'avoir pas rencontré plus de difficultés à pénétrer dans la vessie, tant l'orifice était déjeté en haut.

Dans l'autre cas, il s'agissait d'une barrière prostatique, très élevée, et dont l'épaisseur allait en diminuant à mesure qu'on approchait de son bord libre, qui était relâché, inégal, festonné, avec de petites échancrures. Au lieu d'être à pic, du côté de l'urèthre, comme dans le cas précédent, la face antérieure de cette valvule formait une pente douce, de bas en haut et d'avant en arrière. Sa face postérieure était surtout remarquable; il y avait une véritable excavation produite par la cloison elle-même, qui n'était pas droite et verticale, comme cela a lieu ordinairement, mais dont le bord libre était incliné en arrière, au point qu'en appuyant dessus, il s'appliquait contre la surface plane du trigone. Cette valvule produisait derrière l'orifice interne de l'urèthre, à l'angle antérieur du trigone, un effet analogue à celui qui résulte d'une tumeur fongueuse ou prostatique, aplatie d'avant en arrière, faisant saillie sur le bord postérieur du trigone et recouvrant le bas-fond de la vessie, lorsque la sonde passe dessus et la refoule en bas et en arrière.

J'ai trouvé plusieurs de ces brides réunies ensemble chez un même sujet. Je rapporterai les deux cas suivants. On lit dans le troisième volume de cet ouvrage, la relation d'un cas compliqué de pierre, de fongus, de tuméfaction prostatique, et dans lequel on trouva, « à la partie postérieure du col vésical, la » membrane muqueuse plus vasculeuse et plus lâche que je » ne l'avais encore vue. Elle formait une sorte de repli trans- » versal, flottant et assez saillant dans la vessie. » A la face inférieure de l'orifice vésical de l'urèthre, une autre valvule, un peu plus épaisse, s'étendait d'un lobe latéral de la prostate au lobe opposé.

Un calculeux éprouvait depuis six années des souffrances atroces, mais qui n'étaient pas continues. Vaincu enfin par la douleur, il prit le parti de se soumettre à la lithotritie, et vint à Paris. Le moment opportun était passé. Les fatigues du voyage avaient tellement exaspéré l'état, déjà fort grave, de ce malade, qu'on ne put rien tenter; l'urine était purulente, la fièvre intense, et le dépérissement rapide; la mort eut lieu. J'avais été frappé de la longue durée des douleurs, à chaque besoin d'uriner, et de la lenteur avec laquelle s'écoulaient seulement quelques gouttes de liquide. A l'ouverture du corps, on trouva la vessie remplie par un calcul énorme, et présentant les traces d'une vive inflammation. A la partie inférieure de son col, existait un fongus pédiculé, triangulaire, frangé sur les bords, aplati d'arrière en avant, et qui, comprimé par la pierre, s'appliquait contre l'orifice vésical, qu'il obturait. Deux replis membraneux, qui l'unissaient aux lobes latéraux de la prostate, faisaient une légère saillie. L'aplatissement de la fongosité était si prononcé qu'en posant le doigt sur la face interne de la vessie, ouverte par son côté supérieur, on ne sentait pas l'orifice de l'urèthre, qui se trouvait entièrement couvert. Les uretères étaient dilatés, et il y avait un vaste abcès dans la fosse iliaque droite.

J'ai relaté, dans le tome Ier de cet ouvrage, un cas dans lequel on découvrait, à l'orifice interne de l'urèthre, et sans qu'il y eût engorgement appréciable de la prostate, un bandeau circulaire très saillant qui le fermait.

Un cas analogue se trouve dans la *Musée anatomique* de l'hôpital Saint-Georges.

Ces diverses sortes de brides ont entre elles beaucoup de rapports, relativement à l'obstacle qu'elles opposent à l'excrétion de l'urine et à l'introduction des instruments. On peut donc les grouper ensemble, sous le point de vue pratique.

L'élévation de la barrière, et par suite le degré de déviation qu'en reçoit l'urèthre, à son orifice interne, varient beaucoup. Je l'ai trouvée haute d'à peu près trois centimètres chez plusieurs sujets; mais ordinairement elle fait moins de saillie : dans quelques cas même, par suite du relâchement des tissus, elle ne produit une véritable cloison que quand on écarte l'un de l'autre, les lobes latéraux de la prostate. Le repli membraneux qui la constitue peut être aperçu, à l'état rudimentaire, sur la plupart des cadavres de vieillards, pour peu que la glande soit engorgée; il suffit, après avoir incisé le col vésical et la partie membraneuse de l'urèthre, par leur face supérieure, de tirer les lèvres de la section en sens opposé, au niveau de l'orifice interne du canal, pour faire apparaître le repli. Mais, quand la production morbide a acquis un plus grand développement et qu'elle est plus tendue, elle fait saillie sans qu'on soit obligé d'exercer aucun tiraillement.

Vue du côté de l'urèthre, la barrière est généralement placée à peu de distance de la crête uréthrale, avec laquelle elle semble quelquefois se continuer. Cependant, elle en est souvent distincte, et peut même en être éloignée de quelques millimètres. Elle occupe, presque exclusivement, le rebord inférieur de l'orifice vésical de l'urèthre.

Dans beaucoup de cas, la face inférieure du canal, situé en avant, et le trigone, placé en arrière, sont sur le même plan, et la bride s'élève de la partie inférieure du col de la vessie, sans qu'on découvre aucune trace d'autre lésion. Ailleurs, la crête uréthrale envoie un prolongement linéaire, qui divise le plancher du canal en deux gouttières. Dans d'autres circonstances encore, l'angle antérieur du trigone est soulevé, surtout quand il y a hypertrophie du corps de la prostate, et la saillie formée par la bride se prolonge en arrière. En pareil cas, il se présente une particularité que le praticien doit connaître : la face de la valvule tournée vers l'urèthre est à pic, tandis que, du côté de la vessie, l'élévation s'abaisse par une gradation insensible.

Ici, comme dans les cas de tumeur prostatique, il n'est pas rare que la membrane muqueuse qui recouvre la bride soit de couleur violacée ; suivant quelques praticiens, elle est tantôt épaisse, blanchâtre, tantôt brune, molle, fongueuse, parcourue par des vaisseaux très dilatés, surtout en arrière, où ils sont tellement agglomérés qu'on les a pris pour des varices. On trouve cette disposition, spécialement, lorsqu'un état inflammatoire a existé pendant longtemps. Cette phlegmasie rend raison des désordres observés pendant la vie, des douleurs, parfois très vives, que le passage des sondes fait éprouver aux malades, et aussi de la quantité de sang rendu pendant et après l'opération. Est-ce à elle aussi qu'on doit rapporter la formation du repli lui-même? Tout porte à croire que, dans beaucoup de cas, la réponse doit être affirmative, en ce qui concerne les replis purement membraneux, puisqu'on en observe si souvent d'analogues, en avant et en arrière de la fosse naviculaire, où ils surviennent le plus communément sous l'influence d'une phlegmasie. Mais en est-il de même pour les cas où des fibres musculaires entrent dans la composition de la valvule? Ou bien faut-il admettre, comme on l'a prétendu, que l'état morbide débute par une contraction spasmodique du col vésical qui, à force de se reproduire, amène la contraction permanente du cordon musculeux, constituant la bride? Je laisse de côté ces questions, dont la solution exige de nouveaux faits bien observés, ajoutant seulement qu'il n'est pas plus facile de concevoir pourquoi certains fongus ou certains engorgements de la prostate présentent un aplatissement d'avant en arrière, d'où résulte une barrière analogue aux précédentes, du moins quant à ses effets. On a dit, il est vrai, que l'aplatissement de la tumeur tenait à la pression exercée par un calcul; mais la même disposition se voit aussi chez des sujets qui n'ont pas la pierre.

Dans les cas de tuméfaction prostatique ou de fongosité, ces barrières offrent beaucoup d'irrégularités et de grandes différences, eu égard surtout à leur épaisseur, à leur forme, et à leur direction.

Elles affectent, le plus communément, une direction transversale, et s'étendent d'un lobe latéral de la prostate à celui du côté opposé. C'est le cas le plus simple, le plus facile à reconnaître et à traiter. Si le moyen lobe est tuméfié, en même temps que les latéraux, et que les tumeurs soient circonscrites, isolées, le repli affecte une forme triangulaire plus ou moins régulière. Alors, aussi bien que dans certains fongus, siégeant au trigone vésical, il y a un double repli, s'étendant de chaque lobe latéral de la prostate à la tumeur du milieu. Ces valvules peuvent affecter également d'autres directions, en rapport avec le siége de la tuméfaction ; mais on ne les découvre qu'après la mort. J'ai décrit, dans mes publications précédentes, spécialement dans les *Traités de la lithotritie* et de *l'affection calculeuse*, une autre sorte de bride, située au rebord postérieur du trigone vésical, et s'étendant de l'orifice d'un uretère à celui de l'autre. Il résulte quelquefois de là une espèce de bande transversale, d'autant plus saillante, du moins en apparence, que le bas-fond de la vessie, qui vient immédiatement après, est plus déprimé, et commence d'une manière plus brusque. Quelquefois il se forme, derrière cette bande, soit des excavations, soit des cellules, qu'elle paraît recouvrir ; je reviendrai sur ces dispositions en traitant des cellules vésicales.

Afin de bien observer les particularités que peut présenter, dans ces cas, l'orifice interne de l'urèthre, il faut examiner cet orifice avant de pratiquer la section qui doit mettre à découvert les régions prostatique et membraneuse du canal. Vue du côté de la vessie, la bride forme, le plus communément, par son bord libre, une soupape semi-circulaire, régulièrement aplatie du côté de la poche urinaire, et cachant en partie ou en totalité l'orifice de l'urèthre. Souvent même cette ouverture ne conserve presque rien de sa forme normale. Sa situation est changée ; elle est portée en haut, vers le pubis, de toute la hauteur de la barrière. Chez quelques sujets, l'examen de la face antérieure de la vessie ne laisse apercevoir, je le répète, aucune trace de l'orifice uréthral, et le repli, qui le voile, peut exister alors même que la prostate, au lieu d'être augmentée de volume, offre au contraire une sorte d'atrophie. Dans un cas de ce genre, l'élève chargé de la préparation, ne put découvrir cet orifice qu'en introduisant une sonde par l'urèthre. Du côté de la vessie, le point correspondant, au lieu d'une saillie, avec des irrégularités, présentait un enfoncement arrondi, uniformément régulier.

En explorant la pièce détachée, on reconnaissait d'autant moins que c'était le col de la vessie, que la prostate, le trigone et les orifices des uretères ne formaient pas plus de relief que l'orifice de l'urèthre.

Art. II. — DIAGNOSTIC.

§ 1. Signes et symptômes rationnels.

On est porté à penser, d'après les vues de la théorie, que les barrières uréthro-vésicales doivent exercer une très grande influence, non-seulement sur l'expulsion de l'urine et sur le cathétérisme, mais encore sur le diagnostic et le traitement de plusieurs maladies de la vessie. Toutefois, la pratique ne confirme pas entièrement l'exactitude de ces vues ; il est difficile d'ailleurs de reconnaître, pendant la vie, la présence de ces barrières, et on les a presque toujours confondues avec d'autres lésions.

D'abord, si l'on n'interroge que les sensations du malade, elles n'offrent rien de particulier. Tantôt elles semblent se rapporter aux névralgies graves de la partie profonde de l'urèthre et du col vésical ; tantôt, au contraire, ce sont des phlegmasies, quelquefois aiguës, mais le plus souvent chroniques qu'elles paraissent accuser.

En égard aux effets mécaniques des barrières uréthro-vésicales, on a procédé comme cela se pratique ordinairement. Dès que l'attention a été fixée sur elles, tous les troubles, tous les désordres fonctionnels qui se sont manifestés, leur ont été rapportés, comme si le corps de la vessie et surtout son col ne pouvaient être le siége d'aucune autre maladie. Ainsi, c'est aux valvules qu'on a attribué spécialement les sensations de malaise, les douleurs au pubis, au périnée, aux aines, aux lombes, dans la direction des uretères ; l'accroissement de la prostate, *constatée par le toucher anal*, la rougeur du gland, le gonflement de ses lèvres, les élancements à l'extrémité de la verge, les écoulement uréthraux, les pertes séminales et tout le cortége des phénomènes morbides dont elles s'accompagnent.

Quant aux difficultés, à l'impossibilité d'uriner, à l'incontinence d'urine, on en a fait des *signes pathognomoniques*. Sir Brodie avait dit : Lorsqu'une simple hypertrophie de la prostate complique un ancien rétrécissement, il devient moins sujet au spasme, et sa dilatation et son traitement deviennent plus faciles, parce que la pression que l'urine exerce sur le point rétréci, lorsque le malade fait effort pour la rendre, est une source continuelle d'irritation, qui cesse dès qu'un nouvel obstacle, formé par la tumeur de la prostate, se développe entre la coarctation et la vessie.

Cette explication, que tous les praticiens n'adopteront sans doute pas sans réserve, a conduit un de nos compatriotes à dire : *Lorsqu'il existe des coarctations organiques de l'urèthre, ce n'est pas à ces coarctations, mais bien à la valvule du col vésical, qu'il faut attribuer les difficultés d'uriner et la rétention d'urine;* ajoutant *que la barrière uréthro-vésicale a pour but et pour effet de prévenir un afflux trop abondant d'urine et une distension trop grande du canal.* Je me bornerai à faire remarquer que ce chirurgien, qui voit partout et toujours des valvules auxquelles il rapporte presque tous les troubles fonctionnels de la vessie, croyait en avoir diagnostiqué une chez une femme; « Mais je n'ai rien trouvé, dit-il, dans l'urèthre, après la mort. » Ce qui ne l'empêcha pas de persister dans son système, disant : « Je crois qu'il y avait spasme du sphincter, et que ce spasme cessa à mesure que la vie s'éteignit. »

C'est sur des vues spéculatives bien plus que sur l'observation, qu'on paraît s'être appuyé fréquemment pour établir le diagnostic des barrière uréthro-vésicales, en leur attribuant les troubles fonctionnels de la vessie. Nous voyons en effet assez souvent des barrières très élevées, résistantes et épaisses, n'apporter aucun dérangement dans l'excrétion de l'urine, à tel point qu'on ne soupçonne même pas leur existence sur le vivant. En voyant les pièces après la mort, due à d'autres causes, on est tout étonné que la vessie ait pu se débarrasser de l'urine, par un conduit dont l'orifice est dévié, déformé et paraît même obstrué par une écluse. J'ai vu plusieurs de ces cas; d'autres en ont observé aussi, et les faits de ce genre seraient bien plus nombreux si, pour beaucoup de praticiens, l'absence de tout phénomène morbide n'était pas un motif suffisant de négliger les recherches nécroscopiques.

D'un autre côté, il n'est pas rare d'observer des troubles fonctionnels manifestes, constants, opiniâtres même, d'après lesquels on croit pouvoir diagnostiquer en toute confiance une valvule du col de la vessie; et cependant l'inspection cadavérique prouve qu'il n'en existe pas. Des faits pratiques, dont j'ai donné les détails, prouvent que des cliniciens, même habiles, n'ont pu éviter la méprise, bien qu'ils eussent fait une étude approfondie du sujet. Les opinions ne sont donc pas encore fixées, eu égard aux effets de cette lésion sur les fonctions de la vessie, spécialement sur l'excrétion de l'urine, et l'on ne saurait adopter sans réserve tout ce qu'on dit être la conséquence obligée et constante de sa présence.

§ 2. Explorations.

Si les sensations du malade, les signes dits rationnels sont insuffisants pour faire connaître, avec précision, les productions morbides formées au col de la vessie, l'art est heureusement en possession de moyens explorateurs propres à faire disparaître toute incertitude, au moins dans la majorité des cas. En raison de l'importance et de l'obscuritédu sujet, on me pardonnera les développements dans lesquels jecrois indispensable d'entrer. Je me suis occupé des sondes ou algalies dans plusieurs de mes ouvrages, notamment le *Traité de la lithotritie;* je les ai décrites dans le premier volume de ce traité, page 222 et suivantes. Je dois insister ici sur les dispositions de ces instruments, employés comme moyen d'explorer le col et le corps de la vessie.

I. *De la forme, du volume des sondes exploratrices, et de quelques autres moyens d'exploration.*

De tout temps, les chirurgiens ont varié, suivant le besoin, la courbure des sondes dont ils faisaient usage, et plusieurs d'entre eux ont recommandé spécialement les sondes appelées aujourd'hui à *petite courbure*, soit pour découvrir la pierre avec plus de facilité, soit pour triompher des obstacles qu'ils rencontraient au col de la vessie. Je citerai entre autres Tolet (1),

(1) *Lithot.*, p. 78-94, avec la figure ci-contre, p. 136.

Desault (1), Deschamps (2), J. L. Petit (3), Chopart (4), etc., qui ont parlé d'une manière très-explicite de ces dispositions. Il ne pouvait en être autrement, car il y a impossibilité, dans certains cas, de parvenir dans la vessie, ou de trouver la pierre au moyen de l'algalie et par le procédé qu'on emploie généralement. De là la nécessité de varier la courbure des instruments, et le mécanisme de leur introduction.

Mes travaux sur l'art de broyer la pierre me conduisirent tout naturellement, et de deux manières, à étudier la courbure qu'il convient de donner aux sondes employées dans les différents cas comme moyen d'exploration. Rappelons que les premiers instruments lithotriteurs étaient droits; pour les faire parvenir dans la vessie, il fallut adopter un mode spécial de cathétérisme, dit *rectiligne*, déjà connu, mais tombé en désuétude. Pour rendre ce cathétérisme usuel, il devint nécessaire de se livrer à des recherches anatomiques, à des études, à des expériences, dans le but 1° de déterminer les dispositions normales ou acquises des parties; 2° de faire connaître les exigences de la pratique nouvelle, tant dans les cas ordinaires, que dans la longue série des cas anormaux.

Déjà, en 1823, en décrivant le cathétérisme rectiligne, j'avais conseillé de courber les sondes, à leur extrémité oculaire, dans une étendue de 13 à 30 millimètres. J'avais remarqué, en effet, que cette courbure courte et brusque, permettait de suivre avec plus de facilité les déviations du canal qui s'opposaient au passage des sondes, soit à courbure ordinaire, soit entièrement droites, et j'ajoutais que les personnes peu habituées à se servir des sondes droites, trouveraient dans cette petite courbure un moyen de plus pour *traverser la portion prostatique du canal* (5).

En 1827, après avoir indiqué les barrières uréthro-vésicales, je donnai, planche 2 de mon ouvrage sur la lithotritie, les premières figures des instruments *bilabes ou tri-*

(1) *Journal de chirurgie, de Desault*, t. I, p. 154.
(2) *Traité de la taille*, t. I, p. 217-250.
(3) *Œuvres chirurgicales*, t. III, p. 74.
(4) *Maladies des voies urinaires*, t. II, p. 211.
(5) *Nouv. cons. sur la rétention d'urine*, p. 34.

labes, à petite courbure brusque, dont je me servais dans certains cas.

Plus tard, lorsque les faits pratiques, en se multipliant, eurent fixé mon opinion sur ce sujet, je la formulai ainsi : « Il convient » de donner une courbure à la sonde, mais une courbure » beaucoup plus courte, plus uniforme, et en même temps » plus prononcée que celle des sondes ordinaires, » surtout dans les cas de déviations anormales de la partie prostatique de l'urèthre (1).

Ce mode de courbure était connu aussi en Angleterre, car on le retrouve dans des instruments déjà anciens, et qui paraissent avoir servi de modèle au *percuteur* (2). C'est donc à tort qu'on l'a proposé dans ces derniers temps, sous des noms divers, comme une *invention toute récente* dont on s'est attribué le mérite (3).

(1) *Traité pratique sur les maladies des organes génito-urinaires*. 1837, t. I, p. 195.

(2) Voyez mon *Traité pratique et historique* de la lithotritie. Paris, 1847.

(3) Les sondes à petites courbure ont fourni à deux de nos chirurgiens l'occasion d'une polémique qui ne se fait remarquer ni par l'équité du fond, ni par l'urbanité des formes.

C'est à tort que mon nom a été mêlé à ces débats. Bien que j'aie été depuis longtemps en position d'étudier les sondes à petite courbure et de les appliquer peut-être plus souvent que tout autre, je n'ai élevé aucune prétention à leur sujet. Dès que je connus ce qu'avaient fait nos prédécesseurs, je me bornai à enregistrer les faits que la pratique m'a fournis depuis 1824. Les deux chirurgiens auxquels je fais allusion ont suivi une autre marche, et ils n'ont pas hésité à se proclamer les inventeurs des sondes à petite courbure; ils se seraient détrompés s'ils avaient jeté les yeux sur la figure ci-jointe que je prends dans l'ouvrage de Tolet (4e édition, p. 95, 1689), et qui représente les sondes à petite courbure dont ce chirurgien faisait usage dans des cas qu'il indique avec soin (pages 77 et suivantes). Tolet ne manque pas de faire observer que ces sondes sont fortement courbées, et que le bec, depuis le commencement de la courbure, ne doit pas être si long que dans celles qui servent à faire l'incision de la taille et qui sont cannelées. Il ajoute que les sondes à petite courbure tournent plus facilement dans une vessie à capacité réduite, et qu'on peut les porter à droite et à gauche, ce qu'il est impossible de faire avec les autres sondes, à raison de la longueur du bec.

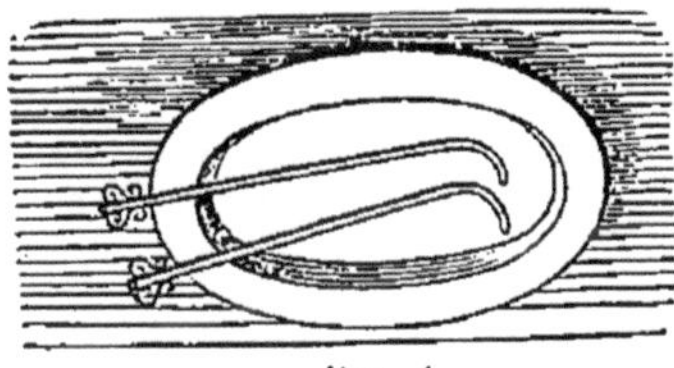

FIG. 1.

Puissent ces observations satisfaire le gracieux confrère qui m'adresse depuis bientôt quinze ans les aménités à son usage, pour n'avoir pas voulu reconnaître qu'il *avait inventé les sondes à petite courbure*.

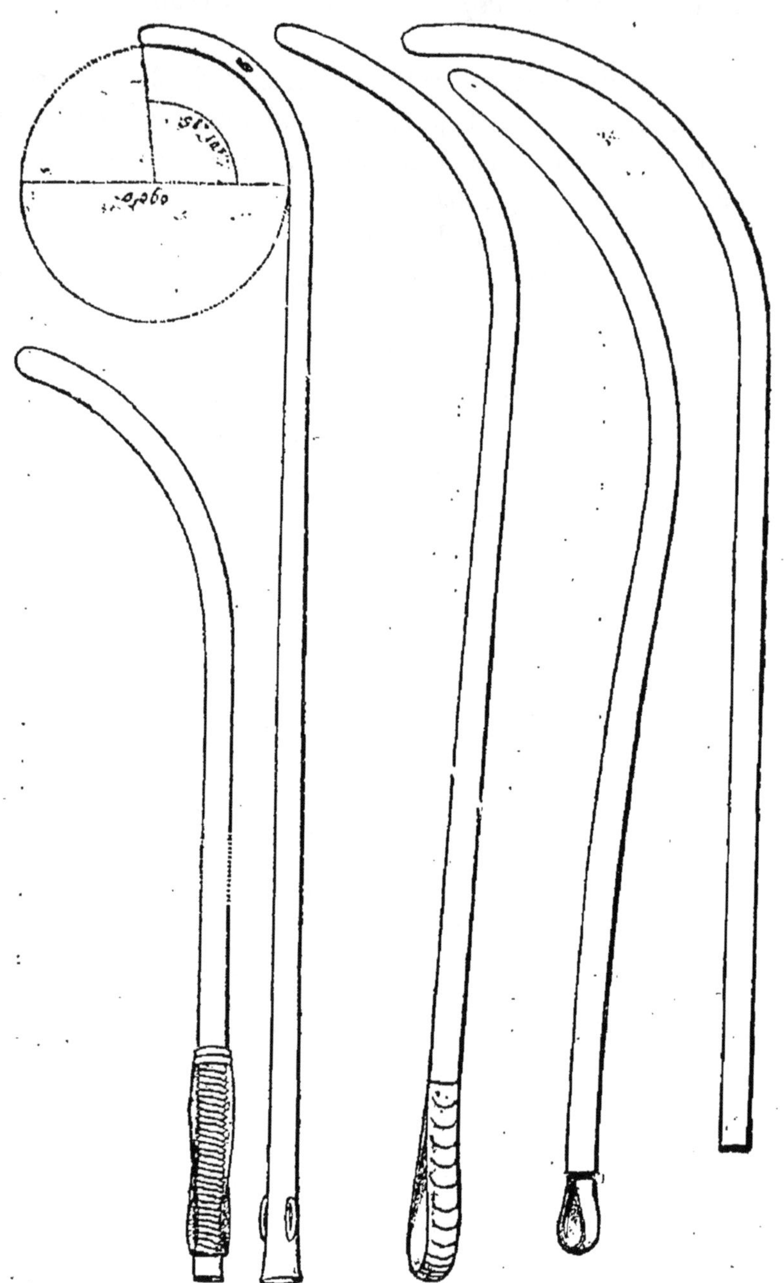

Fig. 2.

Ces figures représentent, près de la mienne, les sondse dont se servent S. Brodie, Cooper, Guthrie et Liston. Il serait inutile d'en donner un plus grand nombre.

Je ne m'arrêterai pas plus longtemps sur ces particularités qui n'offrent aujourd'hui que peu d'intérêt. Ce qu'il importe aux praticiens de connaître, c'est le degré de courbure qu'il convient de donner aux instruments dans les divers cas, la manière de les employer, et le résultat qu'on peut en attendre.

Faisons remarquer d'abord que les courbures des sondes varient singulièrement, et que, guidés par des habitudes manuelles plutôt que par un calcul raisonné, beaucoup de chirurgiens en ont adopté qui leur sont individuellement propres. Je citerai comme exemple celles dont on se sert en Angleterre, et dont M. Weiss m'a remis un dessin que je reproduis à côté de la figure qui représente ma sonde, et le cercle sur lequel elle doit s'appliquer pour que sa courbure soit régulière (fig. 2).

Ce n'est pas là une question indifférente ou d'un faible intérêt. Bien qu'on puisse exécuter l'opération avec des instruments défectueux, on reconnaîtra sans peine que les sondes droites ou à grande courbure, par exemple, ne pénètrent pas dans la vessie, en franchissant une barrière ou une prostate tuméfiée, sans tirailler douloureusement le ligament antérieur de la verge (1). On comprend encore que, sans compter les difficultés de faire pénétrer de pareils instruments, surtout à un premier cathétérisme, on ne parvient que rarement à éviter de froisser, de confondre, de déchirer même les tissus, ainsi que l'attestent les fausses routes, les érosions, etc.

Je dois faire, pour les algalies, et les sondes flexibles, dont je me sers dans les cas de tuméfaction prostatique et de lésions du col et du corps de la vessie, ce que j'ai fait pour la sonde à dard, c'est-à-dire déterminer rigoureusement la courbure dont l'expérience m'a confirmé les avantages. Rien de plus facile. L'instrument se compose de deux parties, l'une droite et l'autre courbe. La première aura une étendue de vingt-deux à vingt-quatre centimètres. Pour trouver la longueur et le degré de courbure de la sonde, il suffit de tracer sur le papier un cercle de 60 millimètres

(1) On ne tient pas assez généralement compte de ces tiraillements, nécessités par l'abaissement du pénis, pour l'introduction des instruments dans la vessie. Il y a plusieurs années que j'ai appelé l'attention sur ce fait, dont la pratique de la lithotritie m'avait dévoilé l'importance, et qui m'a suggéré le procédé que j'emploie avec succès dans les cas dont il s'agit.

de diamètre, aux trois onzièmes (1) de la circonférence duquel la partie concave de la sonde doit s'adapter exactement.

Cette mesure est plus sûre et plus facile à comprendre que les angles et les tangentes que j'avais employés en 1836 (2), et auxquels ont recours quelques modernes ; elle fournit à chacun le moyen de donner à la sonde la courbure convenue. Cette mesure, du reste, n'est qu'une moyenne : on peut employer des sondes à courbure plus longue ou plus courte, et plus ou moins prononcée, suivant les circonstances, et aussi les habitudes déjà prises par le chirurgien. Celle que je viens d'indiquer me paraît mériter la préférence, dans la généralité des cas.

Plusieurs chirurgiens ont pris pour modèle la courbure anguleuse du lithoclaste, donton se sert pour l'écrasement de la pierre. Mais le mode et le degré d'incurvation de cet instrument diffèrent de ceux des sondes ordinaires. L'incurvation y commence brusquement, et diminue ensuite d'une manière notable. Ce sont deux parties, l'une droite, l'autre presque droite, réunies par un angle arrondi. Dans plusieurs de ces sondes spéciales, la longueur de la partie coudée est réduite à 16 ou 17 millimètres, et la courbure est telle que l'extrémité qui lui succède, fait un angle presque droit avec la portion rectiligne, ce qui donne des instruments analogues, quant à la courbure, aux figures réduites des lithoclastes que j'ai représentés dans mon *Traité de la lithotritie*, p. 27, 30, 360, 366.

On attribue à ces sondes coudées des avantages qu'elles n'ont pas. S'il n'est pas contestable, en effet, qu'un chirurgien expérimenté puisse, avec leur secours, parvenir dans la vessie à travers les déviations et déformations de la partie prostatique de l'urèthre, ce n'est pas une raison pour vouloir placer cet instrument dans toutes les mains et s'en servir dans tous les cas. Il faut bien qu'on le sache d'ailleurs, ces sondes cheminent péniblement, dans toute la longueur du canal ; parfois la manœuvre est si difficile et si douloureuse, que les malades ne peuvent la supporter; plusieurs même ont éprouvé ensuite des accidents graves et même mortels. J'en ai vu un exemple remarquable, chez un de mes collègues de l'Institut, qui a succombé, un mois

(1) Voyez la figure 2 pag. 137.
(2) *Parallèle*, p. 197.

et demi après une de ces explorations, qui fut, me disait-il, excessivement douloureuse.

La théorie rend raison des accidents inhérents à ce mode vicieux de cathétérisme. Pour comprendre combien se sont mépris à son sujet quelques chirurgiens, il suffit de se rappeler, la direction du canal, et la disposition d'une sonde dont l'extrémité coudée à angle presque droit, chemine dans son intérieur. Quelle que soit la dextérité de l'opérateur, il ne saurait éviter les tiraillements, les froissements, les violences même que détermine cette algalie en parcourant toutes les parties de l'urèthre. Il ne faut donc y recourir que lorsque les explorations avec les sondes ordinaires en ont fait connaître la nécessité.

Une fois fixé sur le degré de courbure de la sonde, il devient facile de s'entendre au sujet d'autres dispositions, dont l'expérience a constaté l'utilité.

Lorsque l'obstacle existe au col de la vessie, on réussit généralement mieux, dit Desault (1), avec une grosse sonde qu'avec une petite. Je me plais à citer ce grand chirurgien, dont on connaît la prédilection pour les sondes coniques, afin de faire ressortir le contraste qui existe entre cette doctrine et des opinions modernes, exprimées avec trop de confiance, en faveur des sondes de ce genre, avec lesquelles on dit avoir obtenu de grands succès.

Le diamètre de mes sondes est de cinq millimètres, leur extrémité oculaire est très lisse et arrondie, leur longueur totale est de trente-trois centimètres. On a proposé de remplacer les anneaux par une plaque : les avantages attribués à cette substitution ne me paraissant pas démontrés, j'ai conservé les anneaux

On est revenu, de nos jours, sur une question dont s'étaient occupés Garengeot, J. L. Petit, Desault, etc., et l'on a proposé de nouveau de changer la disposition des yeux de la sonde ; mais on n'a rien ajouté à ce qu'on savait sur ce point. Ces yeux, quand on introduit l'instrument, et surtout lorsqu'on le retire, fatiguent parfois la partie tuméfiée de la prostate, surtout s'ils sont trop grands ou mal faits ; on dirait que la substance, ramollie de la glande malade, s'y engage dès qu'ils sont demeurés quelque temps

(1) *Journal de chirurgie*, t. II, p. 188.

en contact avec elle. Cette particularité, déjà signalée par nos devanciers, s'est présentée plus d'une fois dans ma pratique, et je n'ai pu douter de l'exactitude du fait, puisque les douleurs que les malades éprouvaient, au moment de retirer la sonde, la sensation d'arrachement dont plusieurs se plaignaient, et la résistance que la main tenant l'algalie appréciait nettement, rien de tout cela n'existait quand, au lieu d'une sonde, je me servais d'un instrument sans yeux, ou avec des yeux bien faits. C'est une épreuve que j'ai répétée souvent. Il faut donc employer des sondes dont les yeux soient très petits, placés à peu de distance l'un de l'autre, de forme légèrement ovale, à bords effacés, usés de dehors en dedans. Au moyen de ces dispositions, on se met à l'abri de tout inconvénient. On peut aussi placer dans la sonde, avant de l'introduire, une bougie en cire ou en gomme, qu'on enlève pour l'écoulement de l'urine, et qu'on replace pour retirer la sonde. Cette bougie, qui doit remplir exactement la cavité de la sonde, a aussi l'avantage d'empêcher que celle-ci soit obstruée par le sang ou les mucosités pendant l'introduction. J'ai eu aussi recours à des sondes sans yeux, à l'extrémité arrondie desquelles était pratiquée une ouverture fermée par un mandrin métallique; mais celui-ci est quelquefois difficile à retirer; on imprime alors à la sonde des secousses douloureuses pour le malade. Quelques personnes veulent que les sondes n'aient qu'un œil, et qu'il soit placé du côté de la convexité de la courbure; c'est une disposition dont on a peut-être exagéré les avantages, mais à laquelle aucun inconvénient ne saurait être attribué.

On a proposé des sondes en métal sonore et lourd, des sondes *à pavillon*, *à plaque*, *à robinet*, des sondes en *chapelet*, des sondes à *tuyau acoustique*, etc., dont on vante l'usage. Je dirai avec Desault que l'algalie ordinaire, en argent, est préférable.

Quant aux bougies métalliques, recommandées par Dupuytren et autres, comme moyen d'exploration, elles sont défectueuses, surtout en ce qu'elles ne permettent pas à la vessie de se vider, si elle est pleine, et d'y pratiquer des injections, si elle est vide. Or, tous les praticiens savent aujourd'hui combien il est utile de faire passer la vessie, pendant l'exploration, de l'état de vacuité à celui de plénitude, et *vice versâ*. On doit, excepter les cas auxquels j'ai fait allusion dans le premier volume de ce traité, et dans lesquels les grosses bougies sont employées utilement pour compléter la guérison des coarctations uréthrales.

Depuis longtemps on s'est attaché à perfectionner les sondes flexibles, destinées à vider la vessie dans les cas d'engorgement prostatique. Mais telle est la difficulté de faire changer ce que la routine a consacré, qu'on n'est parvenu que dans ces dernières années, à construire des sondes flexibles, courbes, sans mandrin, qu'on désigne sous le nom de *sondes à courbure fixe*, façonnées ensuite en sondes flexibles *crochues*, qui étaient recommandés déjà par Abernethy, mais qui n'ont pas eu le succès qu'on s'en promettait.

Un autre changement, présenté aussi à titre d'innovation et de perfectionnement, a fait quelque bruit; mais les *sondes à tête, à bouton*, aussi bien que les *bougies à extrémité olivaire*, étaient connues, je m'en suis occupé dans le volume précédent.

Quant aux avantages réels que présentent ces sondes et ces bougies à bouton, je n'ai pas à y revenir. Pour ce qui est de déterminer, par leur emploi, l'existence, l'élévation, l'épaisseur des barrières uréthro-vésicales, on peut y avoir recours; dans certains cas même elles fournissent des renseignements utiles, mais non pas des notions aussi précises que le prétendent des partisans trop exclusifs qui se sont fait illusion. Si l'on pouvait conserver quelques doutes à cet égard, on n'aurait qu'à citer la phrase suivante de l'un d'eux : « Moi, qui fais grand usage des » sondes exploratrices terminées par un renflement olivaire volu- » mineux, je puis assurer qu'il s'en faut de beaucoup que les » sensations soient aussi distinctes qu'on pourrait le croire. »

II. *Manière de procéder aux explorations.*

Une fois en possession d'instruments bien faits et remplissant toutes les conditions exigées, il faut procéder à l'exploration. Rappelons d'abord que les sondes à petite courbure, traversent la partie pénienne de l'urèthre et même la portion sous-pubienne avec moins de facilité et plus de douleur que les sondes à courbure ordinaire. J'ai vu des chirurgiens, même habiles dans le cathétérisme, obligés de renoncer aux premières et de revenir aux secondes.

Dès que la sonde est parvenue à la crête uréthrale, il est prescrit d'abaisser son extrémité annulaire, afin de relever le bec, et de le faire passer par-dessus la barrière uréthro-vésicale. Mais pour peu qu'on abaisse trop et trop tôt la main, la sonde butte contre le rebord supérieur de l'orifice uréthral et n'avance pas, où si elle pénètre dans la vessie, c'est par un mouvement saccadé, semblable à l'effet produit par une résistance subitement vaincue. J'ai vu plusieurs malades qu'on n'était point parvenu à sonder uniquement pour cette raison. J'aurais été arrêté de même, si l'expérience ne m'avait appris le moyen de tourner la difficulté, en relevant moins le bec de la sonde, et, dans quelques cas même, en appuyant sa partie coudée en bas, vers le rectum. Il arrive là ce qu'on observe très-fréquemment sous l'arcade pubienne, où l'instrument n'avance pas, parce que la main étant trop tôt ou trop fortement abaissée, le fait buter contre la face supérieure du canal. Il convient d'ailleurs de varier la manœuvre suivant la courbure de l'instrument dont on fait usage, et surtout d'après les états morbides du col vésical et de la partie profonde de l'urèthre. J'insiste sur ce point, dussent les détails dans lesquels je vais entrer paraître trop minutieux.

Pour arriver à une connaissance précise des dispositions morbides qui existent à l'orifice interne de l'urèthre, et qui font obstacle au passage de l'instrument explorateur, il y a trois points à examiner : 1° la face antérieure de l'obstacle, celle qui regarde l'urèthre; 2° son côté supérieur, ou le bord libre qui limite la saillie à l'orifice interne du canal ; 3° sa face postérieure, tournée du côté de la vessie.

Je procède de la manière suivante :

Supposons que, par un premier cathétérisme, j'aie découvert, au col de la vessie, un obstacle qui rend difficile le passage de la sonde; au lieu de recourir à la force, je retire l'instrument et j'ai recours à l'un des procédés suivants, et même, selon les circonstances, à chacun d'eux successivement.

1° Dans un canal non rétréci, et dont la sensibilité est émoussée par un traitement préalable, j'introduis une grosse bougie en étain, à grande courbure et à bout arrondi. A part des brides, des bandes fibreuses, des valvules, qu'elle fait reconnaître dans le trajet de l'urèthre, et qu'on n'avait pas soupçonnées jusque-là, cette bougie, arrivée à la partie prostatique, avertit qu'il existe là un obstacle contre lequel elle bute. En abaissant graduellement le pavillon de la bougie, et sans la pousser, on saisit le moment où son extrémité, de plus en plus relevée, passe par-dessus la barrière et pénètre dans la cavité vésicale. En retirant ensuite lentement la bougie, en relevant son pavillon, et en appuyant en bas, vers le rectum, l'extrémité qui a pénétré dans la vessie; on distingue très bien le moment où cette extrémité, cheminant d'arrière en avant, saute d'un lieu plus élevé à un autre qui l'est moins : c'est le contraire de ce qui s'est produit pendant l'introduction. Ainsi, arrêt à l'orifice interne de l'urèthre, mais pénétration de la bougie si l'on a soin de relever son extrémité en abaissant le pavillon. En la retirant, si l'on presse sur le col vésical, en relevant le pavillon de la bougie vers l'abdomen, on sent l'extrémité de cette bougie sauter du bord libre à la base de la barrière. Cette exploration répétée plusieurs fois, fournit des notions presque suffisantes pour faire reconnaître l'existence d'une barrière uréthro-vésicale.

Chez plusieurs malades, que j'avais traités pour des rétrécissements uréthraux, j'ai découvert, en procédant de la sorte, une valvule que je n'avais pas soupçonnée d'abord. C'est, en effet, à la fin du traitement des coarctations urèthrales que ces explorations sont pratiquées avec le plus d'avantage.

2° Je présente une sonde flexible à courbure fixe (1). Si une

(1) C'est avec l'extrémité oculaire de la sonde qu'on agit pour explorer la face antérieure ou uréthrale de l'obstacle. A ce procédé, unanimement usité, on propose d'en substituer un autre, qui consisterait à agir, non avec l'extrémité, mais bien avec le dos de la partie coudée de l'instrument. On introduit la sonde jusqu'à l'obstacle, contre lequel on appuie la convexité de la courbure, de manière à le refouler en arrière vers la vessie, et à éloigner de l'orifice interne de l'urèthre, le bord libre de la barrière, qui, dit-on, oblitère le canal à la façon des soupapes. La théorie écarte alors merveilleusement tous les obstacles : c'est le dos de la partie coudée de la sonde qui refoule la barrière, pendant que son extrémité oculaire, *formant tige presque perpendiculaire, chemine très commodément* dans la partie prostatique de l'urèthre, dont le diamètre coccy-pubien serait augmenté, et l'on ajoute qu'au moyen de cette sonde, et par ce procédé, non-seulement on n'est pas exposé à faire fausse route, mais encore qu'on évite facilement de s'engager dans celles qui pourraient exister. Chacun appréciera ce procédé, qui n'a pas encore pour lui la sanction de l'expérience.

légère pression ne suffit pas pour la faire pénétrer, j'en prends une autre, à courbure plus courte, mais toujours en m'arrêtant devant une résistance qu'on ne saurait vaincre d'ailleurs avec une sonde flexible, qui ploie, se déforme et n'avance pas, tandis qu'une sonde analogue, ou la même avec un mandrin, traverse le col vésical aussi bien que les autres parties de l'urèthre. Ainsi, dans le cathétérisme explorateur avec une algalie ordinaire, et par le procédé généralement usité, on ne découvre presque jamais ces sortes de barrières. L'arrêt de la sonde à courbure fixe, sans mandrin, a ici une signification d'autant plus grande qu'il a très rarement lieu dans les cas de tuméfaction prostatique, et d'autres tumeurs du col vésical, qui produisent des déviations moins à pic que l'obstacle dont nous nous occupons.

Dans certaines circonstances, on a vu une sonde flexible, terminée par une extrémité mince, cylindrique ou à bouton, ou offrant d'autres modifications de forme, de volume, de consistance, insignifiantes en apparence, réussir là où les instruments ordinaires avaient échoué. Mais ces cas sont exceptionnels; ce qui est plus constant, et ce dont on se rend plus facilement compte, c'est que les diverses modifications des sondes flexibles sont moins utiles contre les barrières uréthro-vésicales que contre les tumeurs prostatiques ou fongueuses. Ces sondes en effet, arrêtées derrière la crête uréthrale, se ramollissent, et quand on les pousse elles se déforment, se recourbent dans tous les sens, et ne pénètrent pas.

3° Il y a un autre moyen que je ne saurais trop recommander, parce qu'il rend les plus grands services dans les cas obscurs et embarrassants; je veux parler des bougies en cire molle, qui offrent l'inappréciable avantage, quand on les retire, de rapporter des empreintes à l'aide desquelles on peut connaître la forme et jusqu'à un certain point la nature de l'obstacle existant au col de la vessie. J'insiste sur ce moyen déjà recommandé par Hunter et autres praticiens, parce qu'il fournit des notions exactes qu'on néglige, et que des chirurgiens modernes cherchent à le discréditer, faute sans doute de l'avoir suffisamment expérimenté. En retirant la bougie molle, après l'avoir tenue appliquée contre l'obstacle pendant une ou deux minutes, on trouve son extrémité déformée. Il s'agit de distinguer si l'obstacle provient d'une barrière, ou d'une tumeur prostatique. Dans le premier cas la bougie ayant buté, son extrémité est rebroussée. Dans le second, il n'y a pas eu d'arrêt brusque ; la bougie a cheminé par une pression graduelle et soutenue, mais elle a été tellement serrée, déviée, qu'elle n'a pu pénétrer dans la vessie. Sa pointe est déformée comme dans le premier cas, mais d'une autre manière : elle est aplatie et déprimée dans un sens, elle rapporte une courbure irrégulière, mais plus douce, plus longue, moins à pic. Ces données, rapprochées de celles que fournissent les bougies métalliques, correspondent parfaitement à ce que nous a appris l'anatomie pathologique. On sait en effet que s'il s'agit d'une barrière, la courbure de l'urèthre est brusque, à pic, tandis qu'elle est plus douce, plus lente, si l'obstacle est formé par une tumeur fongueuse ou prostatique.

Éclairé par ces données, je me place au côté droit du malade (1) ; je prends une sonde métallique à petite courbure, qui arrive aisément jusqu'à la partie prostatique de l'urèthre, où elle est arrêtée. Dès lors je ne la pousse plus, seulement j'abaisse son extrémité annulaire, en y appuyant le doigt, sans la serrer, précaution qu'il ne faut pas négliger, car on sait par là de quel côté s'incline d'elle-même son extrémité oculaire, en parcourant la partie prostatique du canal. Les anneaux qui correspondent aux yeux le font connaître sûrement. L'instrument est-il arrêté tout court? Sans le pousser, j'en relève l'extrémité vésicale d'une quantité que je note avec soin : elle va me faire connaître de combien l'obstacle s'élève au-dessus du plancher inférieur de l'urèthre. Lorsque le bec de l'instrument est arrivé à son bord libre, il se trouve dans la vessie, et l'urine jaillit aussitôt. La présomption de l'existence d'une barrière est convertie en certitude, si pendant que l'urine coule, je puis faire tourner la sonde sur elle-même de manière que son extrémité recourbée exécute un mouvement de cercle derrière l'orifice interne du canal, sans être arrêtée. Dans ce mouvement de gauche à droite ou de droite à gauche, l'extrémité de la sonde sillonne transversalement le *trigone vésical*, ou plutôt glisse sur cette surface plane et unie, telle qu'on la connaît dans

(1) En 1844 on a présenté cette position du chirurgien, comme une pratique nouvelle ; je la mets en usage depuis 1823, et elle est recommandée dans tous mes ouvrages.

l'état normal ; et, pour que le bec de la sonde ne produise pas de douleur, on abaisse le pavillon, au moment où son extrémité oculaire est tournée en bas ; cette manœuvre, qu'il ne faut exécuter que lorsque la vessie est pleine, et seulement avec une sonde à bec court, exige de grands soins ; mais on en obtient d'heureux résultats (1).

Je viens de faire observer que lorsqu'il s'agit d'une tumeur fongueuse ou prostatique, l'arrêt est moins brusque dans la région correspondante, et quoique la déviation soit parfois considérable, la sonde dont on abaisse de plus en plus l'extrémité annulaire, glisse, chemine sur cette pente douce, mais l'urine ne coule pas. Pour qu'elle paraisse, il faut enfoncer davantage l'instrument dans la cavité vésicale. C'est là un premier caractère distinctif. On s'assure ensuite que la sonde ne peut pas exécuter le mouvement de pivot, tant que sa partie courbe est près du col vésical ; on peut l'incliner à droite ou à gauche, mais elle ne tourne pas, et l'on ne parvient à lui faire exécuter ce mouvement que lorsqu'elle a pénétré plus loin, et dépassé, en arrière, la saillie que fait la tumeur, au-dessus du trigone : deuxième caractère distinctif.

Pour exécuter convenablement cette exploration, il faut, je le répète, 1° que la sensibilité de l'urèthre ait été diminuée au point que la sonde puisse le parcourir facilement et sans causer de douleur ; 2° que la vessie soit à l'état de plénitude ; car si ses parois n'étaient pas suffisamment écartées, soit par l'urine, soit par une injection, les mouvements de la sonde seraient gênés, et il y aurait même impossibilité de reconnaître si l'obstacle provient de l'état maladif, ou du rapprochement des membranes vésicales. En procédant comme je viens de le dire, on parvient à distinguer les deux modes de déviation par les *barrières*, ou par les *tumeurs* ; on mesure de même l'étendue de cette déviation, en haut, vers le pubis, et approximativement ce qui existe à la face postérieure de l'obstacle, du côté de la vessie. Mais je reviendrai sur cette question en traitant des lésions de la prostate.

(1) La possibilité que donne la sonde à petite courbure d'exécuter les mouvements d'inclinaison et de rotation dans la cavité vésicale, constitue, comme je l'ai déjà dit, le principal avantage de cette forme, avantage que Tolet avait déjà constaté.

Un critique spirituel a dit : « M. Civiale a trop artistement ar-
» rangé les données des explorations : on pourrait les prendre
» pour des vues de l'esprit, que l'esprit se serait complu à em-
» bellir. » Ajoutant : « Je suis persuadé que M. Civiale est très
» capable d'acquérir toutes ces fines données, concernant le dia-
» gnostic différentiel, mais je doute qu'un autre puisse en dire
» autant. »

Je n'ai rien arrangé, j'ai seulement transmis le résultat de mes impressions. Quoi qu'on en dise, d'autres sont parvenus à établir les mêmes distinctions, et dès qu'on aura pris la peine d'étudier le sujet, tout chirurgien exercé réussira de même; seulement il aut le choix des moyens, une main expérimentée et placer le malade dans la position indiquée. Si l'on veut bien prendre la peine de réfléchir qu'il s'agit d'un état morbide très circonscrit, dans une situation constante, avec un développement limité; d'un autre côté, si l'on se rappelle que par un traitement connu, on parvient à rendre l'urèthre tellement insensible qu'on y manœuvre sans difficulté, et sans être arrêté par les sensations du sujet; que l'instrument explorateur arrive directement sur la partie malade et qu'on peut répéter les explorations autant de fois qu'on le juge nécessaire, à raison des faibles douleurs qu'elles causent, on ne trouvera pas trop *beaux* les résultats que j'indique. Mais si l'on persiste à n'employer que des sondes mal faites, à manœuvrer sans précaution, à vouloir tout reconnaître à la première visite, ayant alors à combattre et les appréhensions du malade, et l'irritabilité de l'urèthre, et les douleurs souvent intolérables qui accompagnent presque toujours les explorations précipitées, alors il n'est plus étonnant qu'on n'obtienne aucun résultat, et que l'on confonde les altérations les plus dissemblables.

Je citerai un nouveau cas, que la pratique m'a offert depuis peu, et qui m'a présenté les plus grandes difficultés. Sous plusieurs rapports, il mérite de fixer l'attention.

M. Lagrange (de Nantes), septuagénaire, d'une forte constitution, éprouvait depuis longtemps des difficultés d'uriner dont il ne s'occupait point. Plus tard, survint de la gravelle, qu'il rendait irrégulièrement et en assez grande quantité; il me montra une pleine boîte de ces graviers, dont plusieurs s'étaient fragmentés spontanément. A la fin, les symptômes de la pierre s'étant manifestés, on chercha à le sonder, mais sans réussir. C'est alors que le malade vint réclamer mes soins. Moi aussi, je fis inutilement plusieurs tentatives de cathétérisme, en variant le volume et la courbure des sondes. Non-seulement elles n'arrivaient pas dans la vessie, mais encore je ne parvins à reconnaître d'abord ni le sens dans lequel avait lieu la déviation du canal, ni la lésion qui la produisait. La prostate était volumineuse et dure, elle formait au col de la vessie un obstacle contre lequel venait buter la sonde. Je ne distinguais pas autre chose. Le malade urinait, mais sans jet, et avec de grands efforts; j'eus recours aux bougies molles. Les premières furent arrêtées comme les sondes, mais, au bout de quelques jours, dès que la sensibilité du canal eut diminué, elles pénétrèrent dans la vessie. L'empreinte qu'elles rapportaient toutes constatait que la déviation avait lieu en haut et vers le côté droit. Dès ce moment, et sur cette seule donnée, je procédai avec confiance au cathétérisme. La sonde pénétra dans la vessie, non sans difficulté ni quelque douleur; mais je parvins à reconnaître que le corps de la prostate et son lobe gauche déviaient le canal et faisaient une saillie considérable dans l'intérieur de la vessie, enfin que celle-ci contenait plusieurs calculs.

J'ai traité par la lithotritie beaucoup de calculeux dont la prostate était engorgée, mais, dans aucun cas, je n'ai rencontré de pareilles difficultés. Cependant il fallait tenter quelque chose : le malade ne voulait pas être taillé, et il ne pouvait pas vivre longtemps avec sa maladie. Je fis plusieurs tentatives sans réussir; à la fin, l'instrument pénétra dans la vessie, mais les douleurs étaient excessives; la manœuvre exigeait des efforts considérables pour déprimer la prostate; et au bout de quelques secondes, il fallut cesser, quoique je n'eusse brisé qu'un petit calcul. Il ne survint aucun accident; les douleurs se calmèrent immédiatement; quelques débris furent expulsés. Ce premier succès nous encouragea. Je recommençai au bout de quelques jours avec le même résultat, c'est-à-dire que la séance fut courte, douloureuse, qu'il n'y eut qu'une petite quantité de pierre détruite, mais le malade n'en fut pas incommodé. Dès ce moment j'eus l'espoir de le débarrasser de ses calculs. A mesure que le traitement a avancé, l'introduction des instruments est devenue de plus en plus facile et moins douloureuse; leur passage répété paraît avoir déprimé la tumeur prostatique, sans produire la moindre lésion, car il n'y eut aucune réaction. L'état général s'est amélioré d'une manière croissante, et les accidents de la pierre ont disparu.

Sans le secours des bougies molles, qui eurent pour effet de diminuer la sensibilité du canal, et de me faire connaître la déviation de la partie profonde de l'urèthre, je n'aurais pas réussi : ignorant la direction qu'il fallait donner aux instruments, je ne me serais point hasardé. Je dus employer beaucoup de force pour les faire cheminer, et abaisser tellement la main pour déprimer la tumeur en bas, et vers le côté gauche, que j'aurais craint de m'écarter de la bonne voie, et d'occasionner quelqu'un de ces graves désordres, qui ont été constatés par les autopsies. Avec les données dont j'étais en possession, j'ai pu écarter les obstacles, et le résultat définitif a été aussi satisfaisant qu'on pouvait le désirer.

Dans une multitude de cas analogues, moins graves toutefois, j'ai réussi de la même manière, non à guérir la tumeur prostatique, mais à surmonter les difficultés qu'elle opposait au passage des instruments, et à débarrasser la vessie de la pierre ou de l'urine qu'elle contenait. Au moyen des précautions indiquées ailleurs, jointes à la prudence et à la lenteur avec lesquelles j'ai agi, il est rarement survenu des accidents graves.

Il ne faut point perdre de vue, toutefois, que dans ces cas la manœuvre est toujours douloureuse, alors même que le malade a été convenablement préparé. Les douleurs ici sont la conséquence du redressement du col vésical, par l'instrument qui comprime et pousse en bas soit la barrière, soit la tumeur du col vésical, d'où résultent des tiraillements dont on se rend facilement raison, mais dont on ne tient pas assez compte dans la pratique.

Ce n'est pas seulement pendant l'introduction des instruments explorateurs qu'on peut apprécier les états morbides du col vésical, notamment les barrières ; c'est aussi en les retirant. Voici de quelle manière : une fois que l'on connaît le sens et l'étendue de la déviation, il devient généralement possible, en modifiant le procédé, d'introduire dans la vessie une sonde à grande courbure, au moins lorsque cette déviation n'est pas considérable.

En retirant l'instrument immédiatement et avec lenteur, on note le point où l'urine cesse de couler ; c'est le moment où l'œil le plus rapproché du bec vient se placer dans l'orifice vésical de l'urèthre ; presque aussitôt alors l'extrémité de l'algalie, comme celle de la bougie métallique dans son mouvement de retraite, saute brusquement d'un point plus élevé sur un plan qui l'est moins. Pour rendre cette sensation plus évidente, il suffit d'appuyer en bas la courbure de la sonde en relevant son extrémité annulaire de quelques centimètres. Cette expérience peut être répétée, et l'on obtient toujours le même résultat, de moins en moins appréciable toutefois ; on dirait que la saillie de la valvule s'affaisse à mesure que l'instrument passe coup sur coup sur elle. Si la barrière est très élevée, le saut est plus grand et la sensation très distincte, tellement même que les assistants s'en aperçoivent par le mouvement saccadé que reçoit la main de l'opérateur. Si la barrière est peu élevée, et surtout si la déviation du col vésical est produite par une tumeur, il n'y a pas de mouvement de saut en retirant la sonde ; son extrémité chemine sans saccade ; ajoutons qu'alors l'urine cesse plus tôt de couler, au moins à gros jet, autre caractère distinctif.

Il y a un autre effet, sur lequel je reviendrai, en traitant des maladies de la prostate, mais que je ne puis me dispenser d'indiquer ici, car il forme le complément des notions fournies par la sonde. Dans les cas de barrière uréthro-vésicale, dès que l'instrument est parvenu dans la vessie, on peut le pousser plus avant, ou le retirer jusqu'à l'orifice interne de l'urèthre, sans provoquer de douleur et sans éprouver d'obstacle. Quand il s'agit de tumeur fongueuse ou prostatique, au contraire, la sonde parvenue dans la vessie est serrée, ses mouvements sont difficiles et douloureux, son extrémité annulaire ne reste enfoncée entre les jambes qu'autant qu'elle a pénétré très profondément dans la vessie. Dans le cas contraire, elle tend à ressortir spontanément. On voit par là que la tumeur, comprimée, refoulée en arrière par la manœuvre de l'introduction, tend à reprendre sa place et chasse la sonde (1).

(1) Dans l'appréciation de ce fait important, il ne faut point perdre de vue une disposition de l'urèthre que j'ai décrite ailleurs, et dans laquelle le ligament triangulaire antérieur de la verge est si court que le pénis se trouve

Je ne parle pas ici des instruments lithotriteurs comme moyens d'exploration. Dans les cas de barrière simple, ils ne sont pas d'une grande utilité, ou du moins ils ne sont pas supérieurs à la sonde. Il n'en est pas de même d'un instrument dont je donne la description et la figure, plus loin, et qui fournit les renseignements les plus précis.

Ce sont les cas simples, surtout lorsque l'état morbide est peu développé, qu'il faut étudier avec le plus de soin, parce qu'ils sont les seuls qui se prêtent à un diagnostic rigoureux, et pour ainsi dire les seuls aussi dans lesquels l'art peut intervenir utilement.

Il est reconnu en effet que, lorsque le mal est très avancé, et qu'il présente des complications sur lesquelles je reviendrai, on n'obtient par les explorations, que des données vagues, incertaines et toujours insuffisantes pour guider le praticien dans un traitement actif et énergique.

On doit se rappeler aussi qu'il y a des barrières molles, lâches, quelle que soit d'ailleurs leur nature, qui se laissent facilement refouler par l'instrument, au-devant duquel l'obstacle paraît s'éloigner. Si, négligeant les précautions que j'ai indiquées, le chirurgien, dans la pensée qu'il s'agit d'une tumeur fongueuse ou prostatique, déprimée par le passage de la sonde, pousse fortement celle-ci, il peut arriver tout à coup dans la vessie, soit en déchirant, soit en transperçant la barrière, ce qui peut avoir lieu aussi, alors même qu'on n'a pas employé de violence. En introduisant avec précaution une algalie, sur le malade Hullot (d'Amiens), afin de constater l'existence d'une pierre, j'ai senti quelque chose se rompre au col de la vessie. Le malade ne souffrit pas, mais il rendit du sang en abondance pendant vingt-quatre heures. Je m'attendais à de nouvelles hémorrhagies après chaque séance de lithotritie ; elles ne reparurent pas, et le traitement se termina de la manière la plus simple et la plus heureuse; le malade, âgé de quatre-vingt-deux ans, retourna à Amiens au

retenu contre la face antérieure de la symphyse pubienne. Le cathétérisme, chez ces malades, est toujours difficile et douloureux. Pour redresser l'urèthre on exerce sur ce ligament une traction toujours pénible, et, dès que la sonde est parvenue dans la vessie, elle tend à en sortir, son extrémité annulaire étant relevée brusquement, plus encore que dans les cas de tumeur prostatique.

bout d'un mois, parfaitement guéri. Beaucoup de fausses routes à l'orifice interne de l'urèthre ont été faites de cette manière.

Outre les tumeurs fongueuses et prostatiques, les barrières uréthro-vésicales peuvent être compliquées du soulèvement de tout le trigone, circonstance qui rend le diagnostic difficile. Dans ces cas, on découvre bien une déviation, à la partie profonde du canal, à l'endroit où la barrière existe ordinairement, mais on ne parvient pas à être fixé sur la nature de l'obstacle.

Ces différents états morbides déterminent, un peu plus en avant, ou un peu plus en arrière, et d'une manière plus ou moins prononcée, les déviations, les déformations qu'on rencontre à la fin de l'urèthre; mais, soit que l'irritabilité du sujet ne permette pas de répéter les explorations autant qu'il le faudrait, soit que dans tel cas particulier nos moyens n'aient pas encore toute la précision désirable, on reste dans l'incertitude. Il en est de même lorsque la valvule a une direction oblique. Le chirurgien le plus expérimenté n'obtient souvent alors que des à peu près, faisant connaître qu'une lésion existe au col vésical, mais insuffisants pour le diriger dans une manœuvre qui exige des connaissances plus précises. Pour le prouver, je n'aurais qu'à citer quelques faits, un entre autres qui s'est présenté à l'hôpital de la Pitié dans le service de A. Bérard. Le malade avait, disait-on, une valvule musculaire au col de la vessie. La *sonde coudée* et tous les moyens d'exploration récemment proposés, furent successivement employés. On fit la section de la valvule; le malade succomba peu de temps après, et l'on ne découvrit, à l'autopsie, aucune trace de barrière; il ne s'agissait que d'une lésion de la prostate. Ce fait fut communiqué par Bérard lui-même à la commission d'Argenteuil, le 22 mai 1845, et ce n'est pas le seul que je connaisse : j'ai vu plusieurs malades chez lesquels on avait diagnostiqué une barrière uréthro-vésicale; je me suis assuré qu'elle n'existait pas, et qu'on avait pris pour telle une tuméfaction prostatique.

Quant aux indications que peuvent fournir l'âge du sujet, les antécédents de la maladie, les caractères des troubles fonctionnels, et quelques dispositions individuelles auxquelles on fait jouer un très grand rôle, elles peuvent tout au plus ajouter des renseignements, qu'il ne faut pas négliger sans doute, mais à l'égard desquels on tombe dans l'exagération.

En résumé, si l'on réunit les données que je viens d'indiquer, on peut, à l'aide d'explorations bien faites, et suffisamment répétées, arriver à constater les lésions du col vésical, connues sous les noms de barrières; on peut même les distinguer des tuméfactions prostatiques, des productions fongueuses, en déterminer l'étendue et le développement, avec assez d'exactitude pour que le chirurgien soit autorisé à agir sur celles qui sont susceptibles d'être attaquées par l'art, d'une manière active et efficace. Mais, encore une fois, ce n'est que dans les cas simples, et lorsque le mal est peu avancé, qu'on peut donner au diagnostic toute la précision nécessaire.

Faut-il ajouter que dans certains cas de barrière molle, commençante surtout, on peut très bien ne pas reconnaître l'état morbide? Ces cas ne sont pas rares.

Je ne puis terminer ce qui a trait aux explorations du col vésical, sans faire remarquer que les manœuvres qu'elles exigent peuvent occasionner des accidents sérieux. La douleur est légère quand on procède avec les précautions convenables, et qu'on a soumis préalablement le malade à un traitement préparatoire. Mais elle est vive, insupportable même, si l'on opère à la première visite, et sans ménagements. Jai vu des malades, placés en apparence dans des conditions favorables, qui avaient beaucoup souffert au moment de l'exploration, et qui avaient conservé ensuite, pendant des semaines et même des mois, un agacement fort pénible.

Dans quelques cas plus rares, la sonde exploratrice ayant rencontré un léger obstacle au col vésical, son introduction a été suivie d'un écoulement sanguin considérable, qu'on s'expliquait d'autant moins que la manœuvre avait été plus méthodique et plus exempte de violences. A la vérité, cet accident peut également se manifester dans d'autres circonstances, ainsi que j'en ai déjà fait la remarque.

Mais ce qui doit être plus particulièrement attribué aux explorations dont je m'occupe, et ce qui arrive fréquemment, ce sont l'irritation, l'agacement, la phlegmasie consécutive du col vésical, avec besoins fréquents et douloureux d'uriner, que le malade ne peut satisfaire sans des angoisses inexprimables, et suivies, dans quelques cas, de cystites opiniâtres.

Art. III. — Étiologie.

On a rattaché abusivement aux valvules du col de la vessie, la plupart des causes des maladies des voies urinaires, ou l'on a attribué à ces causes une influence exagérée. Il serait au moins inutile de reproduire, même par extrait, les suppositions échafaudées par quelques chirurgiens, dans le but, disent-ils, *d'aider, de préparer l'observation, et de faire pressentir des vérités*. Je me bornerai à présenter sur ce sujet quelques remarques très générales.

Dans la plupart des cas, on ignore absolument sous quelle influence se produisent les états morbides qui nous occupent, soit qu'ils existent seuls, soit qu'ils compliquent d'autres maladies.

On a prétendu : 1° que les valvules musculaires n'étant que le développement anormal d'une disposition naturelle du col de la vessie, toute irritation, toute inflammation de la région prostatique, pouvait les produire. Mais cette disposition, qu'on incrimine, existe chez tous les sujets, et les barrières musculaires du col de la vessie sont rares; et, de ce qu'on les a rencontrées chez ceux qui avaient éprouvé, à différentes époques de leur vie, des difficultés d'uriner, on ne peut pas conclure que la maladie existait dès l'enfance, et qu'elle pouvait être congénitale, car on sait que les difficultés d'uriner sont communes dans l'enfance, comme chez l'adulte, et qu'elles tiennent à des causes diverses (1).

2° Tout muscle adjacent à un foyer inflammatoire devient, dit-on, le siége de contractions involontaires, qui peuvent être temporaires ou permanentes, suivant la durée de l'inflammation voisine. Mais rien n'est plus vague que l'indication de cette influence, qui pourrait même être contestée, car on voit souvent les inflammations les mieux caractérisées et les plus opiniâtres ne rien produire de semblable.

3° Le rhumatisme, qui couvre tant d'individualités morbides,

(1) Voyez l'article Stagnation, au troisième volume.

ne pouvait être négligé dans cette circonstance, on a admis son influence sur la production des barrières, *parce qu'il y a du tissu musculaire au col vésical, et qu'on observe des troubles fonctionnels de la vessie chez des rhumatisants.* Mais sur ce point, aussi bien que sur le rôle attribué à la nature de *telles ou telles espèces d'uréthrites, qui provoqueraient fréquemment la contraction du col vésical*, une démonstration plus complète n'eût pas été chose inutile.

Quant aux coarctations organiques de l'urèthre, que l'on innocente lorsqu'il s'agit de la tuméfaction prostatique, et que l'on accuse lors de la production des valvules musculaires ; quant à la cystite, à l'affection calculeuse, aux maladies des organes voisins, il n'est pas douteux que ces états n'aient une influence dans le développement anormal et les altérations des tissus qui forment les barrières uréthro-vésicales ; mais ce que l'on sait à ce sujet, est loin de permettre de constater la corrélation qu'on aime à saisir entre les causes et leurs effets. J'aime mieux exprimer un doute que de donner comme établi ce qui n'est encore que problématique. Ce qu'il y a de certain, c'est que j'ai observé des valvules uréthro-vésicales dans des circonstances très variables, d'âge, de tempérament, de santé, de maladie ; mais je ne suis pas encore en mesure de préciser le rôle de chacune d'elles.

Une particularité qui avait échappé à l'observation mérite d'être signalée. J'ai dit, dans le premier volume, que l'orifice externe de l'urèthre s'ouvre quelquefois à la face supérieure du gland. Cette disposition conduit à soupçonner l'existence de la valvule uréthro-vésicale ; il en est de même des brides qu'on observe au méat urinaire, et qui coïncident aussi parfois avec les barrières uréthro-vésicales.

Art. IV. — Traitement.

Par suite des difficultés qui s'opposent à l'établissement rigoureux du diagnostic, on a presque toujours confondu les barrières uréthro-vésicales avec des états morbides du col de la vessie qui appartiennent à des catégories différentes. Partant de là, on a employé des moyens qui ne se seraient point présentés à l'esprit, si l'on avait été fixé sur la nature du mal. C'est ainsi que nous voyons apparaître les saignées locales et générales, les applications émollientes et sédatives, les frictions, les vésicatoires, les cautères et toute la série des dérivatifs, des fondants, des eaux minérales, etc., médications que peuvent réclamer à bon droit les complications de la maladie, mais qui, à l'égard de la barrière elle-même, ne constituent pas une pratique rationnelle.

Il ne faut point perdre de vue qu'il s'agit d'une lésion organique locale très circonscrite, dont les effets se bornent à rendre la miction plus ou moins difficile. Il en est des barrières comme de plusieurs autres états morbides du col vésical : les malades ne se douteraient pas qu'ils en sont atteints, si le trouble des fonctions de la vessie n'excitait leur attention, et s'ils n'étaient obligés d'uriner difficilement plusieurs fois par jour. Je n'ai donc à m'occuper ici que du traitement local qui doit avoir pour effet de relâcher, d'affaisser, d'user, de couper, de rompre l'éperon qui fait saillie au col vésical, à l'orifice interne de l'urèthre, dont il change plus ou moins la direction normale, diminue et tend à oblitérer la lumière.

Ces moyens ont un autre effet que j'appellerai vital, et dont on ne tient pas assez compte généralement : c'est de changer, de modifier la sensibilité et la contractilité locales, de rétablir la souplesse et l'élasticité du col de la vessie, diminuées ou perdues par le fait de la maladie.

1° *Dilatation et dépression.* Pour opérer ces actions, on emploie d'abord les bougies ou les sondes, qui pèsent directement sur l'obstacle, soit d'avant en arrière, soit de haut en bas. Il est évident que s'il n'est question que d'une simple bride, mince, membraneuse, ou d'une valvule plus épaisse, mais molle, lâche, dépressible, les sondes et les bougies peuvent atténuer l'obstacle, le déprimer, l'aplatir et même le détruire. C'est en effet ce qui a lieu, ce que constatent des faits pratiques, certainement plus nombreux qu'on ne pense, car bien souvent on opère ici des cures sans le savoir.

Si la barrière est plus dense, plus épaisse, plus résistante, les sondes et les bougies sont encore utiles, non pour obtenir une guérison complète, mais en procurant des améliorations temporaires, comme l'attestent des faits déjà anciens, appartenant à la pratique générale, et d'autres dont j'ai présenté les détails. Dans ces divers cas, le passage répété et le séjour prolongé des instruments opèrent, comme dans les cas précédents, une sorte d'aplatissement, un dégorgement local : la partie sur laquelle ils agissent s'affaisse, se creuse d'une sorte de gouttière, constatée par l'autopsie, effet que font présumer d'ailleurs une miction plus facile, et une diminution progressive des difficultés qu'on rencontrait dans l'introduction des premiers instruments, et qu'on ne retrouve plus.

On peut recourir aussi à d'autres procédés, que j'ai fait connaître, et qui permettent d'agir sur la valvule avec plus de force. Un d'eux consiste à porter dans la vessie une grosse sonde rigide, à grande courbure, dont on appuie fortement l'extrémité oculaire sur la partie malade pendant qu'on la retire. Ici, comme dans les cas de rétrécissements uréthraux, cette manœuvre exige des précautions, mais elle peut être utilement employée, soit d'emblée et au début du traitement, soit après avoir pratiqué une ou deux incisions, dans le but d'empêcher le rapprochement des lèvres de la plaie.

On a proposé d'autres moyens encore de dilater le col vésical ; mais je n'en connais pas de plus puissant, de plus simple, dont on dirige et règle l'action avec plus d'exactitude, que le trilabe et le lithoclaste à écrou, auxquels j'ai eu successivement recours depuis 1824. On introduit ces instruments dans la vessie, on les ouvre de manière à donner à l'extrémité vésicale un volume proportionné à la dilatation qu'on veut produire, et l'on fait effort ensuite pour les retirer. La dilatation s'opère alors d'arrière en avant. Si l'on veut dilater de nouveau, dans la même séance, on ferme l'instrument dès qu'il est arrivé à la partie membraneuse de l'urèthre, et on le réintroduit dans la vessie. Le chirurgien ne doit pas oublier qu'il est en possession d'une grande puissance, dont l'abus pourrait entraîner des conséquences graves : il doit donc en user avec discernement et une grande prudence.

2° *Cautérisation.* Il est toutefois des cas réfractaires, pour lesquels on a été conduit à l'emploi d'autres moyens, tels que le caustique et l'instrument tranchant. Le premier a une action restreinte et incertaine. Cependant, il peut être utile dans certaines circonstances, surtout lorsqu'il existe un boursouflement ou des granulations de la membrane muqueuse du col vésical, cas dans lesquels toute manœuvre d'introduction d'instruments ou d'explorations produit un écoulement sanguin, quelquefois très abondant. En réprimant les tissus exubérants, en y ranimant les propriétés vitales, les applications transcurrentes de nitrate d'argent produisent quelquefois une amélioration notable. Je citerai entre autres faits, déjà anciens, le cas d'un homme de trente ans, qui éprouvait, depuis plusieurs années, en urinant, de la gêne et des difficultés, accompagnées d'un malaise tellement vague qu'il avait de la peine à le préciser. Cet état, joint à un léger écoulement, qui reparaissait de loin en loin, me fit soupçonner une roideur des parois de l'urèthre, avec coarctation commençante. Plusieurs bougies molles et d'un volume croissant furent introduites; les plus grosses rapportèrent, avec l'empreinte d'un rétrécissement à la courbure du canal, une autre déformation qui fixa mon attention. La plupart d'entre elles éprouvaient un temps d'arrêt, au moment où elles franchissaient le col vésical, et leur extrémité était toujours recourbée de bas en haut. Je soupçonnai l'existence d'un repli transversal, et des explorations ultérieures changèrent mes conjectures en certitude. Au moment où le bec de la sonde paraissait avoir franchi le col de la vessie, il était arrêté, et l'urine ne coulait point encore : je ne parvenais dans la vessie qu'après avoir relevé brusquement l'extrémité oculaire de l'instrument, qui était à petite courbure. Dès que j'avais franchi l'obstacle, et pendant que l'urine s'échappait, je pouvais faire pivoter l'algalie, sans découvrir aucune tumeur, ni aucun corps saillant derrière la cloison; le bec de la sonde, tourné en bas, parcourait librement toute la surface du trigone vésical, et la barrière avait peu d'élévation. Je fis porter d'abord quelques sondes à demeure; plus tard je pratiquai trois cautérisations, et le malade se trouva si bien ensuite qu'il ne me parut pas nécessaire de recourir à d'autres moyens, bien que l'obstacle n'eût pas été entièrement détruit; car on le distinguait encore, soit en introduisant, soit en retirant la sonde.

J'ai employé le même traitement dans d'autres cas analogues, et souvent avec succès. Les malades ont recouvré, du moins pour quelque temps, la faculté d'uriner, plus souvent sans doute et moins régulièrement que dans l'état normal, assez bien néanmoins pour qu'on n'ait pas senti le besoin de recourir à un traitement plus énergique.

Mais je m'empresse aussi de déclarer que souvent cette médication n'a pas produit de résultats favorables; que, dans un petit nombre de cas, elle a occasionné des accidents, entre autres des irritations, ou même des phlegmasies opiniâtres du col vésical. Du reste, on pratique la cautérisation, le plus souvent à l'aide d'un porte-caustique spécial dont je donne la figure dans la planche 3, ci-contre; il est terminé par une extrémité arrondie, de 5 à 7 millimètres de diamètre, supportée par une tige centrale, d'un volume moindre, et fermant, près du renflement, la cuvette dans laquelle on place le caustique. Une gaîne, ou canule extérieure, dans laquelle la tige centrale est reçue jusqu'à l'olive, recouvre le nitrate, de telle sorte que pendant l'introduction du porte-caustique, et les manœuvres nécessaires pour faire passer son extrémité ovoïde au delà de la barrière, les parties sont parfaitement garanties. Dès que l'instrument est placé comme il doit l'être, on retire la canule extérieure, d'une quantité suffisante pour mettre à nu la cuvette *porte-nitrate*, et l'on procède de la sorte avec toute la précision désirable. Dans quelques-uns de ces cas, le porte-caustique droit ne pénètre pas sans une certaine violence, dont l'emploi serait une faute, et l'on doit employer un porte-nitrate courbe.

3° *Incision.* Que les moyens indiqués aient échoué, ou que le succès qu'ils ont fait obtenir ne se soutienne pas, il devient nécessaire d'attaquer le mal avec plus de vigueur, et d'une manière plus directe. Les heureux résultats de la division des brides situées à l'orifice extérieur de l'urèthre, devaient naturellement conduire à l'essai des mêmes moyens contre celles du col vésical.

De graves erreurs de pratique chirurgicale, dont je me suis occupé ailleurs, des fausses routes à l'orifice interne de l'urèthre, et des tailles faites sans qu'il existât de pierre, pouvaient, de leur côté, appeler l'attention des chirurgiens sur la méthode des incisions contre les barrières du col de la vessie. On sait en effet que des sujets, supposés calculeux, ont été taillés sans nécessité, et que, bien que la maladie pour laquelle ils subissaient l'opération n'existât pas, ils ont vu disparaître la plupart des phénomènes morbides qui les tourmentaient. Le fait s'est présenté assez souvent pour que deux praticiens anglais, Blizard et Guthrie, n'aient pas hésité à proposer la cystotomie périnéale dans ces cas.

Les faits nombreux de fausses routes organisées au col vésical, et ce qui se passe chaque jour dans la cystotomie périnéale sont certainement propres à justifier les tentatives qu'on a faites pour attaquer, par l'instrument tranchant, les obstacles qui nous occupent; et si le succès n'a pas toujours répondu à l'attente des praticiens, il faut sans doute en accuser moins le moyen lui-même que l'application intempestive qui en a été faite, ou les procédés défectueux qu'on a employés.

Je ne saurais trop répéter que la première difficulté qui se présente, est de préciser l'espèce de lésion dont le malade est atteint. Je ne crains pas d'affirmer derechef que trop souvent il y a impossibilité absolue d'établir un diagnostic rigoureux, et de distinguer sûrement une barrière d'une fongosité, d'un engorgement du corps de la prostate, etc. A la vérité, on dira peut-être qu'il importe peu, puisque quelques praticiens conseillent aujourd'hui le même moyen dans ces divers genres de lésion (1). Mais je répondrai, avec l'expérience et la raison, qu'un même traitement ne peut convenir dans tous les cas; que chacun d'eux, au contraire, réclame un procédé propre, et que du choix qu'on fait dépend le succès.

J'ajouterai, d'ailleurs, que l'emploi de l'instrument tranchant, contre les tumeurs fongueuses et les engorgements prostatiques, n'est pas encore sorti du domaine de la spéculation, et que, bien qu'il soit vanté par quelques contemporains, un praticien prudent hésitera toujours à y recourir; car il agirait sans guide et au hasard de faire naître des accidents formidables, dont il n'aurait aucun moyen de préserver le malade.

On a proposé, pour l'incision des barrières uréthro-vésicales, divers instruments, la plupart d'un mécanisme ingénieux, mais sur la valeur pratique desquels l'expérience ne s'est pas encore prononcée. Je ne parle pas des instruments anglais; celui de

(1) « Je coupe, nous dit avec confiance un opérateur hardi, tout ce qui fait obstacle au cours de l'urine, valvules, bourrelet ou tumeur, sans trop m'attacher au diagnostic différentiel, sur lequel, pour parler avec franchise, les sondes à petit bec, plus ou moins coudées, celle de M. Mercier comme la mienne, ne donnent pas de notions tellement précises que l'on doive se laisser guider uniquement par elles. » Après cet aveu, dépouillé d'artifices, il est facile de pressentir les résultats possibles d'une manière aussi aventureuse de procéder.

M. Stafford, le plus usité jusque dans ces derniers temps, même avec les modifications de Guthrie, ne saurait être employé avec sécurité. Il ne peut servir qu'à pratiquer une ponction au hasard. En poussant la lame destinée à diviser la barrière, on agit sans conducteur, de bas en haut, et d'avant en arrière, sans nul moyen de garantir les tissus qu'il convient de ménager. A la vérité, la lame ne sort de sa gaîne que d'une quantité déterminée; mais toujours s'agit-il d'un instrument aigu et tranchant, qu'on enfonce sans aucun guide. J'avoue que j'ai reculé devant l'application d'un pareil moyen. Voici quels sont les procédés auxquels j'ai eu recours, dans divers cas qui se sont offerts à moi :

1° *Division des valvules d'arrière en avant, de haut en bas, ou du bord libre vers la base.*

Les bougies, les sondes même rigides, les procédés de la dilation rétrograde et la cautérisation n'ont pas eu le résultat qu'on attendait; les accidents persistent : cependant la valvule est mince, peu élevée, peu résistante ; le diagnostic a été établi avec précision; on parvient encore à introduire un instrument droit dans la vessie. J'ai souvent recours, dans ce cas, à l'uréthrotome à olive, coupant d'arrière en avant, et dont j'ai donné la description et la figure dans mon *Mémoire sur l'uréthrotomie* et dans le premier volume de ce traité (fig. 23, page 389). Cet instrument est simple, d'une manœuvre facile; on l'applique au col de la vessie, de la même manière que dans l'urèthre; la saillie de l'olive fait distinguer avec précision le bord postérieur de la barrière, point par lequel on doit commencer ; la lame agit d'arrière en avant, et du bord libre de la valvule vers sa base ; on peut donner à l'incision la profondeur nécessaire, en faisant sortir la lame de l'olive, autant qu'on le juge utile ; il ne m'a point paru nécessaire d'obtenir une très grande saillie de la lame. Je n'ai eu recours à ce procédé que dans ces derniers temps, quand l'expérience m'eut appris qu'on peut faire utilement et sans danger de grandes incisions dans l'urèthre, afin d'attaquer les rétrécissements non dilatables (1).

(1) C'est le deuxième procédé opératoire de l'uréthrotomie interne qui est seul applicable pour cette opération. Je l'ai décrit t. I, p. 428 de cet ouvrage.

Le premier instrument dont je me suis servi pour cette opération, et qui est surtout applicable quand on ne peut pas employer l'uréthrotome à olive, ressemble à une sonde ordinaire, d'un diamètre de 6 millimètres, et fendu dans le tiers de sa longueur, jusqu'à 8 millimètres de son extrémité vésicale. L'une des branches forme seule cette extrémité arrondie; l'autre s'applique contre, de manière à produire un tube régulier. Dans ce tube s'en trouve placé un autre, qui s'étend jusqu'au milieu de sa partie courbée, et qui porte, à 27 millimètres de son extrémité, un bouton, logé dans une échancrure de la face inférieure du tube externe, au point où commence la courbure. Le tube interne renferme une lame étroite et longue de 22 millimètres. Lorsque le bouton est placé dans l'échancrure du tube extérieur, les deux divisions de celui-ci sont rapprochées; mais quand on pousse ce bouton en avant, de 5 à 7 millimètres, les branches s'écartent de 11 à 13 millimètres, et l'on voit entre elles la tige carrée; au même instant la lame, portée en avant, fait saillie à la face inférieure du tube externe, en arrière du bouton, entre ses deux branches écartées. (Voy. fig. 4 ci-contre, où l'instrument est représenté ouvert et fermé.)

Pour appliquer cet instrument, on place le bouton dans l'échancrure, de manière que les deux moitiés de la canule externe soient rapprochées et cachent entièrement et le tube intérieur, ainsi que la lame qu'il renferme : on l'introduit dans la vessie comme une sonde ordinaire. Dès que la convexité de sa courbure est placée sur le point malade, on écarte les branches en poussant le tube interne; le bouton fait, au dehors du tube externe, une saillie suffisante pour indiquer avec précision le bord libre de la barrière qui se trouve accrochée dans les mouvements de va-et-vient, imprimés à l'instrument. Quand on est fixé sur le point où l'incision doit être pratiquée, on fait sortir la lame, en poussant la tige centrale d'une quantité déterminée d'avance par un curseur, et l'on divise la valvule d'arrière en avant et de son bord libre vers sa base. Cette incision ne saurait avoir plus de deux à trois lignes de profondeur, mais on peut en faire plusieurs à côté l'une de l'autre. Au moyen de cet instrument, la division de la bride s'opère avec d'autant plus de facilité et de certitude qu'en poussant le bouton, les deux branches du tube externe

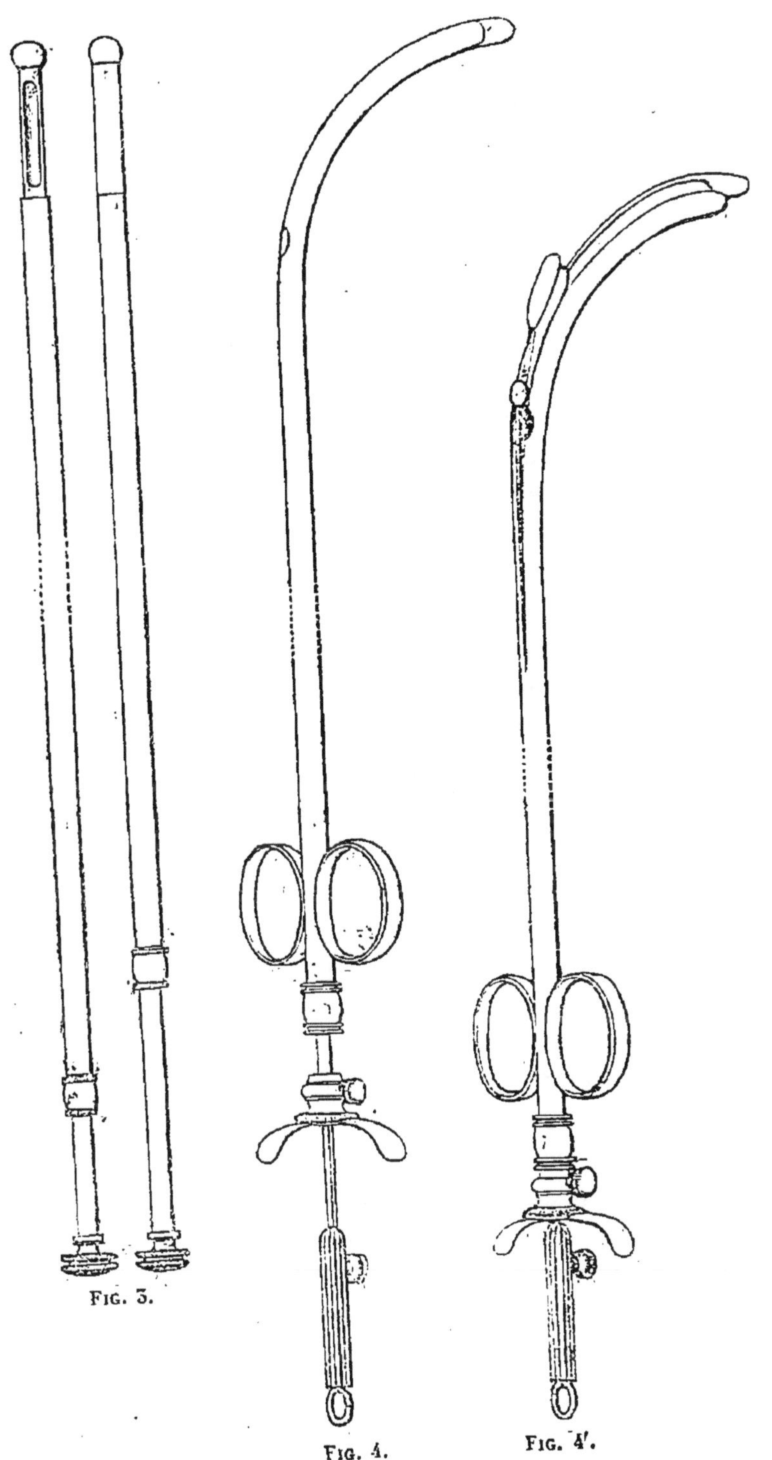

Fig. 3. Porte-caustique. — Fig. 4. Instrument fermé. — Fig. 4'. Instrument armé.

s'écartent, éloignent les lèvres latérales du col de la vessie, tendent la barrière et la rendent plus saillante. Après avoir fait une ou deux incisions, on ramène la lame dans sa gouttière, par une traction exercée sur la poignée ; puis, en tirant sur le croissant du tube interne, le bouton qui écartait les branches rentre dans l'échancrure, et l'instrument redevient ce qu'il était au moment de l'introduction, c'est-à-dire une sonde ordinaire, avec deux anneaux latéraux, un croissant, deux vis de pression, et un anneau terminal.

Je n'avais pas donné le dessin de cet instrument dans la première édition, et c'est sans doute pour n'en avoir pas saisi le mécanisme qu'on a émis, à son sujet, des opinions inexactes. On a dit :

1° *Lorsqu'on fait sortir la lame, le bouton doit se trouver en dessous, et l'on ne voit pas comment il peut indiquer avec précision le point qu'il faut inciser.*

Le bouton est en saillie à la convexité de la courbure de l'instrument : il indique par des mouvements de va-et-vient, imprimés à celui-ci, le bord libre de la barrière contre laquelle il arcboute. Au moment d'opérer, le bouton est porté en avant du point qu'on se propose de diviser, mais il ne gêne en rien l'action du tranchant ; c'est seulement pendant l'exploration qu'il recouvre la lame et garantit les tissus. Pour agir sur la valvule, il faut pousser la lame au delà du bouton et appuyer la convexité de l'instrument sur la face inférieure du col vésical, pendant qu'on tire sur les anneaux.

2° *La paroi postérieure de la vessie, venant s'appliquer tout près de l'orifice vésical peut être intéressée par la lame.*

Cet accident ne saurait avoir lieu : la partie des branches qui dépasse la lame en arrière est d'environ 54 millimètres, et en supposant qu'on opérât sans que les parois vésicales fussent écartées par une injection, elles seraient suffisamment garanties par les deux valves du tube externe.

3° *Ce doit être une chose très pénible pour le patient que de faire tourner dans le canal les deux valves qui sont fortement écartées, jusque dans le col de la vessie, et qui sont nécessairement presque tranchantes par leurs bords ;* ajoutant *que ces valves doivent presque infailliblement pincer la muqueuse lorsqu'on les rapproche.*

Il suffit d'avoir l'instrument sous les yeux, et de se rappeler la manœuvre, pour que ces objections tombent d'elles-mêmes; mais puisqu'elles se sont présentées à l'esprit d'un chirurgien qui s'est sérieusement occupé du sujet, je ferai remarquer que cet écartement des valves n'a lieu qu'à l'extrémité de l'instrument, qui se trouve dans la vessie. A la vérité, cet écartement se prolonge en avant, jusque dans la partie prostatique de l'urèthre; mais, en cet endroit, il n'a que ce qu'il faut pour tendre le col vésical et faciliter la section de la barrière; cette tension cesse même d'être suffisante après une, et surtout après deux sections; de telle sorte que, pour la seconde, et surtout pour la troisième incision, il devient nécessaire d'exercer une forte pression en bas, afin que la lame agisse suffisamment; manœuvre facile d'ailleurs, puisqu'il suffit d'exécuter un mouvement de bascule par lequel l'extrémité externe de l'instrument est relevée, et la convexité de sa courbure appliquée avec plus de force sur le rebord inférieur de l'orifice vésical. On n'a pas à craindre que le tranchant agisse trop profondément, puisqu'il ne dépasse pas le rebord des valves. Quant au pincement de la membrane par les valves et au froissement des tissus dans la manœuvre, il suffit de se rappeler les dispositions de l'appareil; je n'ai d'ailleurs rien observé qui autorise une telle supposition.

2° *Division de la valvule d'avant en arrière, et de la base vers le bord libre.*

Ces procédés et autres analogues n'offrent cependant pas autant de précision qu'on pourrait le désirer; on ne connaît pas exactement les limites de l'incision, en longueur spécialement. Les tissus fuient devant le tranchant, d'une quantité qu'on ne saurait déterminer, car elle varie dans chaque individu, suivant l'épaisseur, la résistance, la nature de la barrière; suivant l'induration de la prostate et la rigidité du col vésical, de telle sorte que l'incision n'est pas toujours aussi longue et aussi profonde qu'on pourrait le supposer.

On fait disparaître la plupart de ces inconvénients, en attaquant la valvule d'avant en arrière et de la base vers le bord

FIG. 5. — *Kiotome* demi-grandeur, fermé et prêt à être introduit dans la vessie. Sont indiquées la configuration de l'instrument, la position de la branche articulée, des trois rondelles et des deux vis de pression.

FIG. 6. — Extrémité vésicale du même, de grandeur naturelle. On voit la partie mobile de la branche articulée, portée en arrière et la tige qui la fait mouvoir, l'espace triangulaire qui résulte de cet écartement, où vient se placer la valvule, avant que la lame soit poussée, et celle-ci sortant de la gaîne, comme cela a lieu dans l'opération. Au moment de l'exploration, la lame est retirée, mais par un côté se trouve une partie pleine, qui s'applique contre la face antérieure de la valvule, pendant que la branche mobile presse contre sa face postérieure et la ramène en avant, de telle sorte que la barrière est embrassée et même comprimée par l'instrument.

FIG. 7. — Instrument de M. Mercier réduit.

FIG. 8. — Extrémité du même, de grandeur naturelle, avec sa lame cachée.

FIG. 9.— Le même avec sa lame en saillie.

Ces figures indiquent aussi la courbures des sondes *coudées*, employées par ce chirurgien.

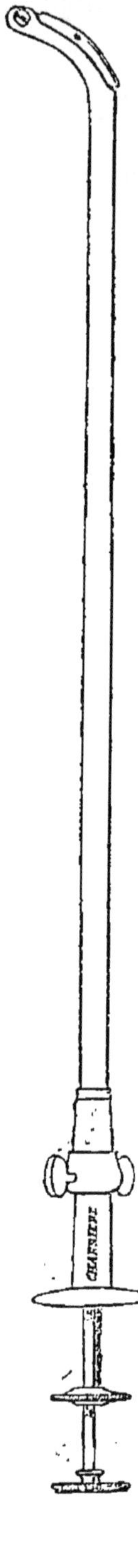

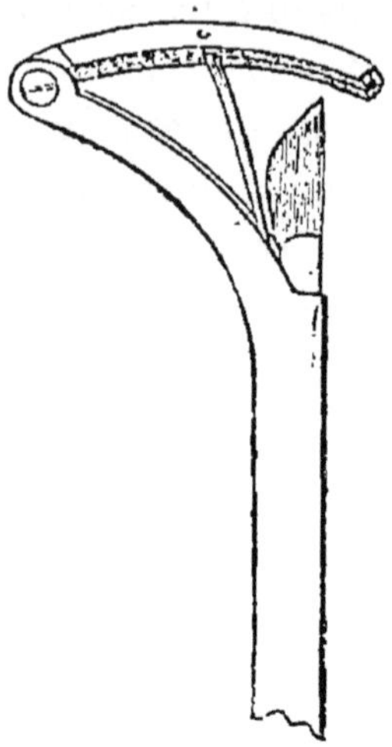

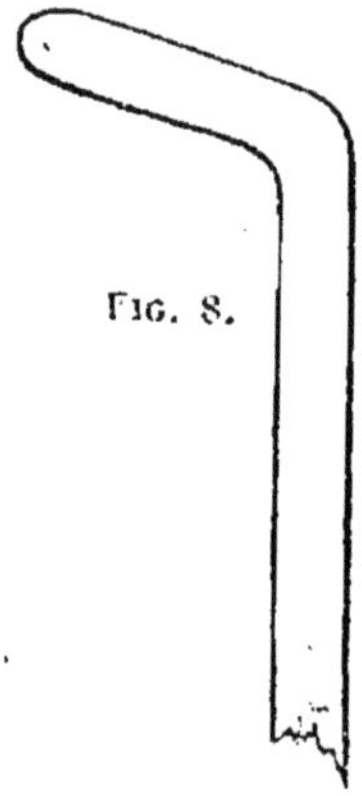

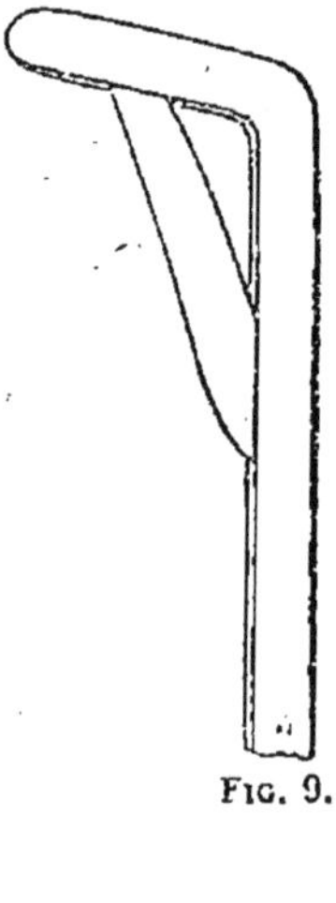

libre. L'instrument *coupe-bride* ou *kiotome*, dont je donne la figure n°s 5 et 6, met à même d'exécuter cette opération avec toute la précision désirable. De plus, au moment d'opérer, il donne la possibilité de vérifier l'exactitude du diagnostic, en plaçant, dans une échancrure mobile de l'appareil, la valvule qu'on se propose de diviser, et en l'y fixant d'une manière tellement solide qu'elle ne pourrait pas échapper. C'est sur cette masse de tissu, ainsi comprimé, que la lame agit d'avant en arrière et sans atteindre les parties environnantes.

Cet instrument, par sa configuration, ressemble à un petit lithoclaste simple. La portion coudée est formée de deux moitiés réunies par une charnière, se terminant par une extrémité arrondie. L'une de ces moitiés est fixe et fait suite à la tige droite. L'extrémité libre de l'autre moitié exécute des mouvements de va-et-vient, qu'on produit et que l'on règle à l'aide d'une tige métallique placée dans la portion droite et fixée extérieurement à une rondelle servant de poignée. En tirant sur celle-ci le bout mobile de la pièce articulée s'applique contre le dos de la portion fixe, tandis qu'il s'en éloigne quand on pousse la rondelle. De cet écartement résulte un espace triangulaire dont on augmente ou diminue l'ouverture à volonté.

Dans le corps de l'instrument existe une autre tige, *porte-lame*, avec un talon saillant, et fixée en arrière à la troisième rondelle. En poussant celle-ci on fait sortir une lame cachée dans l'instrument, qui parcourt le côté ouvert du triangle, et va s'engager dans une fenêtre, à l'extrémité libre de la pièce articulée.

On introduit l'instrument comme un lithoclaste ou une sonde à petite courbure, toujours après avoir rempli la vessie au moyen d'une injection. Dès qu'on est parvenu dans le viscère, on exécute avec l'instrument fermé un mouvement de rotation par lequel la partie coudée côtoie la face postérieure de la valvule.

On ramène la courbure en haut vers la symphyse, et, en poussant la rondelle du milieu, l'extrémité mobile de la pièce articulée s'éloigne; il en résulte un espace triangulaire dans lequel la valvule va se placer. On tire ensuite sur l'appareil comme pour le ramener au dehors, jusqu'à ce qu'il soit retenu, en haut, par la partie coudée qui bute contre le bord supérieur de l'orifice vésical, et en bas, par la barrière, contre la face postérieure de laquelle s'applique l'extrémité libre de la pièce articulée; puis rapprochant celle-ci de la branche fixe et du talon saillant du porte-lame, par un mouvement de traction sur la rondelle du milieu, la valuvle est saisie, comprimée entre les deux branches de la partie coudée de l'instrument. C'est seulement alors qu'on fait la section, en poussant la lame, dont les mouvements sont réglés de telle sorte qu'elle ne peut couper que les tissus saisis et contenus dans l'échancrure. Pour que cette section soit complète, on a réservé à la pièce articulée une fenêtre dans laquelle s'engage la pointe de la lame, sans pénétrer assez loin toutefois pour atteindre les tissus placés derrière.

Dès que la division est opérée, on tire sur la troisième rondelle, la lame rentre dans l'instrument, et l'on pousse celui-ci dans l'intérieur de la vessie, afin que rien ne s'oppose à ce que la branche mobile soit ramenée contre la branche fixe, puis on retire l'appareil sans difficulté.

Ce procédé est simple et d'une application qui donne toutes les garanties désirables de sécurité. Il n'y a qu'une production morbide de la face inférieure du col vésical qui puisse faire saillie dans l'instrument, tenu comme je viens de le dire, au point d'empêcher la pièce mobile d'être ramenée à sa place. D'un autre côté, la lame ne peut atteindre que les tissus contenus dans l'échancrure; mais ils y sont tellement serrés que la division n'en saurait être incomplète. En tenant l'appareil sur un plan horizontal, on ne peut ni faire l'incision trop bas, ni intéresser le tissu sain de la prostate et de l'angle antérieur du trigone; l'extrémité libre de la pièce mobile, s'appliquant sur les tissus, derrière la valvule, sert de limite. Seulement on pourrait ne pas faire la section assez haut, vers le bord libre de la barrière, qui ne serait alors divisée qu'incomplétement, ce qui obligerait de recommencer. Il suffit, pour prévenir cette éventualité, de relever, pendant qu'on opère, l'extrémité externe de l'instrument.

J'ai appliqué à un grand nombre de malades les instruments que je viens de décrire; dans quelques autres cas, les explorations, même répétées, et faites avec le plus grand soin, ne m'ayant pas permis de déterminer les dispositions essentielles de la barrière du côté de la vessie, spécialement son épaisseur, son prolongement dans la cavité vésicale et les diverses complications qui existaient, je n'ai pas cru devoir attaquer par l'instrument tranchant des productions morbides, sur les limites desquelles je n'étais pas fixé et dont on s'est d'ailleurs exagéré les effets.

Dans quelques-uns de ces cas, les difficultés d'uriner, par lesquelles l'état morbide se manifestait, furent attribuées à un rétrécissement sous l'arcade pubienne. Les moyens opposés à ces rétrécissements n'ayant pas produit tout le bien qu'on en attendait, je m'assurai qu'il existait, derrière la crête uréthrale, une bride dont je parvins à déterminer la hauteur; il n'y avait pas de lésion notable de la prostate. Je pratiquai tantôt une incision, tantôt plusieurs. Les malades souffrirent peu, il ne s'écoula qu'une petite quantité de sang; en un mot, ces opérations furent les plus simples qu'on puisse pratiquer dans la partie profonde de l'urèthre. C'étaient des cas très favorables, sous le triple rapport du moral des sujets, des dispositions des parties, et de l'exactitude du diagnostic. Pendant un mois au moins, on avait passé des bougies qui avaient élargi le canal et diminué sa sensibilité; aussi les manœuvres de l'exploration et de l'opération ne produisirent-elles que de très légères douleurs. Tous les deux jours ensuite, pendant trois semaines à un mois, je passai une grosse bougie en étain, presque cylindrique; elle ne butait plus au col vésical, ainsi que cela avait lieu avant l'opération. Il ne survint aucun accident, et le succès fut très satisfaisant dans presque tous les cas. Ce résultat ne peut être attribué qu'à l'opération, car je n'ai eu recours à celle-ci que lorsque les autres moyens, employés pendant longtemps, ne produisaient plus rien.

J'insiste sur cette remarque, parce qu'en pratiquant l'incision d'emblée, ainsi que le font quelques personnes, on ne peut pas distinguer, dans les effets, ce qui appartient à la division de la barrière et ce qui revient aux moyens accessoires, spécialement aux sondes ou aux instruments dilatants, dont on a fait usage. Or, je le répète, dans plusieurs des cas qui se sont offerts à moi, et dans lesquels j'avais reconnu une bride au col vésical, il a suffi de sonder les malades plusieurs fois par jour, pour qu'au bout d'un certain temps la vessie ait recouvré la faculté de se vider presque aussi bien que si la barrière n'existait pas. Chez quelques-uns de ces malades, les troubles de la miction s'étant renouvelés, surtout pendant les temps pluvieux et froids, le même traitement a produit les mêmes résultats.

Ces faits, rapprochés de plusieurs autres dont on a récemment publié les détails, établissent que l'opération peut être utilement tentée, et qu'au moyen des précautions indiquées, on n'a pas d'accidents graves à redouter. Mais je ne saurais trop répéter qu'il ne faut recourir à l'incision de la barrière que dans des cas parfaitement déterminés, qu'après avoir précisé les points sur lesquels l'instrument doit agir, placé le malade dans les conditions les plus favorables, au moyen d'un traitement approprié, et avoir acquis la certitude que tout autre moyen est impuissant.

L'incision elle-même est peu douloureuse, mais elle donne parfois lieu à un écoulement sanguin assez abondant pour inquiéter quelques malades; cet écoulement peut même se reproduire par le fait du passage des premières sondes. Au lieu d'être expulsé par l'urèthre, le sang s'accumule quelquefois alors dans la vessie, où il forme des caillots et provoque des contractions énergiques et pénibles.

Après l'opération, plusieurs malades ont souffert durant quelques jours, assez même pour regretter de s'y être soumis. Ce n'a été qu'après deux ou trois semaines que l'amélioration a commencé, et que la miction s'est régularisée. Du reste, les accidents qu'on a observés dans ces cas, tels que besoins fréquents d'uriner, douleur pour les satisfaire, accès de fièvre, urines muqueuses, catarrhales, etc., ne m'ont point paru différer de ce qu'ils sont dans toute autre circonstance.

Ici, comme dans les cas d'uréthrotomie profonde, les soins consécutifs se bornent à introduire tous les deux ou trois jours une grosse bougie en métal, dont on appuie fortement l'extrémité en l'introduisant, et surtout en la retirant, sur les points qui ont été divisés, afin d'empêcher l'adhérence des lèvres de la plaie. Les sondes à demeure me paraissent inutiles, du moins comme pratique générale; elles produisent quelquefois des douleurs qu'il est prudent d'éviter au malade. On observe ici ce qui a lieu fréquemment dans les coarctations uréthrales anciennes et résistantes: la première sonde rencontre un obstacle, mais la résistance va en diminuant et cesse même au point que, dans la même séance, on peut en passer sans difficulté une beaucoup plus grosse.

Quant à la durée de la guérison, ou de l'amélioration obtenue, il n'y a pas de raison de penser que l'une et l'autre ne se soutiendront pas, du moins pendant assez longtemps. J'ai revu quelques-uns de mes premiers opérés, ils n'avaient pas éprouvé de récidive. Ce qui se passe après la taille périnéale, et surtout après les fausses routes anciennes du col vésical, tend à faire croire à la solidité de la guérison.

Dans la pensée que la puissance et la richesse de l'art résident dans la forme et surtout le nombre des instruments, quelques chirurgiens nous ont présenté tout un arsenal contre les barrières uréthro-vésicales et les tumeurs du col de la vessie. Il serait trop long, et surtout sans utilité, de décrire ces nombreux instruments. Je me bornerai à reproduire la description que M. Mercier a donnée de celui dont il se sert, et dont on voit la figure ci-contre, page 167.

« Mon troisième instrument, dit l'auteur, a, comme les pré-
» cédents, la forme de ma sonde exploratrice, seulement il n'est
» pas tout à fait cylindrique, et il a un peu plus de diamètre de
» la face correspondant au bec, vers la face opposée, tandis qu'il
» en a un peu moins d'un côté à l'autre. Dans l'épaisseur de la
» tige, tout près de l'angle de courbure, se trouve une lame qu'on
» peut faire saillir à volonté de 2 à 4 et même de 6 millimètres,
» sans que, cependant, la pointe de cette lame se dégage com-
» plétement de l'épaisseur du bec, condition importante pour ne
» pas être exposé à accrocher les tissus. Lorsque l'instrument
» est ouvert au maximum, le tranchant de la lame représente
» une ligne qui, partant de la tige, à 15 millimètres de l'angle,
» irait tombait sur le milieu à peu près du bec. Un mécanisme
» particulier permet, lorsque cette lame a pénétré dans la vessie,
» de l'ouvrir au degré convenable et de la fermer à volonté.

» On l'introduit dans la vessie, on explore le col, on tourne le
» bec directement en arrière et on l'attire jusqu'à la valvule.
» Après s'être bien assuré de l'état des choses, on le pousse dans
» la vessie, d'une quantité égale à la longueur de la lame et on
» ouvre celle-ci de 4 millimètres, terme moyen. Il suffit alors de
» retirer l'instrument jusqu'à ce que son bec se trouve arrêté par

» le col de la vessie, pour opérer la division de la valvule de son » bord libre vers son bord adhérent. »

L'auteur cite divers cas dans lesquels il a employé cet instrument, mais les détails qu'il donne de ces faits laissent beaucoup à désirer, et les injures qu'il distribue à ceux qui ne partagent pas ses convictions ne sauraient suppléer aux éclaircissements qui manquent.

Je ferai seulement remarquer, en terminant, que ce procédé n'a pas reçu l'assentiment des praticiens, qui se sont sans doute aperçus des difficultés et de l'incertitude de son application, et qu'on voit diminuer chaque jour l'enthousiasme qu'avaient produit les premiers essais de M. Mercier. Lui-même imprimait il y a peu de jours : « *N'abusons jamais de l'instrument, encore moins dans l'urèthre qu'ailleurs.* » Et plus récemment encore, il s'est élevé avec autant de force que de raison, contre les habitudes de quelques chirurgiens que tourmente le besoin d'instrumenter.

CHAPITRE III.

DES ENGORGEMENTS DE LA PROSTATE.

C'est par la tuméfaction, avec ou sans altération de texture, que s'annoncent la plupart des maladies de la prostate. Mais, trop souvent, la nature du travail morbide, sa marche, ses symptômes nous échappent, et il ne nous est donné que d'en observer les produits : sur ce point même les auteurs ne s'accordent pas. Quoi qu'il en soit, la tuméfaction de la prostate apporte de notables modifications dans la forme, le diamètre et la direction de l'urèthre, du col vésical et de la vessie elle-même : de là des changements manifestes dans la disposition de ces organes, des troubles considérables dans les fonctions dont ils sont chargés, et des difficultés insolites dans l'application des ressources de la chirurgie. Voilà des motifs plus que suffisants pour engager à en approfondir l'histoire.

Dans le premier volume, j'ai donné un aperçu de la prostate à l'état normal, et j'ai principalement insisté, tant sur la contexture de son enveloppe que sur les rapports de cette capsule avec la couche musculeuse de la vessie et les plans aponévrotiques environnants. J'avais constaté, entre autres choses, que les extrémités des fibres superficielles de la vessie, en s'implantant à la circonférence de la prostate, se confondent avec l'enveloppe de la glande. De nouveaux faits sont venus démontrer l'exactitude de mes observations : il résulte même de cas rapportés, par M. Cruveilhier entre autres, que les plans musculeux de la vessie pénètrent dans l'intérieur de la prostate et y forment des cloisons entre les grains dont cette glande se compose, disposition qu'il n'est pas toujours possible d'apprécier. L'auteur signale aussi le prolongement de ces fibres charnues à la surface uréthrale de la prostate. De mon côté, j'avais suivi la direction des fibres musculaires de la vessie, au pourtour du col, dans la partie prostatique de l'urèthre et même plus avant. Il est donc bien établi maintenant que la prostate se trouve embrassée, et en quelque sorte traversée, par des prolongements musculeux des parois vésicales ; il l'est également que les plans musculeux, qui se rendent à la circonférence de la glande, sont les plus épais, les plus résistants, et que ceux qu'on aperçoit au pourtour de l'urèthre, ou qui pénètrent dans l'intérieur du corps prostatique, sont les plus minces. On est parti de là, et non sans raison, pour expliquer comment il se fait que la tuméfaction de la prostate s'opère spécialement du côté de l'urèthre et de la vessie. On doit tenir compte aussi de l'inégale épaisseur de la capsule elle-même, qui n'oppose pas partout autant de résistance. Mais ce qui n'a pas été observé, et ce que des recherches ultérieures démontreront probablement, c'est que, dans certains engorgements partiels de la prostate, il existe, au point correspondant de l'enveloppe, soit une destruction plus ou moins étendue, soit un écartement des fibres. Entre la partie de la glande qui fait saillie et celle qu'on trouve au-dessous, il y a une grande différence de dureté, qui ne peut être expliquée que par l'écartement, l'éraillement des fibres de la capsule, ou par l'absence d'enveloppe à la tumeur. Ajoutons que cette partie en relief, est plus inégale, plus bosselée, et que les lobules constitutifs de la prostate y sont mieux dessinés. Dans plusieurs des cas que j'ai observés, les tuméfactions partielles ressemblaient, par leur extérieur, à ce qu'on remarque quand on divise une prostate entièrement hypertrophiée et très dure. Après la section de l'enveloppe, on voit les parties contenues proéminer, et la surface en relief devenir inégale, mamelonnée; tandis qu'on ne remarque pas cette irruption du tissu prostatique lorsqu'on divise une glande non hypertrophiée (1).

(1) M. le docteur Caudmont, qui poursuit avec zèle et activité les recherches nécropsiques, dont les devoirs de la profession m'ont forcé d'interrompre le cours, a donné dans sa thèse inaugurale (p. 35) des résultats qu'il me paraît utile d'indiquer ici :

« Il est un fait que je tiens à constater immédiatement, et que les autopsies démontrent sans réplique, c'est que l'engorgement de la prostate est dû à une altération particulière du tissu de la glande, qu'on retrouve dans tous les cas et qui ne présente jamais que de légères variations. Elle est la même, que l'affection soit générale ou limitée seulement à une portion plus ou moins étendue de l'organe. Elle a toujours pour résultat d'augmenter le volume et de changer la forme de la partie où elle siége, de sorte qu'il suffit de l'existence de ces modifications, pour entraîner la certitude que le tissu de la glande est malade. On peut donc caractériser l'engorgement de la prostate, uniquement d'après les changements physiques qu'a subis cet organe; mais il serait plus méthodique, et plus conforme à ce qui existe réellement, de tenir compte en même temps de l'altération du tissu. Sur ce point, la science n'est pas encore faite.

» Je dirai toutefois que l'état dans lequel se présente le tissu glanduleux, est bien différent des dégénérescences squirrheuses ou cancéreuses avec lesquelles les anciens paraissent l'avoir confondu. Non-seulement l'aspect et la texture ne sont pas les mêmes, mais sous aucun rapport on ne peut trouver la moindre analogie. En effet, l'engorgement de la prostate est une affection toute locale, qui ne produit presque jamais de troubles dans l'économie, et encore moins la mort, ainsi que le fait le cancer.

» Lorsque la maladie est au début, on rencontre dans l'intérieur du tissu prostatique, un certain nombre de granulations bien dessinées, ayant le volume d'un grain de millet ou de chènevis, et présentant une couleur blanche et mate : elles contrastent avec les parties saines, où il est impossible de voir distinctement les grains glanduleux. Elles sont situées de préférence sur les côtés de l'urèthre, immédiatement derrière les parois de ce canal; on les voit aussi fréquemment à la superficie de la portion moyenne de la prostate. Quand l'affection est parvenue à un degré plus avancé, ces granulations occupent la totalité de l'organe, et nulle part on ne retrouve du tissu sain. Elles offrent en même temps plus de volume; il est fréquent d'en trouver un certain nombre qui ont la grosseur d'un grain de raisin, d'une noisette. Mais alors, la maladie est ancienne et assez avancée pour avoir produit pendant la vie des symptômes plus ou moins apparents. Ces granulations ont une structure spongieuse comme de la moelle de jonc; quand on les a incisées et qu'on les presse il en sort un liquide blanc, crémeux, analogue au fluide prostatique, mais plus épais; quelquefois, néanmoins, on en trouve quelques-unes qui paraissent compactes, et ne laissent rien sortir quand on les comprime Elles sont lisses extérieurement, et on peut aisément les enlever de l'intérieur de l'organe en les énucléant; avec quelque soin qu'on fasse cette dissection, on ne peut voir la granulation communiquer avec la masse de l'organe autrement que par un filament très grêle, qu'on peut supposer être

ART. Ier. — DESCRIPTION DE LA MALADIE.

§ 1er. Tuméfaction générale de la prostate.

Il arrive rarement à la prostate de se tuméfier tout entière dès le début. Ce n'est qu'à une époque fort avancée qu'on la voit quelquefois augmenter de volume dans toute son étendue. La

le canal excréteur. Les granulations volumineuses sont isolées par des cloisons cellulo-fibreuses épaisses; les autres sont réunies plusieurs ensemble dans un même compartiment. On voit souvent dans leur tissu un grand nombre de capillaires sanguins; quelquefois même elles sont noirâtres, comme infiltrées de sang.

» Il est difficile de voir, dans la masse de l'organe, les canaux excréteurs, et en pressant, on ne peut parvenir à les faire gonfler, comme nous avons vu cela avoir lieu dans les circonstances ordinaires. On n'aperçoit pas non plus les faisceaux nacrés que, précédemment, nous avons dit exister à la base du vérumontanum. On distingue à leur place des filaments longs et grêles qui se dirigent transversalement vers la circonférence de la glande, et qui se confondent avec les cloisons cellulo-fibreuses. Le seul endroit de la prostate où l'on rencontre des canaux bien évidents, c'est sous la paroi postérieure de l'urèthre. Par une coupe transversale, leurs orifices paraissent béants, comme s'ils avaient été divisés perpendiculairement; et, en effet, j'ai de bonnes raisons de penser que les conduits qui viennent des granulations voisines du col de la vessie sont dirigés, dans une grande partie de leur étendue, presque directement de haut en bas et d'arrière en avant. Je n'ai jamais vu d'une manière bien distincte le fluide prostatique suinter par leurs orifices lorsque l'engorgement était considérable; mais j'ai trouvé souvent leur cavité obstruée par des calculs prostatiques, ou bien par une matière brune et visqueuse, semblable à la substance des calculs délayée par un liquide.

» On n'a pas encore démontré d'une manière évidente la nature de cette altération de la prostate. La plupart des auteurs inclinent à penser que c'est une tuméfaction, une hypertrophie des grains glanduleux. D'autres disent que ce sont des productions accidentelles, ayant leur point de départ dans quelque matière épanchée au sein de la prostate : une gouttelette de sang, de lymphe plastique, de pus même. Cette question présente de grandes difficultés, qui exigeraient des recherches spéciales.

» Les portions de la prostate qui sont hypertrophiées ont généralement plus de consistance qu'à l'état normal. On rencontre quelquefois dans leur intérieur des points ramollis ou des cavités remplies de liquide, mais la masse du tissu est plus dense que dans les circonstances ordinaires. On ne retrouve plus cette souplesse, cet état de mollesse et d'élasticité qui caractérise particulièrement le tissu prostatique. Les granulations volumineuses qui composent maintenant ce dernier, paraissent comprimées et comme renfermées dans un espace trop étroit pour les contenir. Si l'on divise la prostate, on voit les parties malades faire à l'extérieur une saillie d'autant plus prononcée, que la compression était plus forte; les granulations sont constituées par un tissu mou; une fois qu'on fait cesser la résistance qui les bride, elles s'échappent au dehors et font hernie au-dessus de leurs cloisons cellulo-fibreuses, qui restent au niveau de la surface de la coupe. »

tumeur qui résulte de là peut acquérir des dimensions énormes, par exemple le volume d'un œuf d'oie, d'une grosse orange, et même plus. On conçoit qu'alors elle doive remplir en grande partie l'excavation pelvienne.

M. Cruveilhier parle d'une prostate qui avait cinq fois le volume ordinaire, et dont la partie moyenne était, proportion gardée, plus volumineuse que les parties latérales. Elle entourait l'urèthre de toutes parts. Sa partie supérieure était, relativement, aussi développée que l'inférieure, et c'était surtout du côté de la vessie que l'ampliation avait lieu. La tumeur s'étendait jusqu'au bas-fond de l'organe. Son tissu se déchirait avec facilité : on pouvait même le diviser en sphéroïdes irréguliers, dont quelques-uns avaient le volume d'une noisette. La coupe de cette masse présentait des surfaces circulaires, dont chacune appartenait à un sphéroïde, et chaque sphéroïde était évidemment un grain glanduleux hypertrophié. Le tissu de chaque grain avait une structure aréolaire, et les aréoles, de dimensions variées, contenaient du liquide. Quelques-unes des granulations étaient converties en de véritables cellules, dont plusieurs communiquaient ensemble et renfermaient une matière purulente jaunâtre. Il est à remarquer que dans ces sortes d'altérations, les sphéroïdes, les granulations, les aréoles, tout est d'autant plus prononcé que l'engorgement a acquis des dimensions plus considérables.

Les autopsies ont fait connaître toutes les variétés des tumeurs prostatiques, ainsi que les changements qu'elles peuvent imprimer à l'urèthre, et à la vessie spécialement. J'exposerai brièvement ce qui m'a le plus frappé dans les musées de Londres et de Paris; et les figures qui seront jointes à la description de chaque pièce, aideront à l'intelligence des faits indiqués :

On voit, dans la collection de l'hôpital Saint-Georges, un exemple d'hypertrophie partielle. Le lobe moyen de la prostate fait, dans l'intérieur de la vessie, une saillie considérable, sur chaque côté de laquelle sont creusés deux sillons; cette tumeur, légèrement aplatie d'avant en arrière, se termine à droite, et surtout à gauche, par un mamelon; en avant, elle envoie un prolongement en relief jusqu'à la courbure de l'urèthre; la partie prostatique du canal présente un évasement, et change de direction en arrière : la plus grande partie du trigone se trouve recouverte par la tumeur ; il y a une dépression considérable du bas-fond de la vessie. *

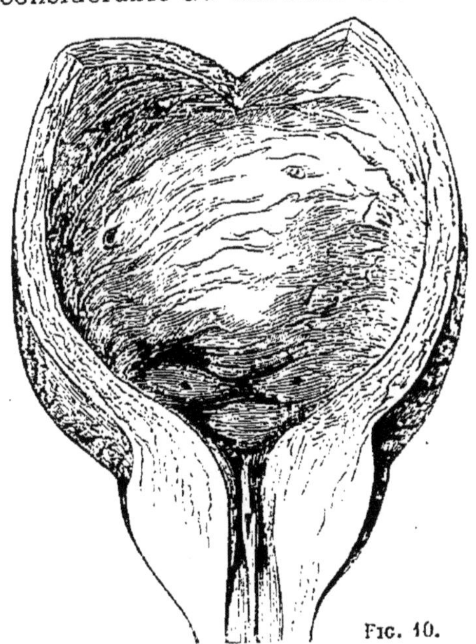

Fig. 10.

Les cas de ce genre ne sont pas rares, et j'en ai décrit plusieurs. On en voit d'autres dans le musée de Hunter, qui appartiennent, avec des nuances, à la même catégorie. Chez un sujet, la prostate était considérablement engorgée, et le moyen lobe formait une saillie considérable dans la cavité de la vessie. Chez un autre, mort de rétention d'urine, la tumeur, produite par le moyen lobe, remplissait l'orifice de l'urèthre, et proéminait dans l'intérieur de la vessie, près du col de laquelle existait un calcul. Chez un troisième, le corps de la prostate était saillant en avant, d'où résultait une sorte de cul-de-sac entre la vessie et l'urèthre : les conduits prostatiques renfermaient de petites concrétions calculeuses. Chez un quatrième, la tumeur, formée aussi par le corps de la prostate engorgé, a été lacérée par le passage de la sonde. Une pièce, dont je reproduirai le dessin, fig. 14, attire surtout les regards par une tumeur pyriforme, de grande dimension, qui se dirige, en arrière, vers l'intérieur de la vessie, et sur laquelle on remarque des lacérations produites par la sonde, qui passait tantôt à droite et tantôt à gauche. Sur une autre pièce, la tumeur, apparte-

* Fig. 10. — Cette figure représente une hypertrophie de la prostate, mais à un faible degré. Les deux lobes latéraux sont tuméfiés inégalement : celui du côté droit l'est un peu moins que l'autre. Le corps est soulevé aussi, et fait une saillie triangulaire, plus marquée au centre. Entre cette saillie et les lobes latéraux existent deux gouttières peu profondes, dirigées d'avant en arrière et de dedans en dehors. Antérieurement, la saillie envoie un prolongement qui s'étend jusqu'à la crête uréthrale. Celle-ci est elle-même un peu plus prononcée que dans l'état normal. En arrière, entre la saillie du corps de la prostate et les orifices des uretères, qui affectent la forme de mamelons, existe une dépression transversale, plus large au centre que sur les côtés ; ils sont eux-mêmes réunis par une bande transversale, qui sépare le trigone du bas-fond de la vessie. Cette barrière, que j'ai décrite, et que nous retrouverons dans d'autres dessins, est quelquefois assez élevée pour faire croire que la vessie est double. Les parois vésicales sont hypertrophiées, la membrane muqueuse est rouge, avec des plaques grises peu prononcées. On voit aussi les orifices de trois cellules peu profondes.

Dans mes recherches anatomiques, j'ai trouvé un très grand nombres de pièces analogues, qu'il aurait été inutile de reproduire. J'ai choisi, parmi ces pièces, celle qui offrait l'ensemble le plus complet de l'hypertrophie générale de la prostate.

nant encore au corps de la prostate, est très volumineuse aussi, et divisée en deux lobes, particularité qu'on attribue au passage des sondes durant les premiers temps de la maladie. Mais les déformations de ce genre me paraissent dépendre d'autres causes, du moins dans beaucoup de circonstances, comme je l'ai dit ailleurs, en traitant des tumeurs lobulées de la prostate, et en indiquant le mode le plus probable de leur formation.

Dans le musée de l'hôpital Saint-Barthélemy, on voit une tumeur constituée par l'engorgement du corps prostatique, saillante en relief dans l'intérieur de la vessie, et dont le volume égale celui d'un gros œuf d'oie; légèrement aplatie d'avant en arrière, elle se termine par une sorte de pointe dirigée à gauche; deux sillons, dont le plus profond est à droite, la séparent des lobes latéraux.

Ce qui m'a le plus frappé dans les préparations des musées de Londres, c'est que les tumeurs formées par l'engorgement de la partie de la prostate qu'on appelle moyen lobe, et que Hunter avait décrite sous le nom de partie postérieure, sont souvent aplaties d'avant en arrière. J'avais bien remarqué cet aplatissement dans plusieurs de mes propres préparations, mais je le croyais exceptionnel. Quoi qu'il en soit de la fréquence relative de cette disposition, il s'y rattache une question importante de la pathologie des voies urinaires.

Si l'on rapproche les cas nombreux observés dans les musées, de ceux que j'ai cités et d'autres qu'on trouve dans des ouvrages récents, on voit que, par l'effet du développement morbide du corps de la prostate, l'orifice interne de l'urèthre est susceptible de prendre des formes et des directions tout à fait différentes de ce qu'on observe dans l'état normal. En effet, qu'il s'agisse d'une saillie aplatie d'avant en arrière, ainsi que le montrent les préparations anatomiques, ou que ce soient des barrières ou des replis membraneux, décrits dans le chapitre précédent, il en résulte toujours que le canal, à son origine, c'est-à-dire à l'orifice vésical, se trouve intercepté plus ou moins brusquement par un obstacle s'élevant de sa face inférieure, et changeant sa direction dans une étendue variable, qu'on a vue portée jusqu'à plus de 27 à 30 millimètres. Que cette barrière soit membraneuse, musculeuse, fibreuse, ou qu'elle soit constituée par la substance même de la prostate, on ne saurait contester son existence, puisqu'on la reconnaît sur beaucoup de sujets pendant la vie, et que les autopsies en fournissent de nombreux exemples. Elle peut devenir la source des accidents les plus graves pour tout chirurgien qui pratique le cathétérisme sans posséder, à son sujet, les connaissances les plus précises. Quand on sonde à la manière ordinaire, pour un cas de ce genre, l'écueil est presque inévitable, comme les autopsies le démontrent surabondamment. On conçoit, en effet, qu'avec les sondes à grande courbure, en procédant d'après les règles établies, même dans les meilleurs ouvrages non-seulement il soit difficile de contourner la tumeur et de suivre la déviation anormale imprimée au canal excréteur de l'urine, mais encore que l'on soit conduit à donner à l'instrument de fausses directions.

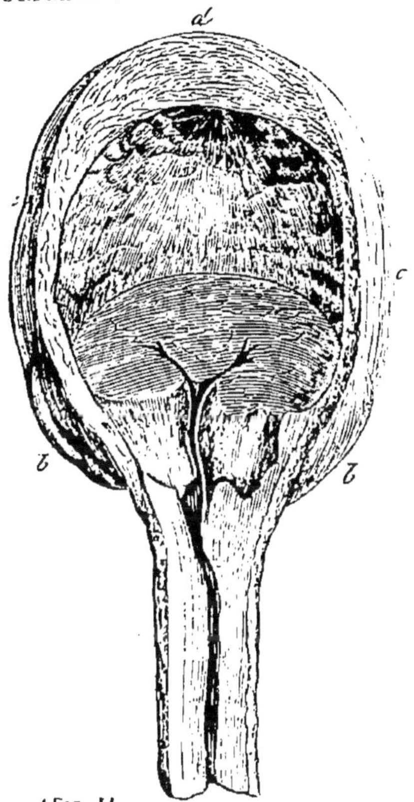

*Fig. 11.

L'état que je viens d'indiquer existe rarement seul, notamment lorsque la barrière du col vésical est formée par la prostate, le moyen lobe, les lobes latéraux, ou du moins l'un des deux, sont alors plus ou moins engorgés simultanément, et changent la direction de l'urèthre en d'autres sens. Ce n'est plus, dans ces cas, une simple déviation de l'orifice, de bas en haut, et commençant à plus ou moins de distance de la crête uréthrale : cette déviation est précédée par une, deux, ou même trois autres inflexions latérales, qui présentent de nombreuses variétés, quant à leur étendue.

Je reproduis ici un dessin, malheureusement un peu confus, qu'on trouve dans l'ouvrage de M. Crosse, sur les calculs

* Fig. 11. — *a*. L'urèthre ouvert. — *b*, *b*. La surface de la prostate fortement engorgée, et formant une énorme tumeur dans la cavité vésicale. — *c*, *c*. Surface externe de la vessie dont les parois sont hypertrophiées, surtout vers le fond *d*. — *e*. Urèthre. — *a*. Origine de la déviation.

urinaires. Il s'agit d'une prostate qui forme dans l'intérieur de la vessie une masse irrégulière, à la surface de laquelle on suit les sinuosités de l'urèthre à son origine vésicale. La pièce provenait d'un sujet de soixante-trois ans, qui avait longtemps souffert d'un rétrécissement de l'urèthre, et dans la vessie duquel on trouva une pierre volumineuse.

A l'occasion de ces tuméfactions prostatiques, je citerai le fait suivant : Un homme plus que septuagénaire, d'une constitution sèche et épuisée, éprouvait depuis longtemps des difficultés d'uriner, auxquelles se joignirent bientôt d'autres accidents. Le malade réclama les soins d'un des praticiens de la capitale qui s'occupent spécialement des maladies des organes génito-urinaires. L'existence d'un rétrécissement organique fut constatée, et l'on mit en usage un traitement dans lequel la cautérisation jouait le principal rôle. Il y eut un peu d'amélioration, et le malade partit pour la campagne. A son retour, je fus consulté, et je m'assurai que l'urèthre était encore rétréci d'une manière notable, dans une assez grande étendue de sa courbure. Une petite bougie molle pénétrait difficilement ; elle était retenue quand on cherchait à la retirer, et elle rapportait l'empreinte d'un compression plus forte dans le point correspondant à la coarctation. Le canal était d'ailleurs d'une excessive irritabilité, et ce ne fut qu'après plusieurs introductions de la bougie molle que je pus m'occuper de la dilatation proprement dite, à laquelle je procédai avec d'autant plus de ménagement et de lenteur, que la santé du malade n'aurait pu supporter une forte secousse. Au bout de quelques jours, je reconnus, par l'emploi d'une petite sonde, que la vessie ne se vidait pas entièrement, circonstance à laquelle je dus attribuer le dépôt muqueux contenu dans l'urine, qui, d'ailleurs, s'échappait involontairement pendant la nuit. C'était le cas de recourir aux sondes flexibles, qui eussent permis de débarrasser la vessie et de faire des injections émollientes ; mais comme ces instruments, quelque souples qu'ils soient, produisent toujours plus de douleur que les bougies, l'irritabilité du canal me contraignit d'employer ces dernières. La sensibilité s'émoussa cependant à mesure que le point rétréci se dilatait, et je finis par pouvoir introduire plusieurs fois par jour une sonde flexible.

L'affection catarrhale diminua, ainsi que la fréquence des besoins d'uriner et les efforts pour les satisfaire. Je m'étais aperçu que la prostate avait augmenté de volume et de consistance, ce qui rendait le passage de la sonde difficile, et même douloureux, surtout lorsqu'on ne conduisait pas l'instrument avec précaution : il arriva même plus d'une fois que le malade et son gardien ne purent le faire pénétrer; la vessie éprouvait alors une distension pénible, et l'on voyait aussitôt reparaître tous les accidents primitifs. C'est ce qui me détermina à laisser une sonde en place, au moins pendant la nuit. Le malade la supporta mieux que je ne m'y attendais. J'avais employé, il est vrai, les sondes courbées, qui fatiguent la prostate beaucoup moins que les autres. Le résultat fut satisfaisant, et la vessie recouvra bientôt sa contractilité, au point même que l'urine coulait entre les parois du canal et la sonde, qu'on ne pouvait cependant essayer d'enlever sans que la dysurie reparût aussitôt. Quelque temps après, un catarrhe pulmonaire mit fin aux jours du malade.

A l'ouverture du corps, on reconnut l'ossification des gros vaisseaux, un épanchement pleurétique, et une atrophie des reins, qui contenaient beaucoup de petits graviers. Les parois vésicales étaient fort épaissies : la tunique musculeuse, hypertrophiée, formait, dans l'intérieur du viscère, un entrecroisement de colonnes charnues très saillantes, séparées par des intervalles irréguliers, dans lesquels la membrane muqueuse produisait une série de dépressions de grandeur et de forme variées. Cette membrane était d'un rouge noir ou bleuâtre, mais sans altération de texture, si ce n'est au voisinage du col, où l'on apercevait plusieurs végétations, dont les plus grosses ressemblaient à des pois, et les plus petites à des grains de millet. Vers la partie inférieure de l'orifice interne de l'urèthre, se trouvait un repli, étendu d'un lobe latéral de la prostate à l'autre. C'est ce repli, très saillant, qui s'opposait au passage de la sonde lorsqu'on n'en relevait pas assez le bec. On le coupa du bord libre à la base, en prolongeant l'incision de manière à diviser une partie de la prostate. Tout le corps de cette glande était tuméfié et fort dur. La crête uréthrale était affaissée, mais sans lésion manifeste. L'urèthre, ouvert dans toute sa longueur, ne présenta qu'un épaississement de ses parois à la courbure sous-pubienne, et sur une étendue d'environ 16 millimètres. On ne devait pas s'attendre à le trouver rétréci, puisque le malade portait depuis plusieurs mois des sondes volumineuses. La lésion la plus remarquable existait donc à l'orifice interne du canal. Elle consistait en fongosités, en végétations, et en un repli transversal, que j'ai rencontré fort souvent, mais jamais aussi prononcé. Ce qui m'a frappé aussi dans cette observation, c'est l'induration du tissu cellulaire environnant le col vésical ; ce tissu criait sous le bistouri. Pareille induration n'est pas rare chez les vieillards, surtout lorsqu'ils ont longtemps souffert ; elle est même quelquefois portée si loin qu'on a de la peine à diviser les tissus dans la cystotomie.

Lorsqu'un des lobes latéraux de la prostate a augmenté de volume, il fait saillie dans l'urèthre, de telle sorte que ce canal décrit une courbure dont la concavité correspond à la tumeur. Cette forme de déviation n'est pas rare. Je l'ai vue, entre autres, chez un homme qui avait le côté droit de la prostate plus gros que le gauche : l'instrument, parvenu en cet endroit, ne pénétrait dans la vessie qu'autant qu'on avait soin de diriger fortement son extrémité à gauche. J'ai constaté une disposition semblable à l'ouverture du corps d'un autre sujet. Enfin, le cas suivant, que je crois devoir rapporter avec tous ses détails, présente un remarquable exemple de cette lésion :

En 1834, je fus appelé pour sonder un octogénaire qui, depuis plusieurs jours, ne pouvait uriner. D'autres praticiens fort habiles avaient déjà fait d'inutiles tentatives pour introduire une sonde. Une hydrocèle considérable et une hernie du côté gauche formaient une tumeur qui descendait jusqu'à la réunion du tiers supérieur de la cuisse avec les deux tiers inférieurs. La verge était fortement déjetée du côté opposé. La vessie, distendue par l'urine, produisait, à la région hypogastrique, une tumeur dure, rénitente et s'élevant jusqu'à l'ombilic. L'urine ne sortait que par gouttes, à des intervalles rapprochés. Les angoisses étaient extrêmes ; il y avait de la fièvre et du délire : le malade était plongé dans un assoupissement comateux. Les observations que j'avais déjà faites sur les effets des tumeurs situées au voisinage de l'urèthre me firent penser qu'il n'y avait pas là de rétrécissement proprement dit, et que l'obstacle au passage de la sonde dépendait de courbures anormales du canal, dont la première devait se trouver au côté droit. En effet, la sonde arrivait aisément jusqu'à la courbure, mais il aurait été impossible de la pousser plus loin sans perforer l'urèthre et arriver au côté gauche de l'excavation pelvienne, en dehors de la vessie. J'écartai la difficulté, en relevant la tumeur scrotale, et la rejetant assez en dehors pour que la sonde, tenue perpendiculairement, fût presque dans la direction ordinaire ; puis je suppléai à ce qui manquait à ce redressement, en tournant la courbure de l'instrument de manière à diriger son bec à droite. Ayant ainsi effacé la déviation anormale, je parvins dans la vessie sans autre difficulté. Je me déterminai ensuite à laisser une sonde à demeure, qui fut changée de loin en loin, et le malade finit par recouvrer la faculté de rendre naturellement l'urine. Les premiers symptômes, malgré leur gravité, se calmèrent d'eux-mêmes aussitôt que la vessie fut vidée. Pendant le traitement, il survint un engorgement testiculaire, qui se termina par résolution. Depuis, le malade n'a pas éprouvé de fortes douleurs, mais il est obligé d'uriner souvent.

Dans quelques préparations anatomiques, les altérations qui donnent lieu à la déviation latérale de la partie prostatique de l'urèthre sont très prononcées.

On en voit deux au musée de Hunter. Dans l'une, la prostate, notamment à son lobe gauche, est très saillante, ce qui convertit l'orifice vésical en une ouverture semi-lunaire : la vessie est à cellules. Dans l'autre, même engorgement de la prostate, et même forme de l'orifice uréthral ; la partie postérieure de la tumeur prostatique avait été perforée par le cathéter cinq ans avant la mort : c'est par cette fausse route que passait l'instrument dont on se servit pendant ce laps de temps pour vider la vessie. Une troisième pièce, entre autres, également très digne d'être notée, se voit au musée de l'hôpital Saint-Georges : toute la glande est tuméfiée, mais le développement est plus considérable aux lobes gauche et moyen ; il y a déviation latérale simple, et immédiatement après, inclinaison considérable en haut, ce qui tient à l'élévation de la barrière transversale ; entre la saillie du lobe moyen et les tumeurs formées par les lobes latéraux, existe un double sillon, qui est plus profond du côté gauche.

J'ai cité aussi des cas dans lesquels les deux lobes latéraux sont engorgés; mais les deux tumeurs qu'ils forment dans l'urèthre, au lieu d'être correspondantes et sur la même ligne transversale, se trouvent, l'une plus en avant, et l'autre plus en arrière. Par ce fait, la partie prostatique de l'urèthre reçoit une double courbure. Cette disposition est très prononcée dans plusieurs pièces du musée de l'hôpital Saint-Barthélemy. Sur une d'elles, les diverses parties de la prostate sont tuméfiées; la portion prostatique de l'urèthre est déviée, d'abord de gauche à droite, puis de droite à gauche, et finalement de gauche à droite, sans compter la déviation de bas en haut produite par la tuméfaction du moyen lobe, et qui commence immédiatement après. Entre le lobe moyen et le lobe latéral droit existe un sillon profond, par lequel on pénétrait dans la vessie. Dans une préparation de l'hôpital Saint-Georges, la déviation en haut de la partie profonde de l'urèthre est considérable, bien qu'il n'y ait pas de barrière proprement dite.

L'existence de sillons entre les tumeurs que forment les lobes de la prostate, dans l'état d'hypertrophie, est assez constante. Ils sont très apparents dans les figures que je donne plus loin. Cependant il y a des cas où ces sillons manquent, au moins d'un côté. Les deux tumeurs adhèrent l'une à l'autre jusqu'auprès de leur extrémité libre. C'est ce qu'on remarque dans une des pièces du musée de l'hospice Saint-Georges. Les deux lobes latéraux sont très volumineux, et aplatissent l'urèthre sur les côtés; le lobe moyen, fort gros aussi, fait saillie dans la vessie, surtout du côté droit, où il adhère au lobe latéral correspondant : on remarque deux fausses routes au col vésical, bien au-dessous de l'urèthre.

Une des prostates les plus volumineuses que j'aie vues à Londres, est à l'hôpital Saint-Barthélemy. Les lobes latéraux y forment deux tumeurs considérables; la vessie, à parois hypertrophiées, contient trois énormes pierres aplaties, situées, deux, de moindres dimensions, sur les côtés, et une, plus grosse, au milieu. On trouve un exemple remarquable de ce mode d'altération dans l'ouvrage de M. Cross, qui en a donné la figure, pl. IX, fig. 2 (1).

(1) *A. Treatise on the formation, etc. of the urinary calculus*. London, 1835.

Une des pièces les plus remarquables dont je donne ici la figure existe au musée Dupuytren.

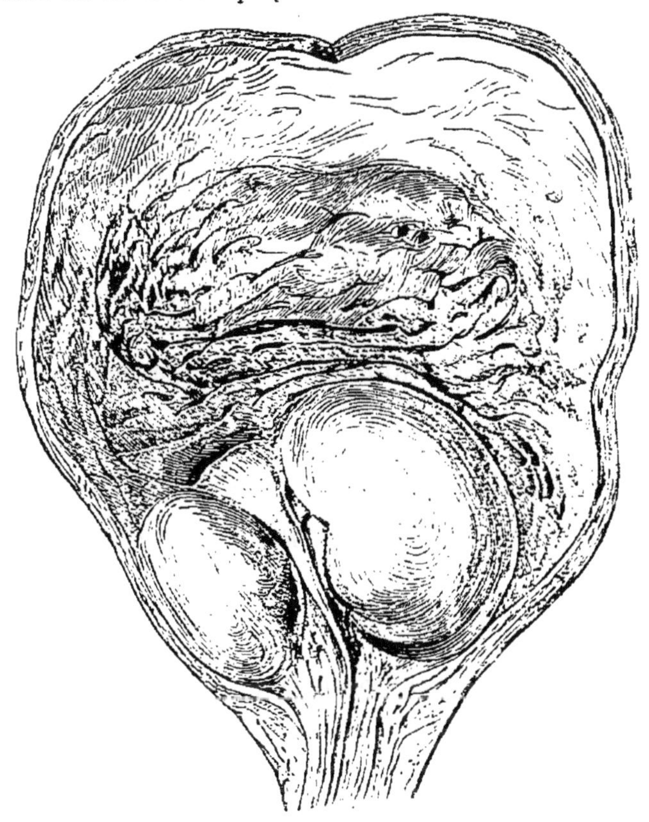

Fig. 12.

La déviation de l'urèthre peut avoir lieu dans un sens opposé, c'est-à-dire de haut en bas, lorsque la prostate est détruite ou atrophiée. J'en ai cité quelques exemples ; on en voit aussi plusieurs dans les musées de Londres.

Lorsque la prostate est fortement engorgée, les tumeurs formées par les deux lobes et par le corps de cette glande font saillie, non-seulement dans l'urèthre, mais encore du côté de la vessie. On voit dans la collection de l'hôpital Saint-Georges une préparation offrant trois tumeurs saillantes dans l'intérieur de cet organe. Le lobe latéral gauche est plus volumineux que le droit,

Fig. 12. — Cette figure représente la pièce déposée dans le musée Dupuytren, sous le n° 300. Elle offre un exemple de déviation extraordinaire du col vésical, et fait voir combien le cathétérisme peut devenir difficile. Cette pièce est remarquable non-seulement par la disposition de l'urèthre, mais aussi par la saillie que font dans la cavité vésicale les lobes latéraux, spécialement du côté gauche ; la masse entière qui comprend les deux lobes latéraux et le lobe moyen est déjetée du côté droit de la vessie, de manière à changer tous les rapports normaux.

qu'un de ses prolongements, fort considérable, déprime et déjette. Ce prolongement s'est logé dans l'écartement que laissent entre eux le moyen lobe et le lobe latéral droit ; en rapprochant ces derniers l'un de l'autre, il se trouve recouvert. La saillie que les lobes latéraux font à l'orifice interne de l'urèthre a près de 54 millimètres. Le lobe moyen forme dans l'intérieur de la vessie une tumeur ovoïde, aplatie d'avant en arrière, et présentant plusieurs inégalités; cette tumeur s'élève autant que celle des lobes latéraux. Entre les trois tumeurs existe un sillon triangulaire, fort étroit en arrière et à gauche, un peu plus large, mais moins profond, en arrière et à droite ; c'est dans le fond de ce sillon, au point de réunion des deux parties postérieures avec la partie antérieure, que se trouve l'orifice interne de l'urèthre. On distingue, dans le fond, la crête uréthrale, en partie masquée par une sonde, qu'on a mise en place pour indiquer une fausse route qui transperce la tumeur du moyen lobe.

J'ai dit précédemment que la déviation en haut de l'orifice vésical de l'urèthre est très fréquente. Elle n'a pas lieu seulement par l'effet des barrières : on l'observe encore lorsque l'engorgement du corps de la prostate prend d'autres formes. Dans une préparation du musée de l'hôpital Saint-Georges, on voit les trois lobes de la glande tuméfiés, et l'orifice vésical fortement relevé. La même disposition se présente sur d'autres pièces. Je l'avais remarquée aussi dans plusieurs cas qui se sont offerts à moi, et que reproduisent les figures. Qu'il me suffise de rappeler une observation déjà faite, c'est qu'alors la déviation est moins brusque, moins à pic, et commence plus loin que dans les cas de replis valvulaires.

Il arrive quelquefois, exceptionnellement, que les lobes latéraux de la prostate sont seuls tuméfiés, le corps de la glande n'ayant acquis que peu ou point de développement anormal. Une des préparations de l'hôpital Saint-Barthélemy en fournit un exemple : la vessie est hypertrophiée et à cellules; une de ces dernières, plus grande que les autres, occupe le sommet de l'organe, avec lequel elle communique par une ouverture arrondie; les lobes latéraux de la prostate sont très tuméfiés, tandis que le corps ne fait qu'une petite saillie, du volume d'une noisette.

Les faits qui viennent d'être relatés confirment pleinement ce que l'observation m'avait appris; il m'a paru utile néanmoins d'indiquer sommairement les pièces pathologiques dont j'ai eu connaissance depuis 1840, époque de la publication de cet ouvrage. Indépendamment de l'analogie qui existe entre les faits recueillis à Londres et ceux que j'avais été à portée d'observer en France, quant à la nature, aux formes, et au développement des tumeurs prostatiques, et qui constatent l'exactitude des observations et la rectitude des déductions, les préparations anglaises ont une autre portée, sous le point de vue pratique. La plupart d'entre elles révèlent l'existence de fausses routes au col de la vessie. Je reviendrai sur ce sujet dans un article spécial; mais je ne puis m'empêcher de faire remarquer ici que, nulle part ailleurs qu'à Londres, je n'ai vu tant de preuves réunies des dangers que peut entraîner le cathétérisme, lorsqu'on suit la marche tracée par les auteurs, et qu'on se sert des instruments ordinaires. Assurément, il m'a passé, en France, assez de malheurs de ce genre sous les yeux pour justifier les reproches que j'ai adressés à la pratique routinière dont on a tant de peine à se débarrasser; mais j'étais fort éloigné de penser que le nombre en fût si grand, et de m'attendre à en trouver chez nos voisins d'outre-mer tant d'exemples réunis.

§ 2. Tuméfactions partielles de la prostate.

Dans la plupart des cas, une partie seulement de la prostate, son corps ou ses lobes latéraux, ensemble ou séparément, acquiert une ampliation anormale. A cet égard, il est essentiel de se rappeler que la glande offre parfois des dispositions insolites, qui se rapprochent de celles produites par certaines altérations pathologiques: ainsi, on l'a vue formée par deux lobes latéraux presque indépendants l'un de l'autre, et qu'une membrane épaisse réunissait, tant supérieurement qu'inférieurement. Il est moins rare encore de rencontrer le corps de l'organe fort peu développé, tandis que les lobes latéraux le sont beaucoup; ceux-ci sont alors unis dans une plus grande étendue au-dessus de l'urèthre, qui, par là, se trouve plus rapproché du rectum qu'il ne l'est communément.

A. *Tuméfaction du corps de la prostate.*

Ce n'est qu'accidentellement qu'on trouve l'occasion d'examiner une prostate dont le corps commence à se tuméfier. Il s'agit là d'un état simple, à l'influence duquel la mort est demeurée étrangère, et qui se borne à produire de légers troubles dans les fonctions de la vessie. On voit alors tantôt de très petites granulations à la partie postérieure et inférieure de l'orifice vésical de l'urèthre, tantôt, et plus souvent, une légère élévation, plus marquée au centre, et diminuant graduellement à la périphérie, où elle se fond avec les autres tissus. Quelquefois, au lieu d'une tumeur, on remarque une saillie en forme de barrière transversale, dont j'ai parlé, et qui s'étend d'un lobe latéral à celui du côté opposé. Dans certaines circonstances, moins fréquentes encore, il n'y a ni barrière transversale aplatie, ni tumeur arrondie, mais un soulèvement longitudinal du col de la vessie, plus large au milieu, qui correspond à l'orifice de l'urèthre, et de plus en plus faible aux extrémités, par lesquelles il se termine, antérieurement, vers la crête urèthrale, postérieurement vers la fin du trigone vésical, état que représente assez bien la figure 9.

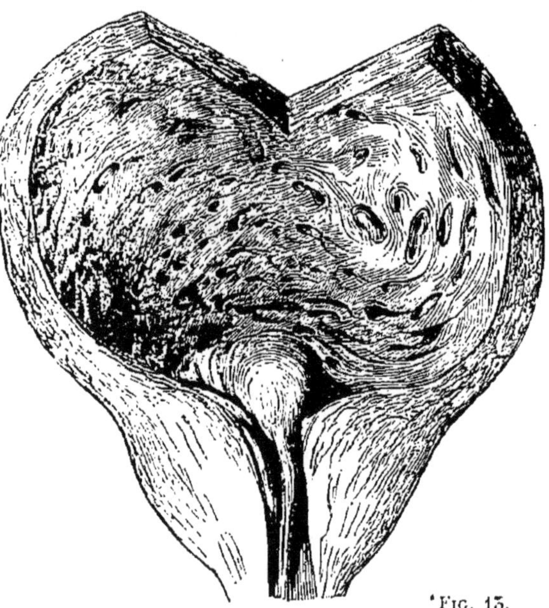

*Fig. 13.

La figure 13, ci-contre, présente un exemple des rapports existants entre les trois lobes tuméfiés. Le lobe moyen forme une tumeur pédiculée, inclinée à droite; il envoie un prolon-

* Fig. 13. — La pièce que cette figure représente ressemble à d'autres dessins, eu égard à la regularité de l'état morbide de la prostate; mais elle en diffère sous certains rapports. La masse laterale gauche de la glande proémine plus que la droite dans la vessie, et y forme une tumeur plus à pic. L'urèthre est aplati latéralement, et légèrement dévié; la crête uréthrale est saillante, et se continue en arrière avec un prolongement antérieur de la

gement dans l'urèthre. Du reste, les parois de la vessie sont hypertrophiées, et sa face interne criblée d'orifices celluleux.

Les états morbides commençants qu'on observe le plus communément vers le milieu de la surface vésicale du corps de la prostate, ou, si l'on veut, à l'angle antérieur du trigone, présentent, en se développant, de nombreuses différences. La granulation ou l'excroissance, qu'on distinguait à peine, a grossi. Elle tient à la glande par une base large, et son extrémité libre, formant saillie derrière le col, est quelquefois lisse, arrondie, et chez d'autres sujets, inégale, plus ou moins bosselée. Cette tumeur se fait surtout remarquer par le degré de développement qu'elle est susceptible d'acquérir. Tantôt la partie médiane est seule soulevée, et, de chaque côté, entre elle et les lobes latéraux, règne une gouttière plus ou moins profonde; tantôt la tumeur centrale est moins isolée, moins circonscrite, et s'étend davantage, soit d'avant en arrière, soit latéralement; il n'est pas rare qu'elle soit creusée d'un ou plusieurs sillons longitudinaux, dirigés d'avant en arrière et de dedans en dehors, qui la festonnent ou la lobulent.

Certaines tumeurs qui naissent du corps de la prostate, derrière l'orifice vésical de l'urèthre, sont pour ainsi dire pédiculées, c'est-à-dire qu'elles ont plus de volume à leur extrémité saillante dans la vessie qu'au point par lequel elles tiennent à la glande; et, sous ce rapport, elles ressemblent aux fongus, à cela près toutefois que, dans ceux-ci, le pédicule est généralement plus long, plus grêle, et souvent d'une texture différente. D'autres ont une base large, c'est-à-dire que leurs plus grandes dimensions correspondent au point par lequel elles adhèrent à la prostate et vont en diminuant, à mesure qu'on s'approche du sommet, qui est plus ou moins arrondi. Ce sont là les cas les plus communs.

prostate constituant une tumeur très régulière, de chaque côté de laquelle se trouvent deux sillons qui la séparent des lobes latéraux. Le trigone vésical a très peu d'étendue d'arrière en avant : il a été en quelque sorte envahi par la tuméfaction prostatique : sous ce rapport, cette pièce diffère de plusieurs autres dans lesquelles nous voyons, au contraire, le trigone très étendu. On ne découvre ici que l'orifice de l'uretère gauche. Celui du côté opposé se trouve caché dans les replis de la membrane muqueuse, qui est épaissie, fort dense, et sans trace de phlegmasie. A la réunion des trois tumeurs, la partie prostatique de l'urèthre présente une dépression profonde; d'où résulte une différence de niveau de 20 millimètres entre la fin du canal et la face supérieure du trigone vésical. Les parois de la vessie sont fort épaissies, comme dans les autres cas; mais le nombre des cellules y est plus considérable ; on en aperçoit sur tous les points de l'organe, ce qui est rare. Plusieurs de ces cellules sont grandes, et font saillie au dehors de la poche urinaire.

Les tumeurs pédiculées sont rares et moins volumineuses que celles à base large. Leurs dimensions varient depuis celle d'un gros pois jusqu'à celle d'une noisette, d'une prune et même au-delà. Elles n'entraînent pas nécessairement un développement morbide du reste de l'organe, car on en cite, d'assez volumineuses, malgré la présence desquelles la prostate était loin d'avoir acquis des dimensions générales exagérées. Ce volume est hors de toute proportion dans la figure 14. Quant aux tumeurs non pédiculées, leur volume peut être considérable sans le paraître, attendu que leur base faisant corps avec une large surface de la glande, le tissu de celle-ci se soulève autour d'elles, et les efface jusqu'à un certain point.

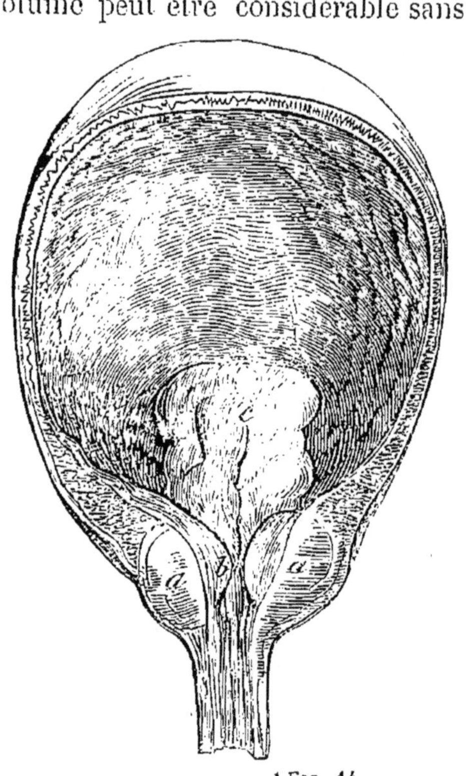

* Fig. 14.

La consistance est, en général, d'autant plus grande que la tumeur a moins de volume. Il n'y a qu'un petit nombre de cas exceptionnels, dans lesquels le volume et la dureté se trouvent réunis à un très haut degré, et ce sont ceux-là sans doute qui ont fait admettre les squirrhes de la prostate dont parlent tant d'auteurs, notamment Morgagni et Sœmmerring. Je n'ai jamais observé, dans les tumeurs pédiculées, cette dureté considérable qu'on a comparée à celle des ligaments, des cartilages ou même des os ; j'ai seulement observé quelquefois, dans l'hypertrophie générale de la prostate, une consistance assez considérable, qui m'a paru tenir principalement à la résistance de la capsule extérieure et des tissus qui y adhèrent. Lorsque la tumeur a acquis un grand

* Fig. 14. — On remarque dans cette figure que j'emprunte à Hunter, p. 15, traduction de M. Richelot : — *a, a.* Surface de la section de la prostate. — *b, b.* Faces internes de la prostate faisant saillie en dedans. — *c.* La tumeur. — *d.* La cavité de la vessie.

volume, elle est presque toujours assez molle près de son extrémité libre et sa consistance augmente à mesure qu'on se rapproche du point d'insertion. Au reste, ni la mollesse, ni la dureté ne sont uniformes : il y a des points de la tumeur plus ramollis que d'autres, et quelquefois même on en trouve de fort durs au milieu de parties très molles.

Au début de la maladie, et aussi dans quelques cas de tumeurs anciennes et volumineuses, il n'y a pas de différence notable entre la couleur de celles-ci à l'extérieur, et la teinte des parties environnantes. Mais, en général, lorsque l'affection est déjà ancienne, et que, sous l'influence des difficultés d'uriner, ou de toute autre cause, il se développe une phlegmasie de la membrane muqueuse, l'inflammation est plus développée sur la tumeur que partout ailleurs. Aussi n'est-il pas rare que celle-ci présente une teinte brunâtre ou violacée. Je n'entends parler, au reste, que de la superficie; car à l'intérieur, on trouve un tissu blanc, avec une teinte tantôt bleuâtre, tantôt jaunâtre; une fois seulement, j'ai observé la couleur noirâtre déjà signalée par Morgagni, qui l'attribuait à la stase du sang. Cependant, on découvre assez souvent, soit à la surface, soit dans l'intérieur, des points circonscrits, dont la coloration n'est pas la même que celle des autres parties. Ce phénomène peut tenir, ou à quelque épanchement de liquide, ou à un degré d'altération qui a envahi une ou plusieurs granulations. C'est lui sans doute qui aura fait croire à l'existence des varices dont quelques écrivains ont parlé.

J'ai dit que les tumeurs peu volumineuses sont tantôt lisses et tantôt rugueuses. Les premières deviennent quelquefois granulées en se développant; le plus souvent il ne s'agit là que de l'isolement des granulations de la glande, qui s'écartent les unes des autres en grossissant, de manière à former des mamelons, réunis au moyen d'un tissu cellulaire lâche, et ayant tous d'ailleurs la même teinte et la même consistance. Quelquefois, cependant, certains mamelons sont ramollis et jaunes ou brunâtres, tandis que les autres conservent la consistance et la couleur normale; c'est là l'indice d'un travail inflammatoire partiel, et d'un commencement de dégénérescence.

Mais, parmi les inégalités dont peut être chargée la surface des tumeurs prostatiques, il en est qui méritent une attention plus particulière. Les unes consistent en excroissances, pédiculées ou à base large, analogues aux productions fongueuses, et qui siégent spécialement à l'angle antérieur du trigône, bien qu'il s'en rencontre également à la surface vésicale des lobes latéraux de la prostate, ainsi que M. Cross en cite un exemple curieux, là où

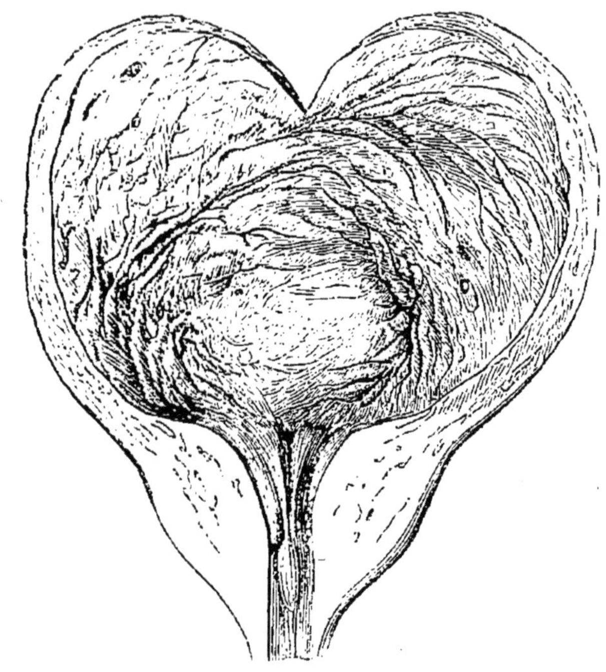

* FIG. 15.

quelques écrivains ont prétendu, on ne sait trop pourquoi, qu'il ne peut s'en développer. Ces tumeurs, sur lesquelles je re-

*FIG. 15.—L'état morbide représenté par cette figure est avancé. Le tissu des lobes latéraux est tacheté et ramolli sur plusieurs points. La saillie formée par le corps de la prostate est lobulée; les sillons qui la séparent de la tumeur constituée par chaque lobe latéral, sont profonds et larges, notamment à droite. Un sillon médian, profond et étroit, divise la tumeur. En avant, les trois sillons se réunissent à la partie postérieure de la crête uréthrale. Du côté droit et en arrière de cette crête, la partie prostatique de l'urèthre présente une cellule ovale, peu profonde, dont j'ai déjà parlé, et qui va en diminuant du côté de la vessie; la crête uréthrale est plus éloignée de l'orifice vésical que sur d'autres pièces, parce que la tuméfaction des lobes latéraux s'est étendue davantage du côté de la vessie. En arrière, les trois sillons se terminent au niveau de la saillie que fait le corps de la prostate, et qui cesse d'une manière insensible. Le trigone vésical, qui vient ensuite, présente une surface notablement soulevée, de telle sorte que le niveau du trigone est plus haut que celui de la partie prostatique de l'urèthre. La saillie que forme cette surface s'étend aussi beaucoup en arrière, et cache en quelque sorte les orifices des uretères, qui sont à peine marqués. Du côté gauche, l'orifice est entouré de petites inégalités, de petites excroissances, avec des anfractuosités fort remarquables. Les parois de la vessie sont notablement épaissies, et cependant cet organe a une capacité fort grande. On voit à sa surface les orifices de plusieurs cellules. Les colonnes charnues sont peu en relief, mais la membrane muqueuse est épaisse, et présente des plaques, les unes grises, les autres d'un rouge brun, de forme et d'étendue diverses, dont la surface, lisse en quelques points, est rugueuse et inégale dans d'autres.

viendrai en traitant des fongus, sont quelquefois extirpées dans l'opération de la taille et dans celle de la lithotritie.

D'autres tumeurs constituent de véritables lobules.

Au début, la tumeur est souvent limitée par l'espace compris entre les masses latérales de la glande, ainsi qu'on le voit dans plusieurs figures; mais, en se développant, au lieu de rester uniforme et régulière, elle se hérisse de bosselures, séparées par des sillons superficiels ou profonds, droits ou sinueux. La formation de ces sillons a été attribuée aux fibres musculaires qui se rendent de la vessie à la partie prostatique de l'urèthre, hypothèse difficile à admettre, puisqu'ils n'ont pas toujours la même direction que celle qu'on suppose à ces fibres. Quoi qu'il en soit, les lobules qui en résultent, et qui forment des saillies plus ou moins prononcées et plus ou moins nombreuses dans

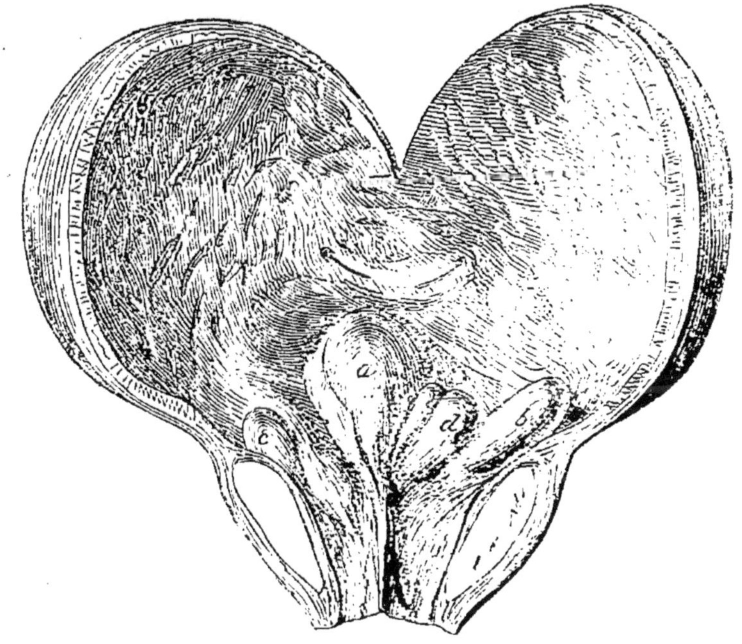

* Fig. 16.

la vessie, sont quelquefois divisés profondément à leur point de départ du col de ce viscère, disposition qu'on remarque sur plusieurs pièces pathologiques dans les musées de Londres et celles que j'ai observées, et dont j'ai donné la description.

* Fig. 16. — Les lobules *a*, *b*, *c*, *d*, sont très développés et forment des saillies notables dans la cavité de la vessie, dont les parois sont fortement hypertrophiées.

Ici se rapporte un fait curieux dont M. Cruveilhier (1) a donné la description, que je reproduis sommairement avec la figure qui l'accompagne.

La prostate formait dans la vessie quatre tumeurs d'un volume inégal; la plus considérable existait au-dessous de l'orifice de l'urèthre; il y en avait une moindre au-dessus, et deux autres plus petites sur les côtés. L'ouverture du canal était convertie en une fente transversale, s'étendant d'une tumeur latérale à celle du côté opposé. Chaque tumeur se prolongeait dans l'urèthre en diminuant, de sorte qu'elles n'étaient séparées les unes des autres que par des sillons. Mais ce qui frappa le plus, c'est que la partie de la prostate, située au-dessus du canal, avait plus d'épaisseur et d'étendue qu'elle n'en a de coutume, tandis que la glande manquait en partie du côté opposé, c'est-à-dire entre l'urèthre et le rectum. M. Cruveilhier considère cette dernière disposition comme une sorte de décomposition de la prostate, comme une séparation de ses lobules : hypothèse contre laquelle s'élèvent des faits divers d'anatomie normale et pathologique, dont j'ai rapporté les principaux.

B. *Tuméfaction des lobes latéraux.*

L'hypertrophie de l'un ou l'autre des lobes latéraux de la prostate, ou des deux à la fois, se présente assez souvent pour qu'il soit nécessaire de s'en occuper d'une manière sérieuse.

Il est rare qu'on ouvre un cadavre de vieillard sans trouver la prostate, offrant un état morbide quelconque, le plus communément une augmentation de volume et de consistance. Si cet état morbide est limité aux lobes latéraux, peu avancé et sans complications, il échappe d'autant plus aisément à l'observation, que les dispositions de l'urèthre et du col de la vessie ne paraissent pas changées d'une manière notable, et qu'on s'attache peu aux saillies légères que les lobes latéraux font, en arrière dans la vessie, et en dedans vers l'urèthre : tout au plus palpe-t-on les saillies qu'on trouve un peu dures, et en général l'examen se borne là, pour ces cas simples. A une époque plus avancée, les tumeurs sont plus prononcées, plus rénitentes, plus dures : alors

(1) *Anatomie pathologique*, avec planches, t. II, 26e livraison, pl. V.

on s'en occupe dans l'autopsie, en se bornant d'ailleurs presque toujours à dire que la prostate est engorgée. Mais un examen plus attentif fait découvrir d'importantes particularités. Dans la vessie, à droite ou à gauche, et quelquefois des deux côtés de l'orifice interne de l'urèthre, naissent deux éminences plus ou moins arrondies, souvent d'un volume inégal, lisses, et en général très régulières. Ces tumeurs proéminent aussi du côté de l'urèthre, et diminuent, en proportion de leur volume, le diamètre latéral de la partie prostatique du canal.

En se tuméfiant ainsi, les lobes latéraux, s'allongent considérablement d'avant en arrière, et se développent surtout latéralement.

Leur allongement peut avoir lieu en avant, vers la partie mem-

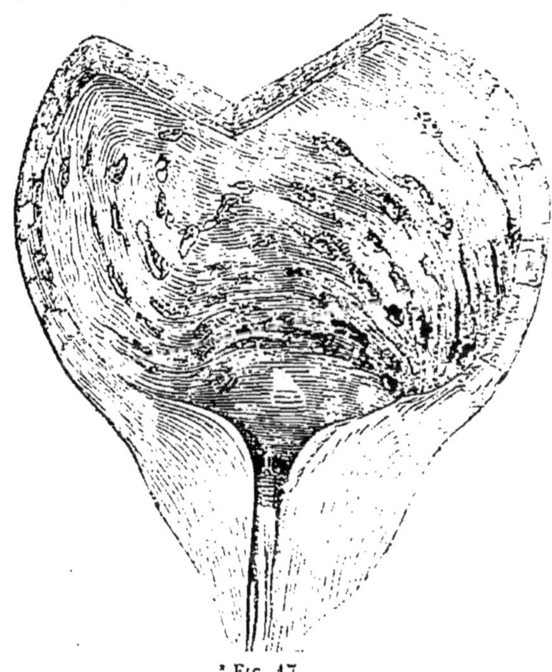

* Fig. 17.

braneuse de l'urèthre, mais il existe surtout en arrière, du côté de la vessie. Dans le premier cas, le col est peu déformé, le trigone conserve ses dimensions normales, et la crête uréthrale envoie en avant un prolongement considérable. Dans le second, la crête se trouve en avant de la partie la plus volumineuse de la tumeur.

* Fig. 17. — Vessie ouverte par sa face supérieure, et dans laquelle on remarque l'épaississement de sa couche musculeuse, les inégalités de sa surface interne, les orifices d'un grand nombre de cellules, la disposition des lobes latéraux de la prostate tuméfiés, divisés et écartés, de manière à laisser voir la crête uréthrale allongée, et l'urèthre comprimée latéralement, le trigone vésical fait une légère saillie à l'angle antérieur.

Celle-ci fait saillie dans la vessie, et étrangle en quelque sorte le canal excréteur de l'urine près de son orifice interne, qui, par cela même, est rejeté en arrière dans l'étendue correspondante à la tuméfaction de la glande. Du reste, dans l'urèthre, ces tumeurs demi-ovoïdes vont à la rencontre l'une de l'autre par leur partie la plus saillante, de sorte qu'en ouvrant le canal par sa face supérieure, on voit leur sommet se toucher, tandis qu'en avant ou en haut, et en arrière ou en bas, elles laissent entre elles deux sillons longitudinaux. S'il n'y a qu'un seul lobe latéral tuméfié, ce qui n'est pas rare, seul aussi il fait saillie dans l'urèthre, mais parfois au point de déprimer le lobe opposé. Toujours, comme je le ferai voir plus au long dans l'article suivant, la déformation du canal a lieu spécialement dans les deux sens de sa longueur et de sa direction.

Le plus communément les tuméfactions des masses latérales de la prostate ont une surface lisse et polie, notamment du côté de l'urèthre. Quelquefois, cependant, on y remarque, comme sur celles du corps de la glande, des inégalités, des bosselures, indépendantes d'ailleurs des tumeurs pédiculées ou non, qui s'implantent quelquefois à leur partie vésicale. Ces saillies partielles sont, en général, plus molles et de couleur plus foncée que le reste de l'organe ; elles contiennent parfois du liquide. Mais, à l'exception de points ramollis, qu'il n'est pas rare d'y rencontrer, surtout lorsque l'état morbide est fort avancé, les bosselures résultant de l'engorgement des lobes latéraux sont plus rares que celles du corps de la prostate. Il existe néanmoins beaucoup de variété à cet égard. Elles ont quelquefois une telle dureté qu'on éprouve de la peine à les diviser avec l'instrument tranchant. Dans une opération de taille que j'ai pratiquée sur un vieillard, une des lames du cystotome double se brisa, tant la prostate était dure, et j'eus beaucoup de peine à introduire les tenettes dans la vessie, aussi bien qu'à extraire les calculs que celle-ci contenait. J'ai constaté plus d'une fois, sur le vivant et sur le cadavre, cette induration de la glande, passée presque à l'état de cartilage. M. Rayer parle également d'une prostate qui criait sous le scalpel, et dont le tissu était d'un blanc bleuâtre, presque sans vestige d'organisation.

Quant à celles de ces tumeurs qui sont molles, flasques, et dont la surface saigne avec facilité, ou même spontanément, je pense qu'on s'est souvent mépris sur leur nature. Elles adhèrent bien, plus ou moins, à la prostate, mais elles ne font pas corps avec elle, et ce sont, en général, des fongosités. Au reste, les engorgements prostatiques ne revêtent guère ce caractère que lorsqu'ils s'abcèdent, ou passent à la dégénérescence cancéreuse. Quelques observations qu'il m'a été permis de faire, m'autorisent cependant à croire que la mollesse de certaines tumeurs peut dépendre aussi d'une autre cause. Il est probable, en effet, comme je l'ai déjà dit, que la dureté qu'elles affectent le plus souvent tient, d'une manière spéciale, à la résistance que l'enveloppe fibreuse de la glande doit opposer au développement des tissus qu'elle renferme; et c'est même à l'irrégularité de cette résistance qu'on doit attribuer la dureté particulière de la tumeur au pourtour et surtout à la face inférieure du col vésical. Mais, qu'on vienne à inciser l'enveloppe, le tissu glandulaire fait aussitôt hernie, et si on l'examine dans cet état, on le trouve ramolli plutôt que durci : il est converti en une sorte de lacis filamenteux, mal lié, ou quelquefois en une espèce de matière cérébriforme, fait signalé par plusieurs écrivains modernes, et dont on peut aisément vérifier l'exactitude sur le cadavre.

Il en est de l'hypertrophie des lobes latéraux comme de celle du corps de la prostate. Sous le rapport du volume, les tumeurs varient à l'infini. On ne peut rien préciser non plus relativement à leur configuration et aux particularités de leur surface. Envisagées d'une manière générale, elles ont une forme semi-ovoïde.

C. *Tuméfaction simultanée du corps et des lobes latéraux de la prostate.*

Lorsque la tuméfaction a envahi le corps, en même temps que les lobes latéraux de la prostate, on trouve réunies les formes qui viennent d'être relatées, avec une foule de nuances qui échappent à la description. Ce n'est pas seulement chaque tumeur qui varie par sa forme, sa densité, son mode de développement, il y a encore des différences relatives, qui sont extrêmement nombreuses. Je n'ai pas vu deux de ces tumeurs qui fussent égales, et l'on ne trouve pas deux sujets chez lesquels une tuméfaction de même espèce, n'offre des particularités notables. Un exemple des plus remarquables de cette disposition est celui que j'ai représenté à l'article *Fongus*, où se voient en outre des fongosités de la membrane interne de la vessie, des saillies formées par les lobes latéraux, et une autre, très régulière, du corps de la prostate. Dans la figure ci-contre, les trois lobes présentent une disposition remarquable.

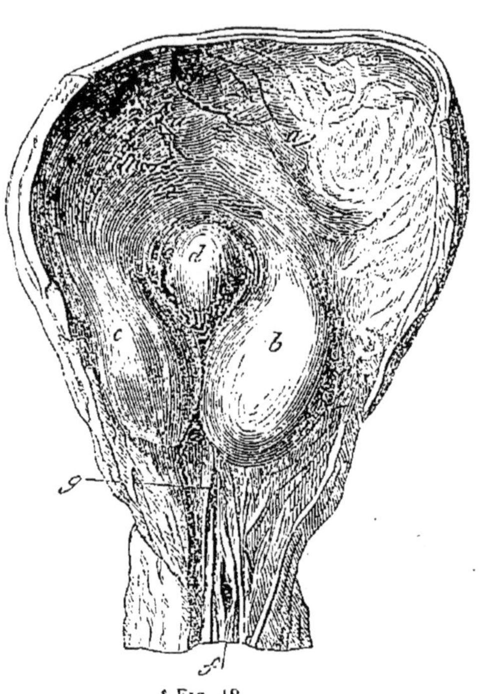

* Fig. 18.

Home rapporte un cas où il y avait adhérence complète entre les trois tumeurs. J'en ai observé où elles se touchaient par le sommet, tandis qu'au-dessous existaient de petites ouvertures par lesquelles coulait l'urine. Home cite également une prostate, dont les trois lobes se déjetaient dans la vessie, unis ensemble, de telle sorte qu'ils formaient une cloison demi-circulaire entre la poche urinaire et l'urèthre. Je dois d'autant moins insister ici sur ces particularités, que plusieurs, et même des plus curieuses, ont été exposées au commencement de cet article.

Il n'est pas rare d'observer sur les tumeurs dont je m'occupe ici, comme sur celles dont j'ai parlé précédemment, de petits mamelons, les uns à base large, les autres pédiculés, et qui ont en général peu de consistance. Sous ce dernier rapport, ils se rapprochent beaucoup des petites granulations fongueuses qu'on rencontre parfois au col de la vessie, sans que la prostate ait éprouvé la moindre altération. Ce sont principalement ces petites excroissances polypeuses que les tenettes arrachent, dans l'opération

* Fig. 18. — Cette figure donne une idée assez exacte des trois tumeurs prostatiques *b*, *c*, *d*, et de leurs rapports. Je reviendrai sur les lésions auxquelles correspondent les lettres *g*, *f*, *g*.

de la taille, et amènent au dehors avec la pierre. On se gardera bien de les confondre avec celles qui résultent de la lobulation des tumeurs prostatiques, et qui ne sauraient être ainsi détachées.

ART. II. — DES PHÉNOMÈNES PRODUITS PAR LES ENGORGEMENTS PROSTATIQUES.

Les effets des engorgements de la prostate sur l'économie peuvent être distingués en immédiats et médiats. Les premiers sont relatifs à l'urèthre, au col et au corps de la vessie : les autres intéressent des parties plus ou moins éloignées.

§ 1er. Influence sur l'urèthre.

D'après les descriptions que j'ai données des tumeurs et les figures, on n'aura pas de peine à comprendre les changements de forme et de direction qu'elles impriment à l'urèthre, et qui diffèrent suivant leur situation et leur volume.

La tuméfaction uniforme des deux lobes latéraux, lorsqu'elle n'est point accompagnée de celle du corps de la glande, altère peu la direction de l'urèthre; elle en aplatit seulement la partie profonde, et la réduit à une espèce de fente, dirigée suivant la longueur du canal. Il suit de là que le diamètre recto-pubien du col augmente plutôt qu'il ne diminue, comme on le croyait jadis, quand on assignait si gratuitement à la région prostatique le siége de certaines coarctations uréthrales.

D'après Deschamps (1), la partie prostatique de l'urèthre peut acquérir un diamètre de 34, 45 ou 57 millimètres. Hunter (2), au sujet d'une prostate six fois plus grosse que dans l'état normal, dit que la portion correspondante de l'urèthre représentait une fente de 40 millimètres. De nos jours, on cite des cas dans lesquels le diamètre du canal était de 25 à 30 millimètres ; j'ai rencontré des dimensions analogues. Au reste, il ne faut pas confondre cet accroissement du diamètre antéro-postérieur, avec une sorte d'évasement qu présente la portion profonde de l'urèthre, dans certains cas d'affection de la prostate, et qu'on

(1) *Traité de la taille*, t. I, p. 45.
(2) *Œuvres complètes*, traduction par Richelot, t. II, p. 369.

assure être parfois assez vaste pour qu'il se soit trouvé, dit-on, des praticiens qui ont fait des recherches en cet endroit, croyant être déjà parvenus dans la vessie. Je n'ai rien observé de semblable ; et bien que, chez certains sujets, j'aie vu cette partie du canal un peu plus ample qu'elle ne l'est dans l'état normal, l'ampliation qu'elle avait acquise était restreinte, si ce n'est dans quelques cas de pierre.

Quant à l'aplatissement lui-même, on conçoit qu'il ne saurait être uniforme. Il est toujours plus considérable à la partie moyenne, où les deux tumeurs se touchent, qu'en arrière, le long de la crête uréthrale, et en avant, du côté des pubis, où les tumeurs peuvent s'écarter l'une de l'autre, laissant entre elles deux sillons superposés et adossés, par leurs sommets, entre lesquels s'étend la simple fente intermédiaire.

Ainsi, ce que l'urèthre perd en étendue, latéralement, il le gagne d'avant en arrière, du pubis vers le rectum. On doit bien se rappeler cette disposition, lorsqu'il s'agit d'introduire une sonde. En effet, les parois latérales de la partie prostatique de l'urèthre, étant plus rapprochées au centre, il doit être plus facile de porter l'instrument dans la vessie, quand on lui fait longer l'un ou l'autre sillon, antérieur ou postérieur. Ce dernier serait le plus favorable à parcourir, si l'on avait la certitude de n'y pas rencontrer quelqu'une des dispositions anormales que j'ai signalées, mais, dans l'incertitude où l'on est à cet égard, il vaut mieux faire glisser la sonde dans le sillon antérieur, en longeant la paroi supérieure de l'urèthre, et en observant les règles précédemment exposées, qu'on oublie trop souvent.

Ce premier effet de la tuméfaction des lobes latéraux de la prostate n'existe pas seul. Presque toujours, il y a simultanément induration des parois uréthrales, qui ont perdu leur souplesse et leur élasticité. A la réunion de ces deux circonstances tiennent plusieurs des difficultés que présentent l'émission de l'urine et la pratique du cathétérisme. Cependant il est juste de faire remarquer qu'elles en entraînent moins que celles dont il me reste à parler. Tous les jours on voit des malades qui conservent la faculté d'uriner, sinon facilement, du moins sans de grands efforts, quoique l'ouverture du corps démontre chez eux un aplatissement latéral considérable de la partie prostatique du canal.

Lorsqu'un seul lobe latéral est tuméfié, l'aplatissement de l'urèthre est moindre; mais il y a en même temps déviation en sens inverse, c'est-à-dire du côté opposé à la tuméfaction. Cette déviation, déjà signalée par Hunter, existe aussi, bien que moins prononcée, lorsque les deux masses latérales de la glande sont accrues d'une manière inégale.

L'engorgement pouvant n'occuper qu'un espace circonscrit, plus ou moins rapproché de l'orifice vésical, la déviation qui en résulte diffère, non-seulement par son étendue, mais encore par le lieu où elle siége. Cette disposition, révélée par les autopsies, est fort difficile à reconnaître sur le vivant.

Il est rare que les lobes latéraux de la prostate soient assez volumineux pour déformer l'urèthre, sans que la tumeur fasse saillie dans la vessie, et produise ainsi une déformation de l'orifice vésical du conduit.

On observe alors une fente antéro-postérieure, de chaque côté de laquelle les deux lobes engorgés représentent une lèvre épaisse, arrondie et uniforme, ou inégale et bosselée. Dans un cas cité par Sœmmerring, cette fente avait 51 millimètres de long, et était garnie de bourrelets à son pourtour. Si un seul lobe latéral a augmenté de volume, ou s'il en a plus acquis que l'autre, au lieu de représenter une fente longitudinale, l'orifice vésical de l'urèthre a une figure semi-lunaire, ou inclinée, ainsi qu'on le voit, dans les figures ci-dessus, et le plus gros lobe constitue la lèvre la plus épaisse. On comprend que les différences de volume et de situation de la tumeur font beaucoup varier cette déformation de l'orifice interne de l'urèthre. Tantôt, en effet, il n'y a que de petites granulations en saillie, et tantôt la tumeur présente un si grand volume, que tous les rapports sont changés. Faisons remarquer, toutefois, que ces cas constituent la série la moins nombreuse, puisque c'est surtout le corps de la glande qui a de la tendance à s'engorger, et qui contribue le plus à la déformation des parties.

Lorsque le corps de la prostate est tuméfié en même temps que les lobes latéraux, d'autres changements se manifestent dans la partie prostatique de l'urèthre, et surtout à l'orifice vésical. Nous venons de voir que, dans les cas précédents, cette région du canal peut être ou aplatie seulement, ou aplatie et déviée par côté, suivant qu'il y a tuméfaction, des deux lobes simultanément, ou d'un seul. Ici la saillie qui résulte de l'accroissement du corps de la glande, et qui occupe l'angle antérieur du trigone, forme, à l'orifice interne de l'urèthre, une sorte de barrière, qu'il ne faut pas confondre avec celles dont je me suis occupé, et dont elle diffère essentiellement. Ici la tumeur ne change pas la direction de l'orifice interne de l'urèthre d'une manière brusque, mais bien, comme je l'ai déjà dit, par une pente douce. Dans tous les cas, l'extrémité vésicale du conduit se trouve déjetée en haut d'une étendue proportionnelle au mode de développement et à la hauteur de la tumeur, et nous avons vu que celle-ci est quelquefois de plus de 27 millimètres. La déviation est régulière ou irrégulière, suivant que la tumeur, formant barrière, s'étend directement d'un côté à l'autre, ou qu'elle offre des inégalités, ou des sillons dépendants de sa forme lobulée. Dans ces diverses circonstances, au lieu d'une fente, on aperçoit à l'orifice interne du canal une ouverture triangulaire, qui résulte de la tuméfaction simultanée des lobes latéraux et du moyen lobe, ou bien encore de l'engorgement des lobes latéraux et d'un fongus implanté au trigone vésical. Du rapprochement des saillies que font ces trois tumeurs, naissent trois sillons dont deux latéraux, obliquement dirigés d'arrière en avant et de dehors en dedans, et le dernier antéro-postérieur, qui viennent se réunir à la partie prostatique de l'urèthre.

Dans certains cas, comme je l'ai dit, le corps seul de la prostate est hypertrophié. L'urèthre alors conserve sa direction et sa forme normales jusqu'à son orifice, et l'on n'observe que la déviation en haut de celui-ci, produite par la tuméfaction du corps de la glande. Cette déviation présente, du reste, quant à sa forme, à son étendue et à ses irrégularités, des variations dont je viens de passer les principales en revue et sur lesquelles je reviendrai.

Mais la tuméfaction de la prostate ne se borne pas à dévier l'urèthre : elle refoule aussi le col de la vessie en arrière, ainsi qu'on le voit dans plusieurs figures. De là résulte que la partie prostatique du canal devient plus étendue qu'elle ne l'est dans l'état normal, que l'urèthre, considéré en général, est plus long, et qu'il le paraît même plus qu'il ne l'est réellement, parce que la sonde, rencontrant des obstacles au col de la vessie, on continue de tirer sur la verge, ce qui est une faute, et que d'un autre côté la pression exercée par la sonde tend à refouler encore les parties en arrière. Ce sont probablement des circonstances de ce genre qui ont porté quelques chirurgiens à recommander des sondes de 35 et même de 38 centimètres.

Quand, au lieu de tumeurs régulières, soit du corps de la prostate, soit de ses lobes latéraux, il existe au col de la vessie une ou plusieurs tumeurs mamelonnées ou tuberculées, la forme de la partie profonde de l'urèthre et du col vésical présente d'autres anomalies, qu'il paraît rarement possible de reconnaître sur le vivant. Je rapporterai à cet égard les résultats d'une ouverture de corps qui fut faite en ma présence.

L'histoire du malade m'est demeurée entièrement inconnue. Les parois de la vessie étaient fortement hypertrophiées par le développement des faisceaux musculeux. La surface interne du viscère ne présentait rien d'anormal, à l'exception de petites colonnes charnues et d'orifices ouvrant dans quelques cellules. Il y avait dans la vessie une pierre aplatie, de grosseur moyenne, et une autre, plus petite, dans une cellule située au côté droit du bas-fond, derrière l'urèthre. Le col vésical formait une masse considérable, due à l'hypertrophie des lobes latéraux et du corps de la prostate. Une incision faite à la face antérieure de la vessie, et prolongée jusque dans l'urèthre, mit en évidence les lésions suivantes : Du milieu du trigone s'élevait une tumeur qui s'étendait en avant jusqu'à la crête uréthrale, et latéralement d'un lobe de la glande à celui du côté opposé. Cette tumeur avait 25 millimètres d'avant en arrière, 38 en travers et 23 de bas en haut. Son côté postérieur était à pic, et le sommet faisait même, sur quelques points, saillie au delà de la base. Par sa face antérieure, un peu moins étendue latéralement que la postérieure, elle était déjetée en arrière ; sur les côtés, elle n'offrait rien de particulier. Plus large à sa base qu'à son sommet, elle était aplatie d'avant en arrière, et sa partie la plus saillante était inclinée vers le bas-fond de la vessie ; mais sa partie libre n'était point lisse et uniformément arrondie, comme on l'observe quelquefois : il s'en élevait quatre excroissances de même nature et consistance, qui faisaient saillie dans la vessie. Des lobes latéraux de la prostate, en relief dans l'urèthre, qui se trouvait pourtant élargi en cet endroit, et aussi des parois vésicales, près du col, naissaient plusieurs autres excroissances de même aspect et de même dureté. Une de ces excroissances, provenant du lobe latéral gauche, formait, dans la partie prostatique de l'urèthre, une tumeur arrondie, à base large, qui avait 11 millimètres d'avant en arrière et 5 de hauteur. La base de la tumeur principale avait été transpercée par une sonde, depuis la crête uréthrale jusqu'à sa face postérieure. La fausse route, longue de 25 millimètres, était fort large, et paraissait déjà ancienne, car on remarquait une expansion membraneuse tapissant son orifice, bien qu'il n'y eût point d'organisation appréciable dans le reste de son étendue. Cette tumeur faisait corps avec la prostate, et il était impossible de déterminer la ligne de démarcation entre elle et la glande; seulement, à 2 millimètres du point où elle commençait, le tissu était plus mou, plus granuleux, plus mamelonné. On distinguait, çà et là, quelques bandes, d'apparence fibreuse, qui séparaient les mamelons; mais, plus on s'approchait de la circonférence, moins le tissu offrait de résistance, et il était très mou dans les appendices de la tumeur. Nulle part, d'ailleurs, il n'y avait aucun vestige d'inflammation, de dégénérescence de la glande, ou de rupture de son enveloppe fibreuse.

Je donnerai ici les détails d'un autre fait tout récent, qui résume assez bien les dispositions anormales que la tuméfaction prostatique imprime quelquefois à l'urèthre.

Un septuagénaire s'était présenté dans mon service, attribuant à la présence d'un calcul dans la vessie les difficultés d'uriner qui le tourmentaient. Je m'assurai qu'il n'y avait pas de pierre, que la prostate était engorgée, et que la vessie ne se vidait point. Le malade apprit à se sonder, et sortit de l'hôpital; mais il y rentra deux mois après, tant par l'effet de la misère, que parce qu'il éprouvait, disait-il, une peine extrême à passer la sonde. Au bout de quinze jours, il mourut d'une attaque d'apoplexie. On trouva la vessie très grande, à parois épaisses, avec des colonnes charnues fort développées. Sa surface interne offrait les orifices de quelques cellules, mais sans autre altération, même sans aucune trace de phlegmasie. Le trigone était soulevé, surtout à l'endroit correspondant aux orifices des uretères et de l'urèthre. Celui-ci était converti en une fente semi-lunaire, résultat d'une tumeur du volume d'une noisette, située au côté gauche, faisant légèrement saillie dans la vessie, et déjetant l'orifice uréthral à droite. Après avoir fendu la face supérieure du col vésical et la partie profonde de l'urèthre, afin de bien constater toute l'étendue de l'altération, voici ce qu'on observa : Les lobes latéraux de la prostate faisaient, dans ce canal, deux saillies qui ne se correspondaient pas. Celle du lobe gauche était plus en arrière que celle du lobe droit, de telle sorte que la partie prostatique de l'urèthre, sensiblement plus spacieuse que dans l'état normal, était aplatie latéralement, et présentait, dans le même sens, une double déviation correspondant à la double saillie de la prostate. La première commençait à la fin de la partie membraneuse, et la seconde se trouvait à la crête uréthrale. Les deux tumeurs étaient si dures qu'on avait de la peine à faire pénétrer le doigt entre elles, jusqu'au *verumontanum*, et il fallait tirer en sens inverse, sur les lèvres de la section, pour découvrir cette éminence. Mais cette disposition remarquable ne fut pas la seule qui appela l'attention. En examinant la pièce du côté de la vessie, avant d'ouvrir l'urèthre, on n'avait aperçu qu'une légère tumeur au côté gauche de l'orifice de ce conduit, et un soulèvement du trigone. Vu du côté de l'urèthre, le bord inférieur de l'orifice uréthral faisait une saillie à pic, de 27 millimètres environ, et le canal se trouvait dévié en haut, dans une égale étendue, à partir de la crête uréthrale. Cette déviation était le résultat de la tuméfaction du corps de la prostate, qui s'élevait en forme de barrière transversale à l'angle antérieur du trigone, mais sans former de tumeur isolée et circonscrite, comme on le voit communément. Cette tuméfaction soulevait le trigone vésical lui-même, en sorte que celui-ci se trouvait sur le même plan que l'orifice, c'est-à-dire plus élevé de 27 millimètres que la fin de l'urèthre. La barrière était plus épaisse et plus saillante à gauche qu'à droite, mais d'une consistance telle que toute élasticité y était détruite. Derrière la crête uréthrale, on voyait, à la base de cette barrière, différentes éraillures provenant de l'introduction de la sonde, ou plutôt des tâtonnements auxquels le malade s'était livré pour introduire l'instrument ; mais il n'y avait pas de fausse route.

D'importantes considérations pratiques se rattachent à ce fait. D'abord, il faut signaler le peu de développement des phénomènes morbides, quoique le col de la vessie et la partie prostatique de l'urèthre fussent dans les conditions les plus propre à s'opposer à la sortie de l'urine. Mais, en revanche, le développement anormal des parois vésicales donnait au viscère une force expulsive considérable. Lorsque je sondai le malade, pour savoir s'il avait la pierre, il me fut facile de constater la tuméfaction de la prostate; mais je ne découvris pas la double courbure de la partie prostatique du canal, et, il faut l'avouer, j'étais loin de penser qu'il y eût une déformation si prononcée, à en juger d'après le peu de peine que j'avais éprouvé à exécuter le cathétérisme, et surtout d'après la faculté que le malade acquit bientôt de faire pénétrer lui-même dans sa vessie, une sonde flexible à petite courbure fixe. En voyant les pièces après la mort, on aurait jugé la chose impossible.

Il faut ajouter pourtant, que le malade ne réussissait pas toujours à se sonder. Souvent, il poussait trop l'instrument; plus fréquemment encore, il lui imprimait une mauvaise direction, de sorte que le bec, en butant contre la barrière du col, y avait déterminé les éraillures constatées par l'autopsie. Cependant les difficultés du cathétérisme étaient ici moins grandes que dans d'autres cas, où il s'agit des barrières peu épaisses et moins dures; ce qui me paraît tenir, comme je l'ai dit, à ce que, dans cette dernière série de cas, le bec de la sonde, butant contre un obstacle mou et dépressible, s'y forme un godet, et ne peut plus cheminer vers le bord libre de la barrière, comme cela a lieu lorsque celle-ci présente beaucoup de résistance. Nous voyons dans ce fait une preuve de l'extrême difficulté que l'on rencontre à déterminer l'état des parties sur le vivant.

§ 2. — Influence sur la vessie.

Les engorgements de la prostate exercent une influence considérable sur la capacité, la forme et les fonctions de la vessie.

Ils diminuent la capacité de ce viscère, d'abord par le fait même de leur volume, qui est parfois énorme, et ensuite par l'état habituel de contraction que détermine l'agacement entretenu par leur présence.

Mais un effet plus important est d'altérer la forme de l'organe. Si la tumeur occupe le corps de la glande, si le trigone est soulevé, le bas-fond de la vessie présente, derrière celui-ci, une excavation notable, dont j'ai parlé dans les Traités de l'affection calculeuse et de la lithotritie, et qu'on remarque dans plusieurs des figures que je viens de donner, auxquelles j'ajouterai le dessin ci-contre d'une pièce qu'on voit au Musée Dupuytren. Cette pièce

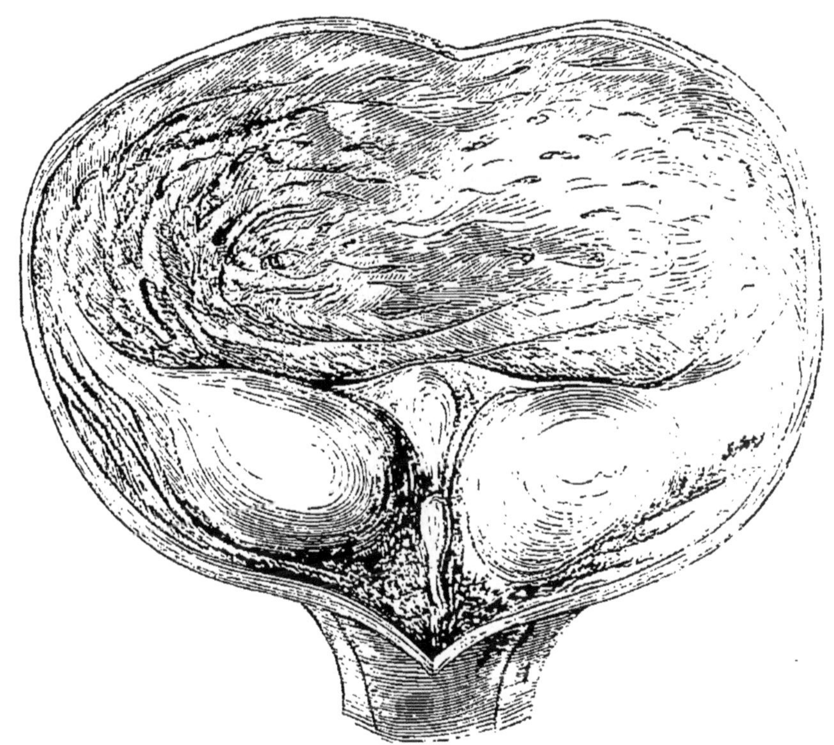

FIG. 19.

est remarquable par le volume des lobes latéraux de la prostate et la saillie que fait entre ces tumeurs la crête uréthrale, qui envoie un prolongement en avant, et communique en arrière avec un autre prolongement que lui envoie le corps de la prostate, légèrement tuméfié et faisant saillie sur le trigone vésical; celui-ci est lui-même fortement soulevé. En arrière du rebord postérieur du trigone, à peine marqué sur le dessin, existe une dépression très profonde de la face postérieure et inférieure de la vessie. On remarquera aussi les inégalités et les orifices de nombreuses cellules à la face interne cet organe, dont les parois sont très hypertrophiées.

Dans la figure 20, la déformation de la vessie est produite par le développement extraordinaire des lobes latéraux, la tumeur pyriforme qui résulte du lobe moyen, et surtout par les

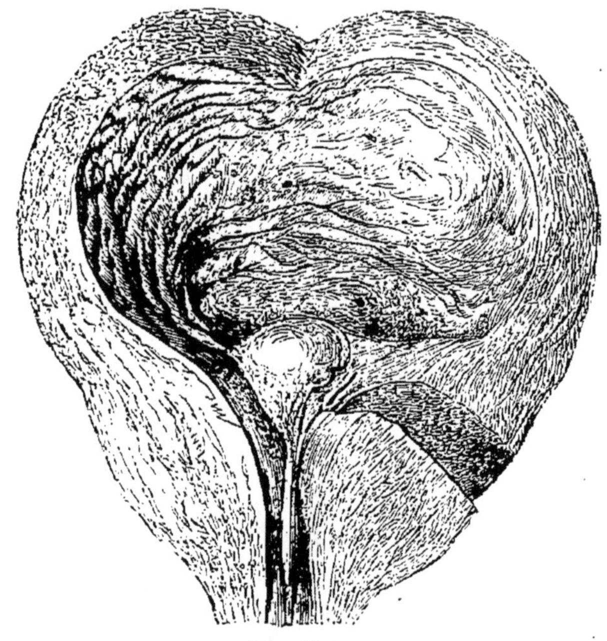

Fig. 20 *.

deux éminences que forment les orifices des uretères. Malgré le volume de ces tumeurs et le soulèvement du trigone vésical, le

* Fig. 20. — Cette figure est remarquable par le volume considérable des lobes latéraux, qui refoulent l'orifice vésical de l'urèthre en arrière, en même temps qu'ils déterminent l'aplatissement latéral du canal. Les tumeurs formées par ces lobes étaient dures et rénitentes, mais sans aucun indice de dégénérescence, ce qu'on jugea d'après l'aspect des surfaces divisées; l'incision pratiquée sur le lobe latéral gauche ne présente une nuance différente que parce que la section a été faite dans un autre sens. Le corps de la prostate formait une tumeur pyriforme, saillante au-dessus de l'angle antérieur du trigone, dont elle occupait toute la surface Entre cette tumeur et celles des lobes latéraux, on remarque deux sillons, moins profonds que ceux qui existent d'ordinaire. C'est celui du côté gauche que la sonde avait suivi : il y avait là d'anciennes éraillures ou déchirures qui s'étaient cicatrisées. La tumeur du corps de la prostate supporte deux excroissances qui sont déjetées à gauche.

Ce qui frappe aussi dans ce dessin, c'est la saillie que fait le trigone vésical à son angle postérieur. Cette saillie est surtout considérable au point d'insertion de l'orifice des uretères, où se voient deux mamelons arrondis très marqués. Jamais je n'ai trouvé cette disposition plus prononcée. Quant à la barrière elle-même, je l'ai rencontrée plus saillante. Le bas-fond de la vessie, qui vient ensuite, ne présentait qu'une légère dépression, état de choses qui me paraît tenir surtout à la grande épaisseur des parois du viscère. Les faisceaux musculeux sont bien dessinés; on reconnaît que l'épaisseur augmente à mesure qu'on s'approche de la prostate. Il était facile de suivre les fibres musculaires fort avant dans bas-fond est beaucoup moins déprimé que dans la pièce précédente, ce qu'il faut attribuer surtout à l'épaississement prodigieux des parois vésicales, qui présentent, sur tous les points, une très grande résistance.

Si la tumeur a envahi l'un des lobes latéraux, le côté correspondant est fortement déjeté dans le même sens. Quand la tumeur est très saillante et aplatie d'avant en arrière, elle constitue une sorte de cloison, qui a dû induire en erreur et même faire croire, à l'existence d'une vessie multilobée. Lorsqu'au contraire elle s'étend beaucoup par sa base, en arrière, en bas ou de côté, ce qui n'est pas rare, la vessie présente d'autres genres de déformation. Quelquefois, la configuration du trigone vésical est entièrement changée, ainsi qu'on le voit dans plusieurs figures, sans pourtant qu'il y ait de tumeur implantée à sa surface, dont l'altération de forme serait la conséquence toute naturelle. Tantôt cette surface triangulaire est mieux dessinée, plus en relief, que dans l'état ordinaire, et tantôt on n'en aperçoit, pour ainsi dire, aucune apparence. M. Cruveilhier cite un exemple d'atrophie de la prostate, dans lequel le trigone représentait une sorte de croissant dont la concavité, tournée en arrière, formait le rebord d'un cul-de-sac assez profond.

On comprend toute la portée de ces dispositions anormales, lorsqu'il s'agit d'introduire une sonde, ou de promener un instrument explorateur dans la cavité de la vessie, soit pour constater l'existence d'un calcul, soit pour déterminer les causes d'un catarrhe grave, d'une strangurie rebelle, d'une hématurie opiniâtre, etc. Les difficultés sont alors d'autant plus grandes que d'autres états morbides peuvent être confondus avec ceux qui existent.

Les tumeurs prostatiques apportent aussi de grands change-

l'intérieur de ce corps, à sa surface uréthrale, et surtout à son enveloppe extérieure. La face interne de la vessie laissait apercevoir les orifices de quelques cellules très petites, entièrement contenues dans ses parois. La membrane muqueuse, quoique d'une teinte ardoisée, ne portait pas les marques d'une violente inflammation. Ici, la capacité vésicale paraît diminuée; mais il existait un état de resserrement des tissus qui étaient cependant susceptibles de se distendre. Il n'y avait eu que de légères difficultés d'uriner, ce qui semble contraster avec le gonflement et l'induration du col vésical et de la partie prostatique de l'urètre. Mais on comprend qu'il en ait été ainsi, quand on se représente le degré de puissance que doit posséder une vessie hypertrophiée à un tel point, dont les parois ne sont pas le siége d'une vive inflammation, et où l'on ne découvre d'ailleurs aucune disposition capable de paralyser l'action musculaire.

ments dans l'état des parois de la vessie, et des perturbations non moins grandes dans leurs fonctions. Il y a tantôt accroissement et tantôt diminution de leur contractilité. Chez les sujets surtout où les tumeurs existent depuis un certain laps de temps, le col et le corps de la poche urinaire exécutent successivement ou simultanément des contractions énergiques, qui apportent de grandes perturbations dans l'excrétion de l'urine. L'irritabilité, la rigidité et la contractilité, du col surtout, se trouvent souvent augmentées. Quand on est obligé de recourir à la sonde pour évacuer l'urine, le passage de cet instrument dans la partie prostatique de l'urèthre est souvent difficile, et son contact avec la membrane muqueuse vésicale cause parfois de la douleur. Il arrive fréquemment que les contractions de la vessie ne laissent pas de longs intervalles entre elles, et que, chaque fois, elles durent d'autant plus qu'elles ont été plus fortes. Si l'on ne parvient point à les calmer promptement, par l'usage des opiacés et des autres moyens utiles en pareil cas, toute l'économie ne tarde pas à s'affecter, la santé décline rapidement, et la mort arrive au milieu d'intolérables souffrances. Home en cite un exemple; les auteurs qui ont écrit depuis en ont indiqué d'autres, et la pratique m'a permis d'en recueillir plusieurs, dont quelques-uns sont disséminés dans ce Traité. Les autopsies ont souvent rendu raison des désordres, en constatant soit une hypertrophie considérable, soit une phlegmasie intense des parois vésicales, spécialement au col; mais quelquefois aussi elles sont restées muettes.

Les cas de ce genre sont ceux principalement où l'on observe des urines sanguinolentes, et même l'expulsion de petites quantités de sang pur, lorsque le malade rend les dernières gouttes d'urine. La présence du sang paraît résulter de l'action que la vessie exerce, en se contractant, sur les tumeurs prostatiques, dont la surface présente souvent des capillaires dilatés, et saignant avec facilité, au moindre frottement, ou par l'effet d'une simple pression.

Chez quelques sujets on voit, au contraire, une sorte d'atonie, ou de faiblesse de la vessie, tantôt primitive et tantôt secondaire. On observe alors, aussi bien que chez certains calculeux, le passage d'un état de racornissement de la vessie à un autre de distension, bien qu'il y ait hypertrophie des parois. De là vient que des malades, qui étaient obligés d'uriner souvent, et qui ne rendaient chaque fois qu'une petite quantité d'urine, parce que leur vessie se maintenait dans un état habituel de contraction, peuvent tout à coup rester une demi-journée entière sans ressentir le besoin de vider ce réservoir, qui s'est laissé distendre, qui a même perdu la faculté de revenir sur lui-même. Il résulte de cet état de choses une série de phénomènes qui ont été mal interprétés, et qui ont conduit à des théories erronées dont je parlerai plus loin. Qu'il me suffise de faire remarquer ici qu'en appelant l'attention sur ces états de la vessie, je n'ai pas confondu, ainsi qu'on a paru le croire, ce que j'appelle l'atrophie des parois vésicales, et ce qui résulte de la surdistension accidentelle et temporaire de la vessie. Ce sont là deux états fort distincts, que des observations plus nombreuses mettront à même d'apprécier.

§ 3. Influence sur les reins.

C'est moins, je le répète, par elles-mêmes que les maladies de la prostate sont graves, que par l'influence qu'elles exercent sur d'autres organes. Par suite des obstacles qu'elles opposent à l'excrétion de l'urine, elles déterminent assez souvent l'inflammation des reins. On en trouve plusieurs exemples dans les auteurs; et la pratique nous en offre chaque jour de nouveaux. Ces lésions ne paraissent pas dépendre directement du mal primitif; elles sont une conséquence des difficultés prolongées d'uriner, ou des rétentions d'urine, qu'entraînent presque toujours les maladies de la prostate, parvenues à un grand degré de développement.

J'ai déjà dit que la plupart des lésions organiques des reins, et aussi les troubles fonctionnels de ces organes, eu égard à la quantité et aux qualités de l'urine, dépendent généralement des maladies de la vessie, et des désordres qu'on remarque dans l'exercice de ses fonctions. Cet par cet intermédiaire que les lésions de la prostate, déterminent les altérations variées des uretères et des reins, si souvent signalées, et qui ne diffèrent pas alors de celles qu'occasionnent les autres obstacles à l'excrétion de l'urine.

§ 4. Influence sur les organes génitaux.

Les connexions intimes qui existent entre la prostate, les vésicules séminales et les canaux spermatiques, rendent parfaitement raison de l'influence que les lésions de ce corps glanduleux exercent sur les fonctions génitales. La plupart des hommes affectés, à un certain degré, d'engorgements prostatiques ou de toute autre maladie analogue, éprouvent un trouble marqué dans les fonctions relatives à la reproduction de l'espèce. A la vérité, l'âge auquel apparaissent, chez la plupart des hommes, les lésions de la prostate, est celui où les fonctions génitales s'affaiblissent naturellement. D'ailleurs, ce dérangement est subordonné à la nature de l'affection, et il ne se manifeste pas toujours par des symptômes assez nets et assez saillants pour qu'on puisse l'apprécier.

Le plus ordinairement, on remarque une diminution notable des désirs vénériens. Les actes se répètent de moins en moins, et à la sensation de volupté s'en joint une autre, qui a quelque chose de pénible. Le sujet éprouve un malaise, une fatigue, un abattement qui lui étaient inconnus auparavant, et qui lui font redouter le coït, en lui causant une sorte d'appréhension. Je ne veux pas anticiper ici ce que j'aurai à dire plus loin; je ferai seulement remarquer que les désordres et même l'anéantissement complet, dont les fonctions génitales sont le plus souvent frappées, ne s'accompagnent pas de changements uniformes et constants dans les testicules.

Je présenterai, dans un autre chapitre, un aperçu des principales maladies consécutives qui atteignent les testicules et les cordons spermatiques, et j'indiquerai, comme étant les plus graves, celles de ces maladies qui tiennent à une lésion prostatique. Ces dernières étant presque toujours au-dessus des ressources de l'art, et de plus exigeant l'emploi de la sonde pour procurer l'écoulement de l'urine, elles constituent une double source d'irritation, qui rend l'affection du testicule extrêmement opiniâtre, et surtout très sujette à récidive. Cette circonstance a été, peut-être trop souvent, une cause de méprises. Combien de castrations inutiles n'a-t-elle pas fait pratiquer! Ce qui a le plus contribué à induire en erreur, c'est la disproportion entre le gonflement du testicule et les angoisses qu'éprouve le malade : c'est aussi le caractère poignant de la douleur, et l'influence profonde qu'elle exerce sur le moral. J'ai vu plusieurs cas, dans lesquels les testicules étaient revenus à l'état normal, sous le rapport du volume ; on n'observait plus que de petites nodosités à l'épididyme et au cordon, qui avaient même cessé d'être douloureux à la pression, et cependant le malade conservait, indépendamment de douleurs locales profondes et vagues, un état général de malaise et d'anxiété, qui m'a paru devoir être rapporté à une lésion, soit des vésicules séminales, soit de la partie du canal déférent qui les avoisine : presque toujours, le résultat a confirmé l'exactitude de mes conjectures, ce dont la marche progressive des accidents a permis de s'assurer sur le cadavre.

Ces états morbides sont toujours fort obscurs. Il y a impossibilité de réunir toutes les données nécessaires pour arriver à la solution du problème. Le praticien le plus exercé est réduit à interpréter, du mieux qu'il peut, quelques phénomènes qui se rattachent également à des lésions diverses, et ici, comme dans beaucoup de circonstances, il doit procéder par voie d'exclusion, ce qui, en dernière analyse, ne fournit que des preuves négatives.

On a trouvé dans les vésicules séminales des collections de liquide de couleur très variable. Certaines prostates engorgées contenaient un liquide de teinte brune ou jaune foncé Ce résultat des autopsies explique les taches jaunes, brunes, noirâtres, rougeâtres, que laissent sur le linge les éjaculations ou les émissions involontaires, pour lesquelles certains malades réclament les secours de l'art. (Voyez plus loin, quatrième section.)

ART. III. — SYMPTÔMES DES ENGORGEMENTS DE LA PROSTATE.

L'aperçu que je viens de présenter sur les tumeurs qu'on rencontre au col de la vessie, par suite de la tuméfaction, partielle ou totale, de la prostate, a été tracé d'après ce que les ouvertures des corps nous ont appris. Il est facile de se faire une idée nette d'objets qu'on a sous les yeux, qu'on peut étudier à loisir, et malheureusement les occasions ne manquent pas. S'il règne de la confusion dans les descriptions, elle ne peut provenir que de la multiplicité des espèces et de la variété des caractères, parce qu'on veut retracer le plus qu'on peut de ce qu'on a vu. Mais les choses ne se passent plus de même sur le vivant, où l'on est réduit aux données d'une exploration médiate et à des raisonnements basés sur l'induction.

On a présenté comme symptômes de l'engorgement prostatique, la plupart des troubles fonctionnels de la vessie qu'on observe par suite des différentes maladies du col et du corps de cet organe. On a été plus loin encore, on a catégorisé ces symptômes, d'après le degré supposé de la tuméfaction. Ainsi, *envie fréquente d'uriner, douleur en urinant, qui se fait sentir au gland et parfois au périnée; douleurs fugaces au pubis, aux aines, aux hypochondres, aux lombes; sentiment de pesanteur sur le rectum, augmentant quelquefois par les secousses d'une voiture ou d'un cheval; déformation, parfois même interruption brusque du jet de l'urine*, tels seraient les indices de la première période. Il est difficile, à coup sûr, de présenter une énumération plus vague et moins propre à la maladie qu'on essaye de décrire. Ces symptômes s'appliquent à toutes les maladies de l'appareil urinaire, et sont sans valeur dans les cas qui nous occupent.

I. Les engorgements de la prostate peuvent exister pendant fort longtemps sans provoquer la manifestation d'aucun symptôme propre à les faire soupçonner. Tous les jours, en effet, il arrive au praticien d'être appelé auprès de malades qui ont été pris subitement de rétention d'urine, et quand il veut les sonder, il trouve l'urèthre fortement dévié par une tuméfaction considérable de la glande. Ainsi, par exemple, Home parle d'un septuagénaire qui éprouvait depuis quelque temps des besoins fréquents d'uriner, et qui fut attaqué tout à coup de strangurie pendant son sommeil. Ce cas se rapproche du suivant, qui s'est offert à moi. La maladie, qu'on avait bien constatée, demeura muette pendant plusieurs années consécutives, quoiqu'elle eût acquis un grand développement.

Un homme âgé de soixante et dix ans a été lithotritié par moi, en 1832. Il est d'une forte complexion et d'un grand embonpoint. Pendant l'opération, j'avais reconnu un engorgement de la prostate, qui la rendit plus douloureuse qu'elle ne l'est dans les cas ordinaires. Cependant, au moyen d'une manœuvre que j'ai décrite ailleurs, je parvins à faire pénétrer les instruments et à détruire la pierre. Depuis cette époque, le sujet s'est bien porté jusqu'au 22 juillet 1838. Ce jour-là même, il avait très bien uriné, et ne s'était rien permis qui pût lui faire augurer une mauvaise nuit. Cependant, deux heures après s'être mis au lit, il fut pris de coliques violentes, avec des besoins pressants d'uriner, qu'il ne put satisfaire. Le lendemain, on essaya de le sonder, mais de grandes difficultés se présentèrent. Ce ne fut qu'après plusieurs tentatives prolongées qu'on parvint dans la vessie, d'où l'on retira deux pintes de liquide. Lorsque je fus appelé, je trouvai la prostate énormément gonflée, et j'eus de la peine à placer une sonde flexible, qui fut fixée à demeure. Douze jours après on la changea, et cette fois les difficultés de l'introduire furent moindres. On continua ainsi le traitement pendant plusieurs mois. Le malade a fini par recouvrer la faculté d'uriner sans le secours des instruments.

J'ai dit ailleurs que, chez un certain nombre de calculeux, la tuméfaction de la prostate diminuait, ou du moins restait stationnaire, après qu'on avait détruit de la pierre, et j'ai relaté des faits à l'appui de cette proposition. Malheureusement, il y a des exceptions, et j'aurai occasion de donner l'histoire de plusieurs malades qui, à l'exemple du précédent, ont conservé l'engorgement prostatique, ou chez lesquels même ce dernier a augmenté. J'ai cité, entre autre cas, celui d'un homme qui croyait avoir une nouvelle pierre, tandis que les troubles fonctionnels de sa vessie étaient produits uniquement par la maladie de la prostate. Un autre, que j'ai lithotritié en 1838, et chez lequel la pierre s'est reproduite, avait la prostate volumineuse et dure quand je l'opérai pour la première fois, et cette circonstance rendit même la manœuvre douloureuse. Lorsque je le sondai de nouveau en 1839, je fus surpris de la profondeur beaucoup plus grande à laquelle la sonde pénétrait avant que l'urine sortît ; pour écraser les nouveaux calculs, les instruments les plus longs avaient de la peine à parvenir dans la vessie. Cependant le malade pouvait encore uriner naturellement ; mais les débris sortirent avec difficulté, et je fus obligé de recourir aux injections à grande eau par le moyen d'une sonde à larges yeux.

En général, les engorgements de la prostate sont peu ou point douloureux ; du moins ne le deviennent-ils guère qu'à une époque avancée de la maladie, et chaque jour, pour ainsi dire, on rencontre des sujets qui en ont depuis longtemps, même de très considérables, sans avoir été incommodés autrement que par des difficultés d'uriner, qui ont paru d'abord à des époques assez éloignées, mais qui se sont rapprochées à mesure que la tumeur augmentait, et qui ont même fini par devenir continues.

Outre ces cas, qui sont les plus fréquents, on en trouve d'autres dans lesquels il y a des sensations pénibles. Cependant les douleurs sont rarement permanentes ; elles se manifestent surtout quand le malade finit d'uriner, et, sous ce rapport, elles se rapprochent de celles que la pierre et les fongus vésicaux provoquent. C'est au moment où les parois de la vessie, se contractant avec force, après avoir chassé les dernières gouttes de l'urine, viennent s'appliquer sur la tumeur formée par la prostate, qu'elles se font sentir. Ces douleurs, bien qu'elles puissent dépendre d'une simple exaspération de la sensibilité, sans aucun caractère de phlegmasie, indiquent assez souvent une inflammation, mais plutôt de la membrane muqueuse qui tapisse la tumeur que du tissu même de celle-ci. La faible vitalité que ce tissu possède paraît devoir exclure de pareils effets, alors même que l'altération est avancée, à moins toutefois qu'il n'y ait surdistension de la capsule fibreuse, lorsque le gonflement est rapide, et porté au delà des limites de l'extensibilité naturelle de cette enveloppe.

Du reste, les sensations douloureuses qu'entraîne quelquefois la tuméfaction de la prostate présentent les caractères les plus variés. Un des hommes les plus honorés de notre époque, par son caractère et son indépendance, éprouve, du côté des voies urinaires, quelques-uns de ces troubles fonctionnels, qui ne sont pas rares chez les septuagénaires. Il y a chez lui une légère tuméfaction de la prostate, mais sans déviation notable de l'urèthre, ni atonie de la vessie. Les principaux symptômes sont des besoins d'uriner un peu plus rapprochés que dans l'état normal, et une sensation de malaise, quelquefois portée jusqu'à la douleur, au périnée, vers le sacrum, dans la direction de l'urèthre, s'étendant parfois à la partie interne et supérieure des cuisses, au pubis, à l'hypogastre. Cette douleur ne survient que lorsque le malade est resté longtemps assis : elle est plus prononcée encore en voiture ; mais elle ne se fait sentir que quand le poids du corps porte longtemps sur le périnée, qu'on peut cependant palper sans la déterminer, et elle n'a lieu, ni dans la station sur les pieds, ni pendant la marche, ni dans la situation couchée. D'ailleurs, l'urine est à l'état normal, la santé est parfaite, et la vessie possède assez de puissance pour qu'il n'y ait rien à craindre du côté de la miction. Ainsi, rien de constant dans les sensations que le malade accuse. Je ne parle pas ici des cas dans lesquels la tumeur a déjà subi une dégénérescence quelconque ; car j'ai vu quelques hommes placés dans ces conditions graves, qui ont éprouvé, quelque temps avant de mourir, des douleurs excessivement vives et continues.

II. La plus constante et la plus notable des influences qu'exercent les lésions prostatiques, est relative aux fonctions de la vessie. Sous ce rapport, on observe toutes les nuances imaginables, depuis un trouble léger et fugace jusqu'à la rétention complète d'urine, à l'incontinence permanente de ce liquide, au catarrhe opiniâtre, à l'hématurie effrayante. Chacune des formes nombreuses que peut revêtir la tuméfaction de la glande a sans doute un mode spécial d'action ; mais il ne nous est pas encore donné de l'apprécier.

Afin de mieux faire saisir la filiation des effets, rappelons les principales dispositions que peut acquérir le col de la vessie.

Si les deux lobes latéraux sont engorgés, la partie correspondante de l'urèthre étant comprimée et aplatie, l'urine passe moins facilement. Si un seul de ces lobes est tuméfié, la saillie qu'il produit entraîne un aplatissement moins considérable, mais il y a une déviation qui gêne davantage la sortie du liquide ; le malade n'urine jamais largement ; le liquide tombe, et n'est pas projeté ; toutefois, il survient rarement une rétention complète, exclusivement due à cette circonstance, du moins n'en ai-je jamais vu, et dans les cas qu'on cite, qui semblent faire exception à la règle, il existait d'autres causes, dont on n'a pas tenu compte.

Il en est de même lorsque l'orifice vésical de l'urèthre se trouve réduit à une espèce de fente, soit verticale, soit horizontale. Alors même que les lèvres de cette fente ne sont pas de niveau, et qu'elles peuvent chevaucher l'une sur l'autre, de manière à constituer une sorte de soupape, qui ferme pour ainsi dire toute issue à l'urine, la rétention complète et prolongée se déclare rarement, à moins qu'elle ne se rattache à d'autres circonstances simultanées. Ce système de soupapes, dont on a fait quelque bruit de nos jours, n'a pas une influence si puissante et si directe qu'on a semblé le croire. Certainement, lorsqu'il existe une tumeur pédiculée, à laquelle son volume et sa situation permettent de fermer l'orifice de l'urèthre, ou un large repli valvulaire, ou une barrière transversale très élevée, ou une de ces tuméfactions énormes du corps de la prostate qui changent totalement la forme des parties, on comprend très bien la possibilité d'une rétention d'urine. Mais ces cas sont rares, comparativement aux difficultés excessives d'uriner, ou aux rétentions complètes qu'on observe dans d'autres circonstances. C'est une remarque que j'ai faite depuis longtemps, et qui n'a pas échappé non plus à d'autres praticiens, que les difficultés d'uriner sont rarement proportionnées aux progrès de la lésion organique. A chaque instant on rencontre des hommes chez lesquels l'excrétion de l'urine présente les plus grands désordres, quoique leur prostate n'offre qu'un commencement de tuméfaction, sans complications; d'autres, au contraire, vident leur vessie assez facilement, ou même sans aucune difficulté, quoique l'hypertrophie, partielle ou totale, de la glande forme des tumeurs considérables.

En cherchant à expliquer ces anomalies par la seule situation de la tumeur, relativement à l'orifice vésical de l'urèthre, on a oublié que l'action de ce dernier est toujours plus ou moins influencée par l'hypertrophie de la glande, et l'on n'a tenu aucun compte de la contractilité du corps de la vessie. Ce qui prouve combien est erronée la théorie qu'on présente à ce sujet, c'est que les troubles fonctionnels de la vessie, au lieu de se montrer permanents et progressifs, varient à l'infini, à tous les âges de la maladie. Il n'est même pas rare de voir la rétention et l'incontinence d'urine, après avoir existé pendant quelque temps, diminuer notablement ou cesser durant des mois, des années, sans que le malade ait subi aucun traitement, sans qu'il soit possible d'admettre que la tumeur ait diminué. D'ailleurs, et ceci est plus concluant encore, ces symptômes, non-seulement éclatent chez des sujets dont la prostate tuméfiée n'a point acquis une forme qui lui permette d'oblitérer l'orifice interne de l'urèthre, mais encore ne sont jamais survenus chez d'autres à l'ouverture du corps desquels on découvre des tumeurs pédiculées, des barrières, des valvules considérables, etc.

J'en dirai autant de l'incontinence d'urine. On a prétendu que, lorsque le corps de la prostate se tuméfie de manière à former tumeur à l'orifice interne de l'urèthre, il en résulte un écartement des lobes latéraux, qui, ayant eux-mêmes augmenté de volume et de consistance, ne peuvent plus se mettre en contact l'un avec l'autre, et laissent échapper l'urine involontairement. Quelque plausible que paraisse cette explication, elle ne se concilie point avec les faits. Nous voyons tous les jours des malades qui n'ont jamais eu d'incontinence d'urine, et cependant l'ouverture des corps fait constater chez eux, à un degré très développé, l'état de choses qui passe pour en être une cause absolue.

Ainsi, les troubles dans l'excrétion de l'urine ne sont point en rapport avec le développement de la maladie prostatique ; beaucoup de malades conservent jusqu'à la fin la faculté d'uriner avec assez de facilité, tandis que d'autres, dont l'affection locale est bien moins avancée, éprouvent les désordres les plus considérables : le développement progressif de la tumeur n'entraîne pas succesivement la difficulté d'uriner, l'incontinence, la rétention. Cet ordre est souvent interverti ; tantôt le trouble débute par l'incontinence, ainsi qu'on en cite des exemples ; tantôt on voit apparaître d'abord la rétention complète, et quelquefois aussi les troubles persistent toujours à un degré moyen. Mais les variations sont si nombreuses à cet égard qu'on tenterait inutilement d'établir des catégories.

Les dérangements dans l'excrétion de l'urine, qui dépendent d'une tuméfaction de la prostate, mettant obstacle à la sortie du liquide et paralysant en quelque sorte la puissance expulsive de la vessie, diffèrent de ceux du même genre, qui tiennent à un rétrécissement organique de l'urèthre, à une coarctation spasmodique de ce conduit, ou à un défaut d'action des parois vésicales. Toutefois, la différence n'est pas assez grande pour que des méprises ne puissent avoir lieu. Dans le plus grand nombre des cas, les troubles se développent avec beaucoup de lenteur, comme la maladie qui les provoque, mais souvent avec une irrégularité dont on ne se rend pas parfaitement raison. Ici, comme dans tant d'autres circonstances, ce n'est pas la véritable cause qu'on soupçonne d'abord ; les vieillards ne voient, en général, que ce qu'ils appellent un effet naturel de l'âge, une perte, ou du moins une diminution de puissance dans les organes urinaires : c'est pour cela, disent-ils, qu'ils éprouvent des besoins plus fréquents d'uriner, auxquels ils ne sauraient résister, et qu'ils ne satisfont cependant qu'avec difficulté. Quelques-uns accusent des écarts de régime ou de conduite, d'autres des influences atmosphériques, etc. On temporise ainsi fort souvent, jusqu'à ce que la maladie ait fait de grands progrès.

L'attention de quelques observateurs s'est arrêtée sur la forme du jet de l'urine, qui leur avait paru différer, dans les cas de tuméfaction prostatique. En général, il y a fort peu de jet alors ; l'urine, comme je l'ai dit, tombe plutôt qu'elle n'est lancée. D'ailleurs les différences dans la forme du jet sont si grandes, et dépendent de causes si nombreuses, qu'on n'en saurait tirer aucune induction pour le diagnostic. Ainsi on peut voir ici, comme dans les rétrécissements organiques ou spasmodiques de l'urèthre, l'affection calculeuse et l'atonie de la vessie, le jet de l'urine aplati, bifurqué, tournoyant, éparpillé ; l'urine peut couler en bavant, par un filet continu, régulier, saccadé, interrompu, sans qu'on soit fondé à rien conclure de ces particularités. On a perdu de vue que beaucoup d'entre elles tiennent au degré de puissance de la vessie, et qu'à la force avec laquelle celle-ci chasse l'urine, se rattachent les principales différences qu'on remarque dans l'émission du liquide.

J'ajouterai de très courtes remarques dans le but de signaler la fausse voie vers laquelle ces vues erronées tendent à entraîner, en ce qui concerne les lésions de la prostate.

Certes, il n'est pas difficile de distinguer si l'urine, accumulée dans la vessie, y séjourne parce qu'elle n'est point chassée, ou parce qu'un obstacle, au col de l'organe, la retient en paralysant les efforts d'expulsion : il suffit pour cela d'introduire une sonde ordinaire dans la vessie, le malade étant couché sur le dos ; si le viscère se contracte, le liquide est projeté avec force jusqu'à la dernière goutte ; seulement, vers la fin, le jet s'étend moins loin. Dans le cas, au contraire, où la vessie a perdu sa puissance expulsive, en totalité ou en partie, il n'y a de projeté que les premières colonnes du liquide qui la surdistendait, et dès que l'élasticité a produit son effet, l'urine ne coule plus qu'en bavant, d'une manière fort lente ; si l'on appuie sur l'hypogastre, ou qu'on engage le malade à pousser, à tousser, il se forme un jet, mais qui cesse aussitôt que la puissance accessoire n'agit plus. Pour vider entièrement la vessie, il faut exercer des pressions répétées sur l'hypogastre, et engager le malade à pousser longtemps. Cette expérience peut être répétée tous les jours, et elle prouve incontestablement que le réservoir de l'urine ne se contracte point. On a donc de la peine à comprendre que plusieurs de nos confrères, qui contestent l'influence de l'atonie de la vessie, ne l'aient pas faite : ils se seraient abstenus d'émettre une erreur palpable, en disant que les troubles fonctionnels de la vessie, notamment la rétention et l'incontinence d'urine, coïncidant avec une lésion de la prostate, sont l'effet exclusif de cette dernière. Nous verrons, à l'article du traitement, qu'on est parti de là pour proposer des méthodes curatives défectueuses ou dangereuses.

Pour plus de développements sur cette importante question, et pour ce qui concerne les érections, dont on attribue la fréquence à la tuméfaction prostatique, je dois renvoyer, afin d'éviter les répétitions, au chapitre précédent, et à ce qui est dit de la stagnation de l'urine, dans le troisième volume.

J.-L. Petit, Bell, et autres, ont cru trouver, dans l'acte de la défécation, des particularités capables de faire reconnaître les tuméfactions de la prostate. Mais la forme rubanée des excréments n'a pas la portée qu'on lui a attribuée. Il y a d'ailleurs une distinction importante à établir entre les cas dans lesquels la glande proémine du côté de la vessie, et ceux, beaucoup plus rares, dans lesquels la tumeur qu'elle forme s'étend autant du côté du rectum que de celui de la poche urinaire, ou se prononce même davantage vers l'anus. C'est dans ce dernier cas seulement, dont les autopsies cadavériques ont démontré la rareté, que peut avoir lieu le phénomène en question. Cependant si la forme du tampon fécal n'a presque aucune importance, sous le point de vue du diagnostic, il faut tenir compte des sensations que le malade éprouve en allant à la selle, en les distinguant de celles que produisent les hémorrhoïdes. Lorsque la tumeur prostatique est volumineuse, et surtout quand elle est devenue le siége d'une phlegmasie, ou même seulement d'une irritation, à laquelle les tissus voisins participent, on comprend que le passage des matières fécales, surtout si elles sont dures, et forment un cylindre volumineux, provoque du malaise, de la douleur même, en un mot des sensations fort pénibles ; qu'il y ait fréquemment du ténesme, des épreintes, enfin que la défécation soit difficile chez beaucoup de malades.

Nous verrons, en traitant du catarrhe vésical, que les saillies, excroissances, brides ou tumeurs, qu'on rencontre au col de la vessie, deviennent souvent le siége d'une inflammation circonscrite, qui concourt à modifier, ou à changer les phénomènes morbides, directement provoqués par la lésion organique. On comprend que cette phlegmasie puisse même être portée à un très haut degré Les chocs de la colonne liquide, poussée par les contractions vésicales et retenue par l'obstacle, le frottement des surfaces saillantes contre les parois voisines, le passage des bougies, des sondes ou de tout autre instrument, l'action enfin d'un calcul : toutes ces circonstances expliquent sans peine la fréquence de la phlegmasie qui se développe, et que j'ai souvent constatée dans les autopsies. Tantôt l'inflammation était limitée à la tumeur, et tantôt elle s'étendait au pourtour, mais en décroissant graduellement. A la vérité, le fait n'est pas constant, et il y a des cas dans lesquels les plus graves désordres, comme déchirures, contusions, fausses routes, même multipliées, paraissent ne point provoquer de travail inflammatoire, ou n'exciter qu'une phlegmasie si faible et si peu durable qu'on n'en découvre aucune trace après la mort. Mais ce sont là des cas exceptionnels, dont malheureusement on a voulu s'étayer pour introduire dans la pratique de prétendus moyens curatifs violents, qui seront indiqués plus loin. Le plus souvent, il existe une inflammation, qui a pour effet d'amener, soit un écoulement incolore, blanchâtre, rougeâtre ou brunâtre, soit un dépôt de muco-pus dans l'urine. La présence de ces matières étrangères a été considérée comme un caractère des engorgements de la prostate : Home lui-même y attachait une grande importance; mais j'ai démontré, dans d'autres parties de cet ouvrage, qu'il est toujours très difficile de déterminer le point de départ des sécrétions anormales, dans les parties profondes de l'urèthre. Rien n'autorise à penser que la prostate fournisse un produit plus abondant, par cela seul qu'elle est engorgée ; on peut admettre seulement que l'irritation des parties voisines active sa sécrétion, comme nous voyons celle des parois de la bouche accroître la quantité de la salive ; mais il n'y a rien là qui se rattache d'une manière directe à la tuméfaction de la glande. Qu'il existe un rétrécissement uréthral, ou toute autre maladie de l'appareil urinaire, l'urine se charge souvent de mucosités, dont la quantité, la densité et la couleur varient, sans que pour cela la prostate soit engorgée ou atteinte d'aucune lésion de tissu.

J'ai indiqué, il y a longtemps, dans mes ouvrages sur la *lithotritie* et l'*affection calculeuse*, des cas où l'on voyait survenir, à la suite de la cystotomie, des hémorrhagies graves et même mortelles, résultant de la lésion de vaisseaux sanguins, qui sont d'ordinaire trop peu développés pour faire craindre aucun danger. Dans ces cas, il y avait depuis longtemps, pierre vésicale et lésion prostatique, causes plus que suffisantes pour amener un développement anormal des vaisseaux. Les affections anciennes et graves de la prostate suffisent à elles seules pour déterminer le même effet. Il peut arriver alors que les malades rendent des urines sanguinolentes. J'en ai vu quelques exemples ; mais je n'ai rien remarqué de particulier dans cet écoulement sanguin, qui jamais ne peut être considéré comme un indice de lésion prostatique, et qui d'ailleurs dépend le plus souvent d'une autre cause que de la dilatation anormale des vaisseaux, comme je le dirai quand il sera question de l'hématurie. Tel n'est pas le sentiment de S.-B. Brodie, qui s'exprime ainsi, au sujet d'un cas dont il donne les détails : « Je crus, dit-il, pouvoir reconnaître le point précis de la tumeur dont les vaisseaux déchirés avaient donné lieu à l'hémorrhagie. »

Quelques personnes assurent avoir trouvé dans l'urine des animalcules, qu'elles ont considérés comme un indice de l'engorgement de la prostate. Ce fait n'est pas encore suffisamment établi, et, en le supposant exact, les animalcules auraient une autre origine que la prostate.

J'ai fait connaître les rapports qui existent entre l'orifice externe et l'orifice interne de l'urèthre; il n'est pas rare, dans les engorgements prostatiques un peu avancés, de voir le gland tuméfié, dur, plus ou moins rouge, etc. Ces particularités doivent fixer l'attention des observateurs.

Ainsi, en dernière analyse, rien de constant, rien de spécial, rien, par conséquent, de caractéristique, relativement aux tumeurs de la prostate, soit dans les sensations du malade, soit dans les troubles fonctionnels de l'appareil urinaire. A l'exception de quelques sensations vagues, d'une gêne, d'un embarras, d'un malaise au pubis, au périnée, au sacrum, et de trouble dans l'émission de l'urine ou la défécation, il n'est pas rare de n'observer aucun symptôme, quoique à l'ouverture des cadavres on découvre la prostate considérablement engorgée. J'insiste sur ces remarques parce que des auteurs, fort estimés d'ailleurs, ont accolé aux tuméfactions de cette glande un long cortége de phénomènes prétendus distinctifs, qui dérivent presque exclusivement d'un obstacle, quel qu'il puisse être, à la libre émission de l'urine. A chaque page, pour ainsi dire, je suis obligé de rappeler que cette absence de phénomènes morbides spéciaux appartient à la plupart des maladies de l'appareil urinaire, même à celles qu'on ne croirait pas pouvoir exister sans se trahir au dehors par des signes évidents.

III. Cette incertitude des symptômes de l'engorgement prostatique, ou plutôt cette absence totale de caractères, à l'aide desquels on puisse certainement et toujours le reconnaître, a suggéré de recourir à une série de moyens spéciaux d'examen, qu'il est d'autant plus essentiel de passer en revue, que les opinions ne sont pas encore fixées à l'égard de quelques-uns d'entre eux, qui n'ont pas, en effet, toute la précision désirable.

1° La première pensée qui vient à l'esprit quand on soupçonne une tuméfaction de la prostate, c'est d'explorer le rectum. Aussi tous les auteurs en donnent-ils le précepte. Ces explorations n'ont pourtant pas la portée qu'on leur attribue, plutôt par une sorte d'habitude que par suite d'observations directes. Assurément elles peuvent être utiles dans certains cas, et l'on aurait grand tort de les négliger; mais, dans beaucoup de circonstances, elles n'apprennent rien, dans d'autres même elles conduiraient à l'erreur, si l'on s'en rapportait à elles seules.

Ainsi, l'on parvient à reconnaître avec leur secours que les lobes latéraux de la prostate ont plus de volume et de dureté qu'à l'ordinaire. Dans les cas où ces lobes s'écartent l'un de l'autre, ce qui n'est pas rare, quand ils sont fortement tuméfiés, on apprécie jusqu'à un certain point l'intervalle qui les sépare en arrière, et l'on peut même arriver à constater la présence d'une grosse tumeur à la partie postérieure du corps prostatique. Mais, pour atteindre jusque-là, il faut avoir les doigts très longs, et opérer sur des sujets maigres. J'ai dernièrement exploré le rectum d'un malade atteint de catarrhe vésical chronique, avec racornissement de la vessie; les moyens mis en usage n'ayant pas eu le succès que j'obtiens dans beaucoup de cas, je voulus chercher à déterminer quelle pouvait être la cause de cette opiniâtreté. Je trouvai le corps de la prostate à peine tuméfié; mais le lobe latéral gauche formait, en dehors et en haut, un prolongement considérable, dur, bosselé, peu douloureux à la pression; la maigreur du sujet, le peu d'épaisseur des parties et le relâchement des tissus, rendaient l'exploration d'autant plus facile que la souplesse des parois abdominales permettait d'exercer une forte pression à la fosse iliaque gauche et sur la région hypogastrique; aussi, grâce à sa disposition exceptionnelle, me fut-il permis de déterminer approximativement, par l'anus, l'étendue de la tumeur.

Lorsque, au contraire, l'engorgement est partiel et peu développé, qu'il occupe le côté inférieur de l'orifice interne de l'urèthre, et qu'il fait saillie spécialement vers la vessie, ce qui a lieu le plus communément, les explorations par le rectum ne fournissent aucun renseignement précis, malgré l'affirmation contraire que chaque jour on présente en toute confiance. On a même écrit qu'en introduisant le doigt dans le rectum pour apprécier le *premier degré de l'engorgement de la prostate, on sent la glande plus volumineuse, formant une tumeur inégale, résistante, ordinairement plus saillante à gauche qu'à droite.* Et l'on a cité des faits à l'appui de ces assertions.

Pour donner aux explorations par l'anus la précision et la portée qu'elles peuvent avoir, il faut introduire préalablement dans la vessie, soit une sonde ordinaire, soit un autre instrument, de manière à comprendre le corps de la glande entre ce dernier et le doigt placé dans l'intestin. Cette précaution, généralement négligée, m'a souvent mis en mesure de rectifier des erreurs de diagnostic. On a prétendu que la distension de la vessie entraînait la prostate en haut et en avant, et que, pour cette raison, il était difficile, sinon impossible, d'explorer par le rectum avant d'avoir évacué l'urine. Je ne sais sur quelle autorité on s'est fondé pour émettre une semblable assertion. Tout ce que je puis dire, c'est que j'ai constamment trouvé le bas-fond de la vessie et la prostate refoulés en bas, dans les cas de plénitude et de distension du réservoir de l'urine.

2° Je passe aux explorations du côté de l'urèthre, par lesquelles il est préférable de commencer.

Je n'ai pas à revenir sur ce que j'ai dit, dans le chapitre précédent, eu égard aux moyens à employer pour ces sortes d'explorations, et à la manière d'y procéder. Je suppose que toutes les précautions ont été prises, qu'on a écarté tous les obstacles, prévenu tous les accidents.

La première donnée ressortira de la direction que la sonde prendra, lorsqu'elle sera parvenue à la partie prostatique de l'urèthre. Il faut se rappeler les différentes déviations qui peuvent avoir lieu, soit dans cette région du canal, soit au col de la vessie, et se représenter les principales inclinaisons que l'instrument offrira du côté des anneaux, suivant que son bec sera porté vers le pubis ou le rectum, dans le cas d'aplatissement de l'urèthre sans déviation latérale; qu'il sera déjeté de côté par la tuméfaction d'un des lobes latéraux, ou, enfin, qu'il sera porté en haut, soit par une barrière transversale, soit par le corps tuméfié de la glande.

Si la sonde, parvenue à la partie prostatique de l'urèthre, se trouve serrée, comprimée, si elle éprouve moins de peine à pénétrer lorsqu'on abaisse ou relève son pavillon, mouvements qui portent son bec vers le rectum ou le pubis, on sera porté à penser qu'il y a gonflement des globes latéraux, que l'urèthre est aplati latéralement, et qu'en avant vers le pubis, en arrière vers le rectum, existent les deux sillons dont j'ai parlé. Dans ces cas, les anneaux de la sonde ne changent point de direction, mais les mouvements d'élévation et d'abaissement, plus ou moins faciles et étendus, fournissent des données importantes, et mettent à même de distinguer ces états de la pression exercée sur l'instrument par le col vésical, sous l'influence d'une contraction spasmodique. On observe, au contraire, une inclinaison des anneaux à droite ou à gauche, si la tuméfaction de la prostate, produisant l'aplatissement de l'urèthre, n'est pas également développée dans les deux lobes, et surtout si un seul de ces derniers est tuméfié. Alors la sonde se trouve arrêtée, vers le milieu de la portion prostatique, et dès qu'on cesse de la tenir, elle s'incline du côté correspondant au lobe tuméfié seul, ou plus tuméfié que l'autre; mais, quand on la pousse davantage, elle tend, par sa progression, à redresser la partie prostatique de l'urèthre, et dès qu'elle arrive à l'orifice vésical ou plus loin, son extrémité annulaire présente moins d'inclinaison. Toutefois, l'instrument est serré, comprimé, tant parce qu'il a traversé une portion aplatie du canal, que parce qu'il n'a pu parvenir au col de la vessie sans déprimer la tumeur placée au-devant ou latéralement. Il y a donc redressement de cette partie de l'urèthre. Ce redressement, un praticien exercé l'opère sans danger, sans inconvénient même, dans le plus grand nombre des cas, lorsque le mal est peu avancé, et qu'il procède avec lenteur, au moyen d'une sonde de calibre fort plutôt que faible, dont l'extrémité est bien arrondie.

Si la sonde parvient jusqu'au col vésical sans être arrêtée, sans éprouver d'inclinaison, le chirurgien en conclut que les lobes latéraux de la prostate sont peu ou point tuméfiés, ou du moins qu'ils ne font pas saillie du côté de l'urèthre. La déformation et la déviation existent donc alors à l'entrée de la vessie. Ici l'arrêt, nous l'avons vu, peut être produit, soit par une bride transversale, soit par un engorgement du corps de la glande, soit par un fongus, mais le plus souvent par une des deux premières causes. Comme la déviation de l'urèthre a lieu de bas en haut, on la reconnaît en faisant exécuter à la sonde un mouvement de bascule, qui relève son bec et lui permet de pénétrer dans la vessie. Il faut se rappeler que, dans la tuméfaction du corps de la prostate, il y a tantôt un ou plusieurs sillons à droite et à gauche, dans lesquels l'instrument peut cheminer, tantôt aussi tuméfaction simultanée de l'un des lobes latéraux. Dans ces divers cas, la sonde, en franchissant le col, après qu'on a relevé son extrémité oculaire, est déjetée d'un côté ou de l'autre, mouvement qui est indiqué par la position que ses anneaux prennent, quand on laisse l'instrument pour ainsi dire en liberté, mais non d'une manière aussi constante et aussi précise que paraissent le croire quelques chirurgiens.

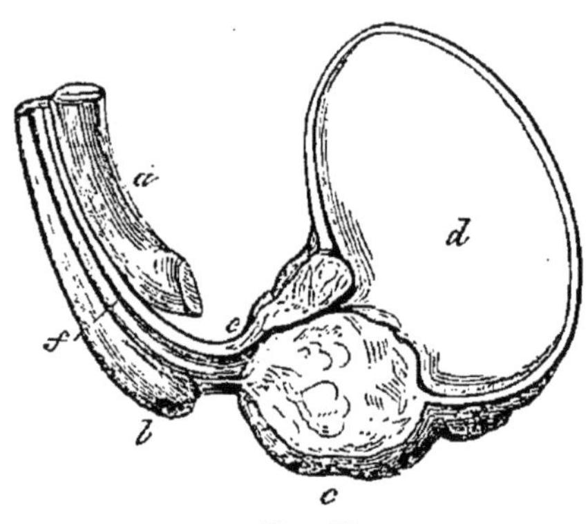

Fig. 21.

La figure 21, que j'emprunte à Charles Bell (pl. II, ouvrage cité), fournit une démonstration remarquable des difficultés du cathétérisme et des directions qu'il faut imprimer à la sonde, dans les différents cas.

Dans toute déviation de l'orifice vésical de l'urèthre provenant d'une tumeur qui siége à droite ou à gauche, l'inclinaison de la sonde est plus marquée, et si l'instrument pénètre aisément dans la vessie, sans qu'il soit nécessaire d'élever son bec, on juge très bien par là que la tumeur latérale existe seule, que seule elle est la cause de la déviation.

Lorsque la déviation en haut, rencontrée par la sonde à l'entrée de la vessie, résulte d'une petite tumeur du corps de la prostate, et aussi quand il s'agit d'un fongus, l'arrêt est moins brusque; le bec de l'instrument paraît glisser sur un plan incliné, à mesure qu'on abaisse le pavillon, et il faut que la sonde chemine encore assez longtemps pour arriver à la vessie. La quantité

* Fig. 21. — Dans cette figure la sonde, après avoir parcouru la partie pénienne *a* et bulbeuse *b* de l'urèthre *f*, arriverait à la region prostatique *e*, où le canal se trouve fortement dévié en haut par la masse que la prostate *c* forme dans la cavité vésicale *d*.

dont il faut abaisser son extrémité annulaire, et l'étendue qu'elle est obligée de parcourir avant que l'urine commence à couler, indiquent la hauteur de la tumeur et le degré du refoulement en arrière et en haut, de l'orifice de l'urèthre.

Au contraire, je le répète, s'il s'agit d'une bride, l'arrêt de la sonde est brusque, et persiste jusqu'à ce qu'on ait assez élevé son bec pour qu'il passe par-dessus la barrière. La sonde n'avance pas, comme dans le cas précédent, à mesure qu'on relève son extrémité oculaire. Mais, dès qu'elle a triomphé de la première résistance, elle ne rencontre plus d'obstacle, et l'urine coule. La même chose a lieu lorsque, pour vider la vessie, on passe une sonde flexible à courbure fixe : elle est arrêtée brusquement au col vésical ; si on la pousse, elle ne paraît pas avancer ; mais tout à coup elle franchit l'obstacle et l'urine sort.

D'après cela seul on présume qu'il existe une bride ; pour s'en assurer, on procède comme je l'ai indiqué précédemment. Toutes ces manœuvres sont extrêmement délicates, et réclament une main exercée. Ce n'est cependant pas une raison pour que les jeunes praticiens y renoncent. L'aptitude s'acquiert par l'exercice. Il y a d'ailleurs des points de départ, très bien constatés, et plusieurs circonstances, dont j'ai fait connaître les principales, qui servent de guide.

On connaît la longueur de la portion prostatique de l'urèthre, dans l'état normal, et par conséquent l'étendue que la sonde doit parcourir, pour que ses yeux arrivent dans la vessie et que l'urine commence à couler ; je ne parle pas d'un petit nombre de cas dans lesquels ce liquide vient aussitôt que l'extrémité de l'instrument est parvenue à la fin de la partie membraneuse, ce dont on peut s'assurer en introduisant le doigt dans le rectum. S'il y a tuméfaction de la prostate, le surplus de chemin que la sonde devra franchir, au delà de la partie membraneuse, avant que l'urine paraisse, dénote de combien le col vésical se trouve refoulé en arrière, et par conséquent aussi de combien le volume de la prostate a augmenté en ce sens. Cette donnée est une des plus importantes que le cathétérisme puisse fournir.

Je dois mentionner une autre particularité, que j'ai souvent fait remarquer, dans mon service public à l'hôpital Necker. Lorsque la sonde a pénétré à une grande profondeur, en glissant sur une tumeur prostatique, si l'on cesse de maintenir son extrémité annulaire abaissée entre les cuisses, elle se relève aussitôt, et l'instrument sort de la vessie. C'est un mouvement déterminé par la tumeur, qu'on a déprimée ou refoulée en arrière, et qui reprend sa place dès qu'on cesse la pression.

Lorsqu'on a l'habitude de pratiquer le cathétérisme, on introduit une sonde, dans un urèthre libre, sans faire le moindre effort, en laissant au canal, comme je l'ai dit, le temps d'avaler l'instrument. Mais toutes les fois que la tuméfaction de la prostate a fait perdre, à la partie de l'urèthre qu'elle embrasse, sa souplesse et son élasticité, le passage de la sonde en cet endroit exige une pression. Or, le degré de pression qu'il faut exercer contre l'obstacle pour que cette sonde chemine, indique approximativement la dureté anormale que la glande a acquise, en tenant compte des effets de la déviation et des contractions spasmodiques.

Ainsi, l'introduction d'une sonde métallique procure des renseignements précieux sur la tuméfaction et l'induration de la prostate du côté de l'urèthre et même de la vessie; elle apprend en outre si la portion prostatique du canal est seulement aplatie, ou en même temps aplatie et déviée; enfin elle fait connaître si l'obstacle existe dans le canal ou à l'entrée de la vessie, et s'il dépend d'un engorgement du corps de la glande, d'un seul lobe latéral, des deux lobes latéraux, de toutes ces parties collectivement, ou d'une bride, formant une barrière transversale. Mais, je ne saurais trop le redire, il faut, pour obtenir ces données, un choix judicieux des cas, une connaissance parfaite des altérations possibles, de bons instruments et une main très exercée. Et même alors, il n'est pas impossible qu'on soit arrêté, pour ainsi dire, à la première étape, sans qu'on puisse même découvrir la cause de l'arrêt. Il faut recourir alors à d'autres moyens, et savoir persévérer, d'autant plus qu'il n'y a pas urgence, et que les essais successifs auxquels on a recours donnent quelquefois d'heureux résultats.

Il est un moyen d'exploration, dont j'ai déjà parlé, qui rend journellement les plus grands services dans les cas de rétrécissements et de calculs uréthraux, et que j'ai employé aussi avec avantage chez plusieurs sujets atteints de lésions prostatiques,

La propriété que possèdent les bougies en cire molle, convenablement préparées, de conserver l'empreinte des corps contre lesquels elles s'appliquent avec force, fournit d'utiles renseignements, ainsi que Hunter, et après lui Whately, en avaient fait la remarque. C'est le hasard qui m'a conduit à en faire usage. J'avais été surpris, en traitant les rétrécissements de l'urèthre par la dilatation temporaire, de trouver l'extrémité de la bougie, parvenue jusqu'à l'orifice interne du canal, tantôt frangée comme si elle avait été en contact avec un corps dur, offrant des aspérités et des anfractuosités qui avaient fait empreinte sur elle, et tantôt présentant une sorte de bifurcation, comme si elle avait butté contre un coin. Quelquefois, la déformation consistait en une courbure brusque, très courte, et dirigée soit en haut seulement, soit à la fois en haut et vers l'un ou l'autre côté. Fréquemment aussi, la courbure était en quelque sorte adoucie, mais plus étendue et moins prononcée ; souvent même je ne remarquais qu'une inflexion beaucoup plus considérable de l'instrument. En cherchant à me rendre compte de ces particularités, j'acquis bientôt la conviction que la prostate seule pouvait y donner lieu, par les dispositions insolites qu'un état morbide lui avait fait acquérir. Je constatai aussi que les bougies d'un gros volume sont celles qui conservent le mieux ces sortes d'empreintes, et qu'à l'égard des petites, leur déformation est moins constante, et s'efface souvent en grande partie lorsqu'on les retire.

Depuis que mon attention a été appelée sur ce point, j'ai souvent employé les grosses bougies molles pour explorer le col vésical, et, dans bien des cas, elles m'ont fourni de vives lumières, non-seulement sur l'existence de l'état morbide, mais encore sur les diverses formes que peuvent affecter les productions anormales. On conçoit, en effet, que les sensations qui accompagnent alors l'introduction des bougies, et les empreintes qu'elles rapportent après quelques minutes de séjour dans l'urèthre, doivent varier à raison de la situation et du développement des tumeurs et des barrières.

Voici, en résumé, ce qui a lieu le plus ordinairement. Lorsque la tuméfaction prostatique est encore peu considérable, la bougie se trouve serrée, et en quelque sorte arrêtée, au moment où l'on croit qu'elle pénètre dans la vessie. En appuyant légèrement sur elle, pendant quelques secondes, on la fait cheminer. Une fois qu'elle est parvenue dans la vessie, on l'y laisse séjourner quelques instants, après lesquels on la retire, et l'on voit son extrémité vésicale, recourbée de bas en haut, ou latéralement, effet d'un obstacle peu développé.

Dans certains cas, la bougie n'avance point, quoiqu'on appuie assez fortement ; si on la retire alors, on trouve son extrémité rebroussée, formant une espèce de tubercule. C'est le résultat du même obstacle, plus développé, et produisant, à l'orifice interne de l'urèthre, une déviation brusque, assez prononcée pour que la bougie ne l'ait pas traversée.

Dans d'autres circonstances, moins communes, la bougie pénètre, même assez aisément, et ramène, tantôt par côté, tantôt vers la face inférieure, des empreintes comme si elle avait été mutilée avec un emporte-pièce ; ce sont les effets d'excroissances, de fongosités dures et saillantes. Quelquefois, l'extrémité de la bougie revient avec des anfractuosités à pic, produites par des calculs.

Il faut toujours avoir soin, avant de retirer la bougie, de marquer avec l'ongle le point correspondant à l'orifice extérieur de l'urèthre. Un séjour de deux minutes au plus suffit pour qu'elle fournisse tous les renseignements qu'on peut attendre d'elle.

Chez certains sujets, surtout lorsque la bougie n'a pas pénétré, ou que son extrémité s'est rebroussée, un petit écoulement de sang a lieu : cette légère hémorrhagie s'arrête d'elle-même. La douleur que provoquent ces tentatives d'introduction est moindre qu'avec la sonde, et le malade n'a pas autant d'accidents à redouter. Aussi me trouvé-je bien, toutes les fois qu'il s'agit d'un cas grave et obscur, de commencer par l'emploi des bougies. Celles de six millimètres méritent la préférence au début ; on en prend successivement de plus grosses. Ici, comme dans les cas de barrière uréthro-vésicale, il n'est pas rare de réussir, au moyen des bougies, là où on avait échoué avec les sondes. Elles constituent donc une ressource précieuse sous plusieurs rapports.

Quelques autres moyens, proposés pour établir le diagnostic des engorgements de la prostate, ont été présentés comme des perfectionnements, bien qu'ils soient pour la plupart sans grande importance. Telles sont les *sondes coudées, à plaque ovalaire*, ou *polygonale*, *à renflements olivaires*, *etc.*, sur lesquelles je ne reviendrai pas, les ayant appréciées dans un autre chapitre.

Mais il y a un fait qui mérite de fixer l'attention. Dans quelques cas, à mesure que les dernières gouttes d'urine s'echappent, les parois vésicales rapprochent avec force les tumeurs prostatiques sur la sonde, qui se trouve serrée et retenue au point que le mouvement de retraite est douloureux, et suivi de malaise, avec écoulement de sang (je suppose qu'on n'a pas employé un instrument dont les yeux sont mal faits). On doit conclure de ce fait que la vessie se contracte avec force, qu'il y a un boursouflement de la membrane muqueuse, saignant au moindre frottement, une phlegmasie circonscrite aux tumeurs, et une constriction du col vésical assez énergique pour que l'action de retirer la sonde fasse éprouver la sensation d'une *sorte de raclement*, toujours douloureux pour le malade.

Dans les cas d'atonie vésicale on n'observe rien de semblable, ou du moins l'algalie n'est jamais retenue, et s'il y a quelques douleurs en la retirant, elles sont plus faibles et durent moins.

Il se produit quelquefois une autre particularité, que je ne dois pas omettre de signaler. La saillie que fait dans l'intérieur de la vessie le lobe moyen fortement engorgé, au lieu d'occuper la partie médiane, comme cela a lieu ordinairement, s'incline à droite ou à gauche, de telle sorte que, dans l'exploration, on peut rapporter la tumeur à l'un des lobes latéraux. Plusieurs fois à ma connaissance on a commis cette méprise.

IV. Quand on envisage les caractères les plus saillants des tuméfactions de la prostate, la position de cette glande, qui la rend accessible à différents moyens directs d'exploration, et la nature des désordres qu'entraînent ses maladies, on a de la peine à comprendre qu'elles aient pu être confondues, et que chaque jour encore elles le soient, avec des affections d'un tout autre ordre. C'est cependant un fait incontestable. Au moment où je rédigeais ce chapitre, je fus appelé en consultation pour un sexagénaire traité depuis plusieurs mois, pour une prétendue maladie de la prostate. N'ayant pas obtenu le résultat qu'on attendait des moyens mis en usage, on voulut avoir mon avis. D'après le seul exposé qu'on me fit des sensations du malade et des symptômes qui s'étaient présentés, je conjecturai l'existence d'une pierre ; l'introduction immédiate d'une sonde dans la vessie convertit ce soupçon en certitude.

Cependant, le contraire de ce qui arriva ici est ce qu'on observe le plus communément. Souvent, en effet, on est appelé pour de prétendus cas de pierre vésicale ou rénale, dans lesquels il ne s'agit que d'une hypertrophie de la prostate. Les exemples de cette méprise sont nombreux.

J'en dirai autant des coarctations uréthrales, avec lesquelles l'engorgement de la prostate paraît avoir été confondu plus d'une fois. Cette erreur, dans laquelle il semble, au premier abord, presque impossible de tomber, surprend moins lorsqu'on se rappelle combien peu de praticiens savent parfaitement sonder. Ceux auxquels le cathétérisme est peu familier rencontrent dans l'urèthre des obstacles qui n'y existent pas, et admettent ainsi des rétrécissements imaginaires là où un autre, plus expert, appelé à raison de la persistance des accidents, reconnaît une maladie de la prostate.

V. Dans les cas vierges de toute application chirurgicale, les moyens que je viens d'exposer suffisent souvent, surtout lorsque l'altération est simple, sinon pour déterminer rigoureusement tous les caractères que peut présenter la tumeur prostatique, du moins pour en constater l'existence, et, jusqu'à un certain point, la forme et le degré de développement. Il n'en est pas de même quand on est appelé auprès d'un malade qui a déja reçu les soins d'un ou plusieurs praticiens. Nous verrons, par un grand nombre d'exemples, enregistrés dans les annales de la science, qu'on fait très souvent des fausses routes au col de la vessie, même sans le savoir, que ces fausses routes s'organisent au point de servir à l'écoulement de l'urine et au passage des instruments, et que l'opérateur, ne rencontrant aucun des obstacles qui accompagnent d'ordinaire les tuméfactions de la prostate, peut très bien se croire dans la bonne voie, et ne pas reconnaître des lésions, même fort avancées, d'une ou plusieurs parties de la glande. Je me borne à signaler le fait ; une observation curieuse, insérée par M. Comin dans le *Bulletin de la Société anatomique*, en fournit les commentaires. Je ne connais aucun moyen de faire disparaître l'incertitude en pareil cas ; on est réduit à des suppositions, à des tâtonnements, et les preuves décisives manquent presque toujours, jusqu'au moment de l'ouverture du corps.

Mais, même en laissant de côté ces faits exceptionnels, il est des cas où les moyens d'exploration que j'ai décrits laissent encore à désirer, sinon pour constater l'existence de la tumeur, du moins pour en déterminer le volume, la forme, etc. On sait que l'orifice interne de l'urèthre peut être déformé, réduit à une sorte de fente, soit transversale, soit verticale, ou à une ouverture triangulaire, sans que le passage de la sonde fournisse le moindre renseignement à cet égard. Il n'y a que le changement de direction de la partie profonde de l'urèthre qu'on apprenne à connaître ainsi, d'une manière plus ou moins exacte. Et, dans certaines circonstances, même graves et complexes, l'orifice interne de l'urèthre n'offre pas de déviation notable.

Nous verrons plus loin qu'une tumeur isolée, de petit volume, peut-être circonscrite au moyen d'une sonde à petite courbure. On peut même la pincer, la saisir avec un lithoclaste ou un trilabe, et aussi avec l'instrument articulé de Jacobson. Ces manœuvres, utiles quand il s'agit d'un fongus, ne suffisent cependant pas toujours pour établir un diagnostic différentiel, souvent même elles n'apprennent rien. Quant aux tumeurs volumineuses, pédiculées ou à base large, quelque siége qu'elles occupent, elles arrêtent souvent la sonde; l'introduction du lithoclaste, de l'instrument articulé, du trilabe droit n'est pas possible non plus; si l'on parvient à l'effectuer, on ne peut exécuter aucune des manœuvres propres à fournir d'utiles données.

Il y a une autre circonstance sur laquelle j'ai déjà appelé l'attention, qui n'est malheureusement pas rare, et qui force de renoncer à ces moyens d'exploration. La phlegmasie de la membrane qui recouvre ou entoure les tumeurs, développe une sensibilité telle que les malades ne peuvent supporter les explorations, et qu'il y aurait même de l'imprudence à continuer. Plusieurs cas de ce genre se sont présentés dans ma pratique. A raison de leur gravité, il a été fait appel aux conseils et à l'expérience d'un grand nombre de praticiens, et cependant on a presque toujours été réduit à l'emploi des calmants généraux, qui ont rarement réussi à placer le malade dans des conditions qui permissent d'appliquer le seul secours efficace, celui d'un traitement chirurgical.

VI. Le peu de soin qu'on met généralement à établir un diagnostic des lésions de la prostate, aussi rigoureux que le comporte l'état actuel de nos connaissances, entraîne des conséquences fâcheuses, même dans le traitement de plusieurs autres maladies de l'appareil urinaire. En m'occupant, dans le troisième volume, du catarrhe vésical, de l'hématurie, de la paralysie de la vessie, je ferai voir que, si les ressources de l'art sont aussi souvent impuissantes, il ne faut en accuser qu'une lésion méconnue de la prostate. Ici, je citerai le cas suivant, pris parmi beaucoup d'autres analogues, que présente chaque jour la pratique. Les considérations qui s'y rattachent justifieront les détails dans lesquels je vais entrer.

Un de nos savants qui se sont livrés avec le plus d'ardeur à l'étude de l'astronomie, éprouvait depuis plusieurs années un dérangement notable dans les fonctions de la vessie. On employa successivement divers moyens, qui furent sans résultat. A la fin, le malade crut avoir la pierre. Je fus appelé, et je m'assurai que la vessie ne contenait point de corps étranger, mais qu'elle ne se vidait pas entièrement; la prostate était volumineuse, et l'urèthre fort irritable, surtout au-dessous du pubis. Ces circonstances suffisaient pour expliquer les accidents qu'éprouvait M. *** ; mais un chirurgien, au mérite duquel chacun rend justice, ne partagea pas mon opinion : il pensa qu'il s'agissait seulement de douleurs rhumatismales, et se borna à prescrire des applications de sangsues, des fomentations, etc. Les accidents, au lieu de diminuer sous l'influence de ce traitement, devinrent de plus en plus graves, comme on devait s'y attendre, puisqu'ils avaient pour cause principale la difficulté d'uriner. Je fus rappelé quelques jours après. Je trouvai le malade en proie à toutes les angoisses d'une rétention d'urine. Deux pintes environ de liquide furent retirées. A dater de ce moment, je m'attachai à rendre l'écoulement plus facile, tantôt en plaçant une sonde à demeure dans l'urèthre, tantôt en sondant le malade plusieurs fois par jour. L'emploi de ces moyens et un traitement médical approprié produisirent l'effet que j'attendais ; M. *** recouvra bientôt l'appétit et le sommeil, qu'il avait totalement perdus ; l'urine s'éclaircit, et n'exhala plus l'odeur fétide qu'elle avait contractée depuis longtemps. Mais les douleurs à la région rénale et la faiblesse générale persistèrent, ce qui me fit craindre que la maladie ne fût très ancienne, et qu'elle n'eût produit des désordres fort étendus. Lorsque les premiers accidents eurent cessé, je cherchai à ranimer la contractilité vésicale par l'emploi des injections, des lavements froids, des frictions, des bains de siége frais, et de quelques toniques; mais la faculté de rendre l'urine naturellement ne se rétablit pas, et le malade se vit obligé de recourir à la sonde, qu'il introduisait lui-même quatre à six fois par jour. De temps à autre, l'urine cessait d'être claire, limpide, et reprenait les caractères qu'on observe dans le catarrhe vésical; mais ces sortes d'exaspérations duraient peu : elles n'avaient d'ailleurs rien de déterminé, quant à leur retour. Chaque besoin d'uriner s'annonçait par une douleur vive dans le trajet de l'uretère gauche, d'où elle se propageait à la région hypogastrique; après qu'elle avait cessé, le malade pouvait rendre quelques gouttes d'urine sans le secours de la sonde, et introduire celle-ci, ce qui lui eût été impossible pendant la durée de la douleur. Du reste, la santé générale de M. *** était satisfaisante, quoique les forces ne fussent pas revenues complétement. Le même état de choses a continué pendant quatre années, sans qu'il survînt de grands désordres. Mais, après cette époque, quoique la tuméfaction de la prostate n'eût pas fait de progrès appréciables, la sensibilité du col vésical s'exaspéra par intervalles, d'une manière notable : l'introduction de la sonde devint quelquefois très douloureuse, et les besoins d'uriner se rapprochèrent. L'agacement continuel du col vésical, causé par l'urine et par la sonde, réagit sur la santé générale, et principalement sur les fonctions de l'appareil urinaire, en sorte qu'on fut souvent obligé de recourir à une médication fort active. Il survint des engorgements du testicule et du cordon spermatique, dont quelques-uns durèrent plusieurs mois. Les reins et la vessie furent pris à leur tour. Plus d'une fois même on craignit de ne pouvoir arrêter la marche des accidents. Cependant les ressources de l'art finirent toujours par triompher; quoique le malade ait conservé pendant longtemps une grande faiblesse, il a repris ses habitudes de vie, et il n'est plus astreint qu'à introduire la sonde toutes les deux ou trois heures. Il a vécu douze années dans cet état.

Ici, les accidents avaient une double cause, l'atonie de la vessie et la tuméfaction de la prostate; une seule aurait suffi pour porter le trouble dans l'excrétion de l'urine : leur réunion, chez un même sujet, rend trop souvent la guérison impossible.

J'avais sondé le malade et reconnu que la vessie ne contenait pas de calcul ; mais la quantité du liquide qui sortit me prouva que la poche urinaire était continuellement remplie. On a prétendu qu'en pareil cas la disposition du col, relativement au corps, ne permet pas à ce dernier de se débarrasser complétement, et qu'on a tort de considérer comme paresseuses les vessies qui ne se vident pas en totalité. Cette assertion manque de justesse. Lorsque la vessie se contracte d'une manière franche et régulière, le bas-fond disparaît en quelque sorte, et les parois du viscère se ramassent toutes vers le col, le bas-fond lui-même aussi bien que la face antérieure et le sommet. Chez M. ***, les premières colonnes de liquide étaient poussées avec une certaine force, dès que la sonde parvenait dans la vessie: on pouvait donc croire qu'il n'y avait point faiblesse de cette dernière ; mais j'ai déjà dit, et je le montrerai d'une manière plus évidente encore, que, quand la vessie est surdistendue, les premières portions de l'urine sont lancées avec impétuosité, quoique le viscère ait perdu la plus grande partie de sa contractilité. La formation du premier jet à travers la sonde tient à l'élasticité des parois vésicales. Dès qu'il s'est écoulé une certaine quantité de liquide, la surdistension cesse, et l'organe ne se contracte plus pour expulser le reste, qui ne sort qu'autant qu'on presse sur l'hypogastre, ou que le malade fait effort, ce qui avait lieu ici. D'un autre côté, l'urèthre était libre, et ne présentait qu'une irritabilité exagérée en plusieurs points. Ainsi, la seule cause admissible des accidents était une irritabilité morbide, jointe à la déformation de l'urèthre et du col vésical, déterminée elle-même par la tuméfaction de la prostate, et à une atonie du corps de la vessie. Cette irritation fut exaspérée, ce qui donna lieu à une rétention complète d'urine. Plus tard aussi elle se reproduisit, quoique à un moindre degré. Tous les moyens mis en usage pour augmenter la contractilité du corps de la vessie ont été sans effet, ce qu'il faut attribuer à l'ancienneté de la maladie.

La cause des accidents fut méconnue par un praticien habile, qui repoussa toute idée de la maladie que j'avais indiquée. Ce n'est pas le seul exemple qui m'autorise à penser que la plupart des lésions du col de la vessie ont été jusqu'ici peu connues et fort mal traitées.

Au nombre des particularités remarquables que présente ce cas, il faut noter les douleurs, souvent très vives, que le malade éprouvait, dans le trajet des uretères, avant chaque émission d'urine. Je les ai observées chez d'autres sujets, mais beaucoup moins prononcées qu'ici. On verra plus loin d'ailleurs par quelle série de phénomènes peut se manifester la plénitude de la vessie. Quant aux difficultés que rencontre l'introduction de la sonde au moment de la douleur, et pendant que le besoin d'uriner se fait sentir avec force, elles se voient dans beaucoup de cas analogues ; presque toujours alors les malades attendent que le besoin soit passé pour faire usage de la sonde. Quelques-uns de ceux qui souffrent le plus essayent toujours d'uriner avant de se sonder.

VII. La lithotritie m'a fourni plus d'une occasion de me convaincre qu'il ne fallait pas chercher d'autre cause qu'un diagnostic incomplet des lésions de la prostate, pour s'expliquer comment on a pu, tant de fois, ne pas réussir à faire cette opération, et comment elle a entraîné tant de conséquences graves. C'est la pratique de la lithotritie qui m'a appris qu'outre les obstacles matériels qui résultent de la tuméfaction de la glande, il y a surexcitation de la contractilité du col vésical, produite et entretenue par elle, et qu'une fois cette action vitale amortie ou paralysée par l'emploi des moyens que j'ai exposés avec tous les développements nécessaires, la lésion organique n'exerce plus qu'une influence fort restreinte. Aussi, en profitant des données que l'expérience m'a fait acquérir, suis-je parvenu à lithotritier avec succès beaucoup de calculeux atteints d'un engorgement prostatique, sans exaspérer la contractilité du col vésical, ni par le passage des fragments de pierre, ni par l'introduction des instruments. J'en ai déjà publié plusieurs exemples. Une foule d'autres se sont offerts à moi ; forcé de me restreindre je rapporterai seulement ceux qui suivent.

Un homme âgé de cinquante-huit ans, d'une forte constitution et d'une santé générale excellente, malgré les vives douleurs qu'il éprouvait depuis longtemps en urinant, vint à Paris, en

1828, et y fut traité, pendant plusieurs mois, d'un rétrécissement de l'urèthre. Le malade avait, en même temps, la pierre, et lorsque l'urèthre fut libre, on chercha à appliquer la lithotritie. Soit que le chirurgien n'eût pas la dextérité nécessaire, soit qu'il employât des instruments imparfaits, ses essais furent infructueux; il ne put même pas parvenir dans la vessie. Je m'assurai que l'opération présentait en effet des difficultés, produites par un état pathologique de la prostate, mais qui pouvaient être surmontées. Il fallut un grand nombre de séances, qui furent assez bien supportées. Chacune était suivie de l'expulsion d'une quantité notable de détritus et de petits fragments. Le traitement fut interrompu, pendant quelque temps, par une orchite qui s'était déjà manifestée pendant le traitement du rétrécissement. Le sujet conserva une grande irritabilité du col de la vessie, et des besoins d'uriner plus fréquents que dans l'état normal; mais il fut débarrassé de sa pierre, et sa santé s'est maintenue depuis dans un bon état.

Un autre malade, plus que sexagénaire, souffrait de la pierre depuis deux ans. Il avait de fréquents besoins d'uriner, qu'il ne pouvait satisfaire qu'avec peine; la marche devenait de plus en plus difficile, et la santé commençait à s'altérer; divers moyens curatifs furent employés inutilement. Le cathétérisme donna la certitude que la vessie ne se vidait pas, et qu'elle contenait plusieurs calculs. On essaya vainement de combattre la paralysie dont elle était frappée, et il fallut se résoudre à faire porter une sonde à demeure. L'opération de la taille fut proposée pour extraire les calculs; le malade s'y refusa, avec d'autant plus de raison que l'état général de sa santé ne permettait guère de compter sur un résultat heureux. On avait déjà songé à la lithotritie; mais de grands obstacles se présentaient: un engorgement considérable de la prostate rendait l'introduction des instruments difficile, et le cas était d'autant plus grave qu'on ne pouvait déterminer le nombre des calculs, ni, par conséquent, prévoir celui des séances qui seraient nécessaires. Cependant, j'opérai avec succès; plusieurs calculs furent broyés et leurs fragments extraits; les accidents se réduisirent à un engorgement du testicule. Bientôt la santé s'améliora, et la vessie recouvra en partie sa contractilité. Le malade n'était plus obligé que de temps à autre de recourir à la sonde; un traitement médical convenable fut prescrit, et amena le rétablissement de la faculté de rendre naturellement l'urine.

Un troisième malade, à peu près sexagénaire, éprouvait depuis environ un an quelques désordres dans les fonctions des organes génito-urinaires. On les attribua à un catarrhe vésical, qu'on essaya de combattre de différentes manières, mais sans arriver à aucun résultat. L'idée vint alors qu'il pourrait bien y avoir une pierre, dont l'existence fut constatée, en effet, à l'aide du cathéter. Le malade se rendit à Paris. Je m'assurai que la pierre avait peu de volume, mais que la prostate était engorgée, l'urèthre fort irritable, la vessie frappée de catarrhe, la constitution affaiblie, et la santé générale dérangée; il y avait fièvre, perte du sommeil et de l'appétit. Ces accidents ne paraissaient pas dépendre réellement de la présence de la pierre, puisque le malade souffrait peu en urinant, et que la marche était plutôt gênée que douloureuse. Après quelques jours de repos, pendant lesquels furent prescrits un régime doux, des bains, des lavements émollients, des boissons adoucissantes, et l'usage de quelques bougies pour diminuer l'irritabilité de l'urèthre, je fis un essai de lithotritie, avec beaucoup de ménagement; le malade souffrit moins qu'il ne s'y attendait; la pierre fut saisie et attaquée; nul accident ne survint, le détritus et les fragments, qui furent expulsés ensuite avec l'urine, achevèrent de calmer les inquiétudes. Trois jours après, l'opération fut reprise. Une troisième séance suffit pour la terminer. Deux explorations, faites au bout de quinze jours et de trois semaines, me convainquirent qu'il ne restait plus rien dans la vessie. Déjà les urines, redevenues limpides, sortaient avec facilité, sans douleur; la fièvre avait cessé, et les forces étaient revenues, ainsi que l'appétit. Ce malade était du nombre de ceux chez lesquels les effets de la pierre demeurent en quelque sorte latents, par suite de l'inertie de la vessie, et auxquels l'opération imprime une secousse favorable. L'engorgement de la prostate cessa d'entraîner des désordres dans l'excrétion de l'urine, à dater du moment où la contractilité de la vessie fut rétablie.

ART IV. — CAUSES DES ENGORGEMENTS PROSTATIQUES.

Quelques modernes, S. B. Brodie entre autres, distinguent les inflammations de la prostate de ce qu'ils appellent le *développement chronique* de la glande, et qu'on voit ordinairement survenir, dit ce chirurgien, « lorsque les cheveux deviennent gris et rares, que des plaques calcaires se forment entre les tuniques des artères, et qu'un cercle blanchâtre entoure la circonférence de la cornée. » Il aurait pu ajouter, lorsque le gland se tuméfie. Du reste, pour lui, le développement chronique de la prostate est une maladie spéciale, qui ne ressemble exactement à rien de ce qu'on remarque dans les autres organes.

Des chirurgiens ont comparé les engorgements de la prostate à la tuméfaction du corps thyroïde; d'autres à la *cirrhose* du foie; d'autres enfin, s'appuyant sur des rapports qu'ils croyaient remarquer entre l'utérus et la prostate, eu égard surtout à la situation et au mode de développement, ont admis aussi une analogie entre les maladies de ces deux organes. On s'est même beaucoup occupé de ces rapprochements, en Allemagne surtout, au sujet de la *poche* ou *vésicule*, située derrière la crête uréthrale, déjà décrite par Morgagni, dont la plupart des anatomistes modernes ont fait bon marché, mais à l'égard de laquelle MM. Huschke et Weber se sont livrés à d'intéressantes recherches. Je ne m'arrêterai pas à ces rapprochements, à ces hypothèses et autres encore, à l'aide desquels on a voulu expliquer la cause prochaine des engorgements et autres maladies de la prostate. En effet, qu'il y ait ou non simple accroissement du travail de nutrition, développement anormal d'une ou plusieurs granulations, stase, accumulation et condensation des liquides sécrétés par la glande, ou production de tissus nouveaux et accidentels, la conduite du praticien demeure la même, lorsqu'il est appelé à combattre les désordres qu'entraîne une tumeur prostatique du volume d'une grosse noix ou d'une orange. Ces sortes de questions, qui ouvrent un si vaste champ aux esprits spéculatifs, méritent sans contredit d'être examinées, dans une pathologie générale; mais elles n'offrent que peu d'intérêt à la médecine opératoire. Je passe donc tout de suite aux causes déterminantes.

Parmi celles qui ont été assignées aux lésions de la prostate, en général, les unes ne jouent qu'un rôle contestable, ou dont on a dû moins singulièrement exagéré la portée, tandis que les autres exercent une influence aussi évidente qu'énergique.

Mais, parmi ces dernières, toutes n'ont pas une action égale; toutes ne déterminent pas des effets identiques; toutes, enfin, ne portent pas sur les mêmes points de la glande. Il convient donc de les classer en plusieurs catégories.

I. L'irritation occasionnée par la présence d'un calcul est une des plus puissantes, sans contredit; celle dont on a le moins de peine à saisir l'action, celle que je crois, par conséquent, devoir placer en première ligne. Dans ce cas, c'est le corps ou moyen lobe de la prostate, correspondant à l'orifice vésical de l'urèthre, qui se trouve atteint le plus souvent. On se rend aisément raison des effets que la pierre produit alors : il suffit de se rappeler les frottements, les titillations que le corps étranger exerce sans cesse sur l'orifice interne de l'urèthre, qu'entoure la glande, soit pendant la marche ou tout autre mouvement, soit à la fin de chaque émission d'urine. Toutefois, il ne sera pas inutile de faire remarquer que l'influence d'un calcul, dans la production des maladies de la prostate, n'est pas aussi constante et aussi directe qu'on pourrait le supposer. D'ailleurs, ce n'est pas toujours la partie de la glande exposée au contact immédiat de la pierre qui s'affecte le plus, et parfois elle ne porte aucune trace de lésion, tandis que les parties profondes ont subi de graves altérations. En effet, si l'on trouve souvent des lésions graves à l'orifice interne de l'urèthre, et à la région postérieure du corps de la prostate, seules parties que puisse atteindre directement un calcul libre et flottant, il n'est pas rare non plus d'en rencontrer dans la portion de la glande qui circonscrit le canal, au voisinage de la crête uréthrale et à l'orifice tant des canaux éjaculateurs que des conduits excréteurs; on en découvre quelquefois aussi dans l'épaisseur des lobes latéraux, qui sont à l'abri de l'action immédiate du corps étranger. Il ne s'ensuit pas, comme on l'a prétendu, que l'influence de l'affection calculeuse doive être révoquée en doute; tout ce qu'il est permis d'en conclure, c'est que cette influence ne s'exerce pas constamment d'une manière directe, et qu'elle peut même ne point avoir lieu. Or, personne n'ignore que, dans toute maladie quelconque, les causes, même les plus puissantes, ne déterminent pas toujours les effets qu'on est accoutumé de leur voir produire, et qu'il n'est pas non plus absolument indispensable que leur action porte directement sur le point où leurs effets doivent se manifester.

II. Immédiatement après les calculs vésicaux viennent les rétrécissements organiques de l'urèthre, et les difficultés d'uriner qu'ils entraînent.

Avant d'aller plus loin, je transcrirai la phrase suivante de M. Cruveilhier : « Je n'ai pas encore vu l'hypertrophie partielle ou totale de la prostate coïncider avec le rétrécissement du canal de l'urèthre; il y a même plus : le rétrécissement de la partie membraneuse de l'urèthre est presque toujours accompagné d'une atrophie plus ou moins complète de la prostate, et cette atrophie est souvent la suite d'une inflammation chronique de la glande. » Une déclaration si explicite rappelle involontairement un passage de Deschamps, duquel il résulte que ce grand chirurgien n'avait pas vu plus de trois fois des cellules vésicales chez les calculeux. Ce sont là des bizarreries inexplicables, que les hasards de l'observation suscitent quelquefois, et qui font que les hommes les plus scrupuleux peuvent admettre comme très rares des faits que la pratique reproduit cependant chaque jour. J'ai prouvé que les cellules vésicales sont très fréquentes chez les calculeux; l'hypertrophie de la prostate l'est bien plus encore, chez les hommes atteints de rétrécissement organique de l'urèthre. Loin de moi la pensée de contester que la glande puisse s'atrophier en pareil cas; mais il est très commun aussi de la trouver engorgée. J'ai cité, dans le premier volume de ce Traité, des faits nombreux d'anatomie pathologique qui viennent confirmer l'exactitude de mes observations. C'est d'ailleurs une opinion admise par les plus grands chirurgiens : « Ceux qui ont été longtemps tourmentés par une coarctation uréthrale, dit S.-B. Brodie, sont plus sujets aux maladies de la prostate, même à une période moins avancée de la vie, que ceux dont l'urèthre est libre. » Il suffit en outre de se représenter la double influence que ne manquent pas d'exercer sur la glande les contractions répétées des parois vésicales pour l'expulsion de l'urine, et les tractions que les fibres de la vessie exercent sur la prostate à laquelle elles s'insèrent. D'un autre côté, j'avoue ne pas trop comprendre comment il *se fait que l'urine, lancée par la vessie et arrêtée par la coarctation du canal, empêcherait la glande de prendre de l'accroissement, à cause de la forte pression qu'elle exerce de dedans en dehors.*

Dans un grand nombre de cas, l'hypertrophie de la prostate, si fréquente chez les hommes qui ont longtemps éprouvé des difficultés d'uriner, s'accompagne d'altérations diverses de la membrane muqueuse, d'ampliation des follicules mucipares, de dilatation des conduits, de formation de calculs, de développement d'abcès, en un mot, d'une foule de désordres que j'ai signalés dans le premier volume de ce Traité, et sur lesquels par conséquent je ne reviendrai point ici.

III. Les lésions occasionnées, dans la partie prostatique de l'urèthre, par les instruments qu'on y fait pénétrer, ou qu'on tente d'y introduire, ne sauraient être calculées ; car elles sont subordonnées à la nature de l'instrument, à sa forme, à la force avec laquelle il a été poussé, à la direction qu'on lui a imprimée, etc. Tel refoule, irrite et enflamme ; tel autre contond, dilacère, déchire ou perfore. Or, ces diverses circonstances n'étant pas connues, ou du moins ne l'étant pas toujours, il devient presque impossible d'apprécier leurs effets. Tantôt il n'y a qu'un simple froissement, de petites éraillures, de légers déchirements, produits par le passage d'une sonde ou de tout autre instrument ; tantôt, au contraire, les désordres sont infiniment plus graves, la glande ayant été labourée en tous sens, déchirée dans plusieurs directions, ou même transpercée, ainsi que le constatent des faits nombreux, dont les uns sont publiés, et de quelques autres desquels je donnerai les détails et les figures. La plupart des lésions produites par ces causes rentrent dans des catégories déjà connues. Elles reconnaissent pour origine le cathétérisme, la taille périnéale, la lithotritie et l'uréthrotomie, bien qu'il existe d'assez grandes différences, soit dans la forme et la disposition des instruments destinés à agir sur le col de la vessie, soit dans la manière de les appliquer. Que la lésion prostatique dépende de l'introduction d'un cathéter trop gros ou mal dirigé, ou qu'elle ait été déterminée par un instrument lithotriteur également trop volumineux ou mal conduit, les résultats sont à peu de chose près les mêmes : que la déchirure du col vésical et de la prostate tienne au passage d'un instrument de lithotritie trop chargé de débris, et qu'on n'aura pas dégorgé avant de le retirer, ou qu'elle soit produite, pendant l'extraction d'une grosse pierre, par le passage des tenettes, il n'y a point de différence notable, sinon que dans ce dernier cas, la déchirure a été précédée d'une section, et qu'elle est plus étendue. Qu'on ait procédé d'avant en arrière, ou d'arrière en avant, la différence, quant à la lésion produite, est à peu près insignifiante. Eu égard à la lithotritie, faisons remarquer qu'il s'agit d'une opération nouvelle, que plus d'une personne s'est mise à pratiquer avant de la connaître parfaitement et de l'avoir étudiée avec tout le soin nécessaire. Aussi, de graves désordres ont-ils été produits, soit parce qu'on avait fait choix d'instruments trop gros, soit, et plus souvent encore, parce qu'on dirigeait mal ceux dont on se servait. Un des chirurgiens dont la pratique a été si instructive sous ce rapport, cite un de ses malades chez lequel, à la suite d'une seconde séance de lithotritie, où l'introduction de l'instrument présenta des difficultés, il survint une rétention d'urine, occasionnée par un abcès prostatique, qui n'empêcha pas, à la vérité, d'achever plus tard l'opération et de détruire la pierre, mais qui laissa le sujet privé de la faculté d'uriner naturellement.

Les perforations de la prostate par l'effet d'un cathétérisme forcé, au moyen d'un instrument aigu, plus ou moins habilement dirigé, ne sont pas rares assurément (1), et ce qu'il y a de plus remarquable, c'est qu'elles n'entraînent pas toujours des accidents très redoutables. Mais une foule de faits attestent que ces lésions, surtout lorsqu'elles ont beaucoup d'étendue, constituent ordinairement des accidents très graves, et l'expérience n'a que trop démontré que les déchirures de la prostate par les appareils lithotriteurs, le cathéter ou les tenettes, deviennent souvent mortelles en peu de temps. Nous verrons qu'on s'est étayé de quelques faits exceptionnels pour proposer, contre certains engorgements prostatiques, un mode de traitement qui n'est que la mise en pratique du cathétérisme mal fait, mode auquel on a pu se croire obligé de recourir en quelques cir-

(1) Voyez le chapitre des fausses routes.

constances, mais qu'on ne peut, sans aberration, vouloir élever au rang de méthode.

Les praticiens n'ont certainement pas assez réfléchi sur les résultats des injections, employées dans le but d'arrêter les écoulements uréthraux. Beaucoup de malades, qui éprouvent des désordres à la prostate et aux organes génitaux voisins du col vésical, ont fait usage de ces injections, dont les effets sur le corps prostatique, les vésicules séminales et les testicules se prononcent même quelquefois d'une manière immédiate. Quoiqu'elles agissent avec moins d'énergie, et surtout d'une manière moins directe que les instruments, les irritations du col, les besoins fréquents d'uriner, les cuissons en urinant, les douleurs dans les cordons spermatiques et les engorgements testiculaires qu'elles déterminent, prouvent qu'il y a lieu de se défier d'elles, ou du moins de se montrer, à leur égard, plus circonspect qu'on ne l'est généralement.

IV. Il est encore un point auquel les praticiens n'ont pas consacré autant d'attention qu'il en mérite. Je veux parler de l'influence que les lésions des organes génitaux exercent sur la prostate, et réciproquement. En traçant l'histoire de l'affection calculeuse, et surtout en exposant les accidents qui peuvent être provoqués par la taille ou la lithotritie, j'ai cité plusieurs faits attestant qu'il existe une liaison intime entre les testicules et la prostate. Ces preuves, que je crois devoir m'abstenir de reproduire, sont corroborées par des milliers d'observations d'uréthrites pendant le cours desquelles a éclaté une inflammation des testicules. C'est un point sur lequel je reviendrai, en ajoutant quelques nouvelles considérations auxquelles se rattachent des vues pratiques importantes. Ce n'est pas seulement cette influence réciproque, qui ne saurait être contestée : il y a plus encore : les lésions de la prostate qui se lient le plus intimement avec certaines affections des voies spermatiques, ont des caractères propres, quant à leur marche, à leur gravité et à leurs terminaisons.

On a présenté comme causes des lésions de la prostate l'abus du coït, et divers actes analogues des fonctions génitales. A. Cooper dit qu'une vie licencieuse, surtout chez les vieillards qui se livrent trop souvent à un degré d'excitation hors de proportion avec leurs facultés, produit le gonflement de la glande. Il me semble cependant qu'on s'est trop hâté de tirer cette conséquence de faits dont elle ne ressort pas d'une manière nécessaire. Car, de ce que quelques-unes des lésions prostatiques se voient chez des hommes qui ont commis en effet des excès vénériens, il ne s'ensuit pas que la conclusion précédente soit légitime, puisque des exemples nombreux prouvent l'existence des mêmes maladies dans des cas où la cause n'avait point existé, et qu'en outre cette cause a été sans résultat dans une foule de circonstances. Ainsi, les hommes de cabinet sont généralement peu enclins aux plaisirs de l'amour, et pourtant les hypertrophies de la prostate se voient fort souvent chez eux ; elles s'observent également, dans d'autres classes de la société, chez des hommes très modérés.

Cependant la corrélation entre la prostate et les organes génitaux m'a paru se dévoiler d'une manière plausible, spécialement sous une influence tuberculeuse, qui paraît surtout arrêter le développement de la glande. J'ai connu des jeunes gens faibles et délicats, dont les organes génitaux n'avaient point fonctionné, et chez lesquels la prostate s'est maintenue dans un état en quelque sorte rudimentaire, ne prenant aucun accroissement. D'un autre côté, on rencontre aussi des sujets plus avancés en âge, qui, loin d'avoir commis aucun excès, du côté des facultés génitales, ont même observé une continence prolongée, et chez lesquels la prostate se trouve atrophiée, réduite pour ainsi dire à rien, par une disposition morbide qui semble le résultat d'une phlegmasie lente.

Je sais bien que la masturbation a quelquefois existé dans les cas dont il s'agit ici ; mais je n'ignore pas non plus qu'on en a exagéré la portée, et qu'on la soupçonne, aussi bien que les pertes séminales involontaires, chez des sujets qui n'offrent absolument rien de semblable. Il serait facile de multiplier les preuves, sans même sortir des ouvrages qui traitent spécialement de la matière, et dont les auteurs ont admis, plutôt par induction que sous la dictée de l'observation rigoureuse, l'influence de cette cause. Or, en ne s'attachant qu'aux seuls cas dans lesquels il n'existe pas le moindre doute, on est forcé de reconnaître que ces sortes de lésions de la prostate tiennent à des causes qui nous sont encore inconnues.

V. Il est bien peu d'hommes qui n'aient éprouvé quelque phlegmasie de l'urèthre, pendant le cours de leur vie. Et comme cette circonstance a eu lieu chez la plupart de ceux qui ont présenté des maladies de la prostate ou des voies spermatiques, on n'a point balancé à mettre la gonorrhée au nombre des principales causes de ces affections. Il y aurait, sans nul doute, plus que de la témérité à prétendre que cette cause n'exerce aucune influence; mais on voit tant d'uréthrites intenses, opiniâtres, réitérées et mal traitées, qui n'amènent point ces résultats, qu'on jugera convenable de se tenir au moins dans les bornes du doute. Ce qui doit surtout commander la réserve, c'est qu'on a observé des lésions graves de la prostate chez des hommes qui n'ont eu que des gonorrhées fort légères, et même chez des gens qui n'en ont jamais été atteints.

Quoi qu'il en soit de l'exagération dans laquelle beaucoup d'auteurs sont tombés à cet égard, il paraît avéré que, dans certains cas, la phlegmasie uréthrale, en se propageant à la prostate, à ses conduits excréteurs et aux vésicules séminales, peut, sous l'influence de causes accessoires, le plus souvent inappréciables, se fixer sur ces parties, y persister sous une forme chronique et y occasionner les désordres que les autopsies cadavériques viennent révéler. Mais ces cas sont évidemment plus rares qu'on ne le pense, et ce ne sera pas sans hésitation qu'on adoptera l'opinion des partisans du sentiment contraire, si l'on considère, dans les faits mêmes dont ils s'appuient, l'intervalle de temps qui s'est souvent écoulé entre l'uréthrite et la manifestation des lésions propres à la prostate et aux voies spermatiques. Ce qui frappe le plus dans leur théorie, c'est l'omission de ce qui me paraît devoir être considéré comme la principale cause des désordres constatés dans les canaux prostatiques et éjaculateurs, je veux dire les effets des rétentions d'urine prolongées, dues à des rétrécissements uréthraux. J'ai déjà dit, mais on ne saurait trop le répéter, que la plupart des lésions dont il s'agit se remarquaient chez des sujets atteints de ces rétentions, aux conséquences desquelles plusieurs ont même succombé. Je ne doute pas qu'on ne doive attribuer surtout aux contractions violentes de la vessie et aux efforts avec lesquels l'urine était poussée, les désordres qui ont été reconnus, tant dans la prostate, les vésicules et les canaux spermatiques, que dans le canal, derrière le rétrécissement. Mais ce qui, encore une fois, prouve qu'il y a des causes dont l'action nous échappe, c'est que la prostate, les canaux spermatiques, les conduits prostatiques et les vésicules séminales offrent quelquefois des traces de phlegmasie, de dilatation ou d'hypertrophie, chez des sujets qui n'ont jamais eu ni rétention d'urine, ni rétrécissement organique de l'urèthre.

VI. L'âge des malades exerce une grande influence sur les lésions de la prostate, quelle que soit la cause qui les provoque. Les altérations prostatiques observées chez les enfants diffèrent, par leur nature, de celles qu'on rencontre chez les adultes, et principalement chez les vieillards. Ici ce sont des hypertrophies, des excroissances, des engorgements, des productions qui indiquent un excès prolongé de nutrition. Dans la jeunesse, au contraire, c'est presque toujours l'atrophie, l'anéantissement ou le développement incomplet et irrégulier qui dominent, soit qu'il existe un calcul, soit que l'affection se rattache à une autre cause. Cette particularité, qui avait échappé aux praticiens, n'a rien qui doive surprendre, si l'on considère qu'à cet âge, la prostate et ses annexes n'ont encore que peu ou pas fonctionné. Cependant il y a des exceptions, et les autopsies en font foi.

Dans le musée de l'hôpital Saint-Bartholomée, à Londres, se trouve une prostate ayant appartenu à un enfant de cinq ans, et dont les lobes latéraux et le corps sont fortement tuméfiés. A la vérité, la structure normale de cette glande est remplacée par une substance médullaire, de couleur grise. Les tissus qui entourent la prostate semblent participer à cette altération.

Dans un autre échantillon de la même collection, appartenant également à un enfant, on observe aussi cette matière tuberculeuse. Dans un troisième, provenant d'un enfant de quatre ans, la prostate forme une masse molle, blanche, d'apparence fibreuse, de forme sphéroïdale, du diamètre de 108 millimètres, avec un prolongement entre la vessie et le rectum.

Je ferai la même observation à l'égard des adultes. Chez eux, les engorgements chroniques de la prostate sont rares, et les maladies de cette glande offrent des caractères spéciaux, soit qu'elles coïncident avec celles des vésicules séminales et qu'elles se rattachent à une continence excessive ou à l'abus des plaisirs, soit qu'elles dépendent des diverses maladies aiguës ou chroniques dont les organes voisins peuvent être atteints, notamment des rétentions d'urine.

Au reste, quoique l'affection calculeuse soit très commune dans le jeune âge, à peine rencontre-t-on, chez les enfants qui en sont atteints, quelques exemples de tuméfactions prostatiques si fréquentes, si variées, si redoutables chez les adultes et surtout chez les vieillards atteints de la pierre. Cependant M. Marini a trouvé la glande hypertrophiée et très dure, et la partie de l'urèthre qu'elle enveloppe presque cartilagineuse, chez un enfant calculeux. A. Cooper parle d'un autre enfant qu'on croyait atteint de la pierre, et qu'on se proposait même de tailler; la mort étant survenue par suite du cathétérisme explorateur, on ne découvrit qu'un engorgement de la prostate. Charles Bell a observé une tumeur prostatique chez un jeune homme. Quatre fois aussi j'ai rencontré une lésion prostatique chez des sujets peu avancés en âge, dont deux étaient calculeux.

Mais je ne saurais trop le répéter, les lésions de la prostate, et notamment l'atrophie, se rencontrent chez les enfants scrofuleux dont la vessie fonctionne mal, qui ne rendent l'urine que par une sorte de regorgement, et qui ont longtemps pissé au lit : chez ceux-là aussi les organes génitaux se développent incomplétement et fort tard. D'un autre côté, j'ai observé également que les lésions prostatiques ont beaucoup de gravité dans les premiers âges de la vie; la plupart des jeunes sujets qui en sont atteints ont généralement une mauvaise constitution, avec prédominance de la diathèse tuberculeuse et rachitique.

VII. Home attribue une grande influence au retour pénible du sang du col vésical, chez les vieillards, par suite de la position du corps. Le genre de vie et toutes les circonstances qui concourent plus ou moins directement à gêner la circulation dans les parties inférieures du tronc, sont regardés par lui comme des causes puissantes des maladies de la prostate. C'est pour cela, dit-il, qu'on remarque si fréquemment ces dernières chez les gens qui montent beaucoup à cheval. L'équitation peut, suivant ce chirurgien, déterminer la rupture de quelques veines du col de la vessie, ce dont il cite un exemple, et par suite amener l'engorgement de la prostate. Il va même jusqu'à préciser les effets de cette cause. « Il est curieux et digne de remarque, ce sont ses propres paroles, que les cas dans lesquels le moyen lobe, aussi bien que les lobes latéraux, se sont portés en grande partie dans la vessie, et ont acquis un grand accroissement, sont dus à l'abus que les malades ont fait de la promenade à cheval ; et que, d'un autre côté, les cas dans lesquels le lobe moyen (l'engorgement étant assez considérable pour produire la rétention d'urine) est demeuré stationnaire, ou presque tel, jusqu'à la mort de l'individu ; ces cas, dis-je, ont été compliqués de rétrécissement du canal de l'urèthre, sans jamais avoir été entièrement guéris, mais seulement palliés de temps en temps par l'usage des petites bougies. J'ai eu si souvent occasion d'observer le fait, que je ne puis nullement douter de cette remarque. » Plus loin, il ajoute : « S'il est vrai que l'engorgement de ce lobe dépende entièrement, ou même en partie de l'extravasion du sang ou de la lymphe dans sa substance, par suite de la rupture des vaisseaux, il sera alors facile d'expliquer pourquoi l'engorgement s'arrêtera, si une fois il commence ; pourquoi, dans quelques cas, sa grosseur reste stationnaire ; pourquoi, dans d'autres, les fluides extravasés seront résorbés, et la partie rendue à son volume naturel. » Je me borne à ces citations. Si l'on examine les caractères que présentent les tumeurs formées par la prostate engorgée, et si l'on tient compte de la structure de cette glande, il sera facile de reconnaître que le chirurgien anglais a émis une hypothèse bien hasardée. Les explications qu'il donne et les preuves qu'il a cru pouvoir tirer de quelques dispositions anormales existantes dans certains cas, ne me paraissent pas admissibles. Les faits eux-mêmes ne prouvent pas ce qu'il a voulu en faire ressortir.

ART. V. — TRAITEMENT DES ENGORGEMENTS PROSTATIQUES.

Ce n'est pas sans éprouver un sentiment de tristesse qu'on aborde la partie la plus importante de l'histoire des lésions de la prostate, celle qui résume toutes les autres, la seule qui intéresse l'humanité. Quelque pénible qu'en soit l'aveu, il faut bien dire que trop souvent l'art est presque impuissant contre ces effroyables maladies, surtout lorsque par une malencontreuse tempo-

www.ingramcontent.com/pod-product-compliance
Ingram Content Group UK Ltd.
Pitfield, Milton Keynes, MK11 3LW, UK
UKHW022040190726
13855UKWH00002B/371